U0526299

中国对非援助及投资的效应研究

中国发展经验及其对非洲的意义

黄梅波 主编

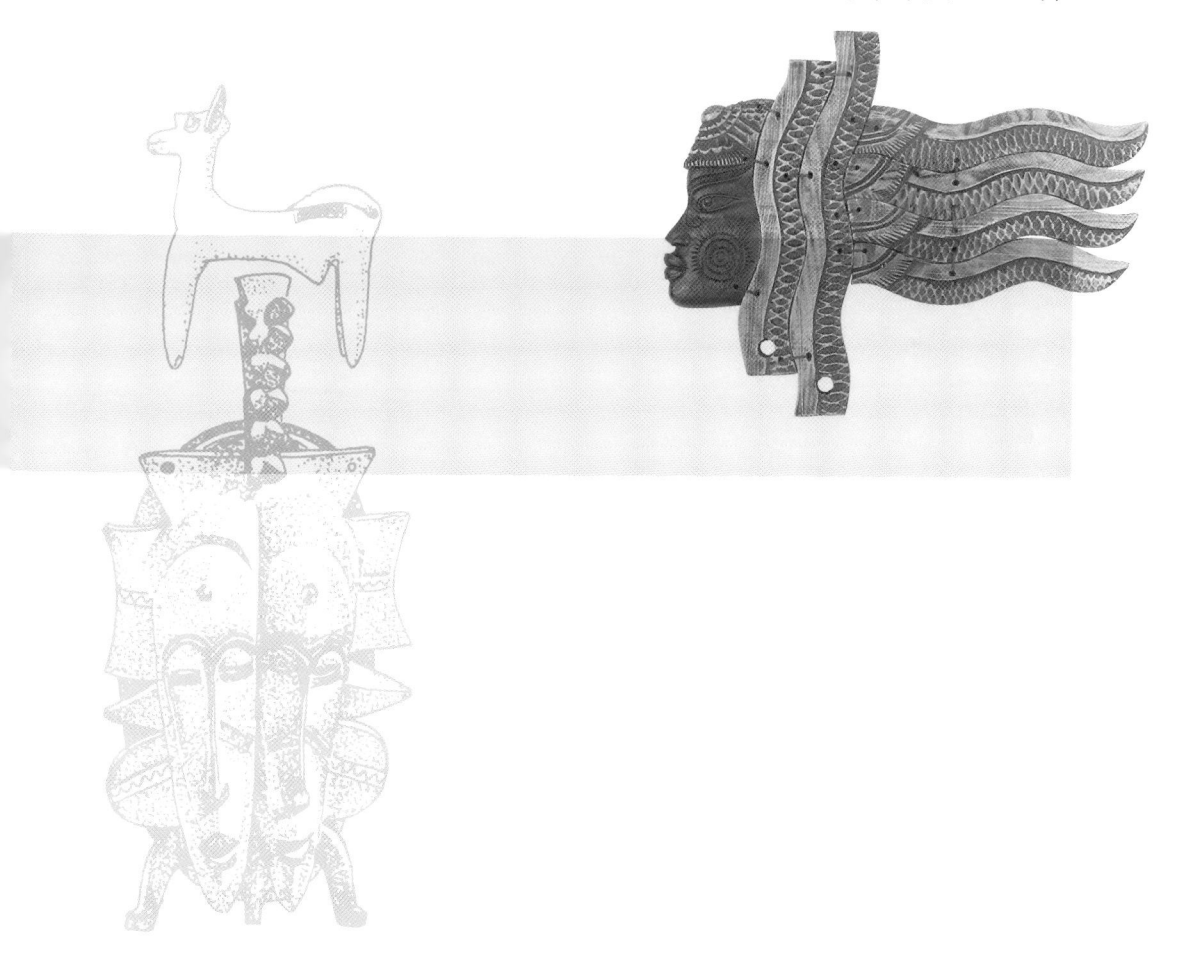

中国社会科学出版社

图书在版编目（CIP）数据

中国对非援助及投资的效应研究：中国发展经验及其对非洲的意义 / 黄梅波主编．—北京：中国社会科学出版社，2017.6
ISBN 978-7-5161-9761-5

Ⅰ.①中… Ⅱ.①黄… Ⅲ.①中外关系—对外援助—研究—非洲 ②对外投资—直接投资—研究—中国 Ⅳ.①D822.24②F832.6

中国版本图书馆 CIP 数据核字（2016）第 324711 号

出 版 人	赵剑英
责任编辑	陈雅慧
责任校对	王 斐
责任印制	戴 宽

出　　版	中国社会科学出版社
社　　址	北京鼓楼西大街甲 158 号
邮　　编	100720
网　　址	http://www.csspw.cn
发 行 部	010　84083685
门 市 部	010-84029450
经　　销	新华书店及其他书店
印　　刷	北京明恒达印务有限公司
装　　订	廊坊市广阳区广增装订厂
版　　次	2017 年 6 月第 1 版
印　　次	2017 年 6 月第 1 次印刷
开　　本	710×1000　1/16
印　　张	15.75
字　　数	251 千字
定　　价	66.00 元

凡购买中国社会科学出版社图书，如有质量问题请与本社营销中心联系调换
电话：010-84083683
版权所有　侵权必究

前　言

　　21世纪以来，中国对非援助、贸易及投资均快速增长。到2012年底，中国对非援助一直占中国对外援助的最大比重，2009年开始，中国成为非洲最大的贸易伙伴，中国对非投资近年也在迅速增加。与此同时，非洲近年来又是世界上经济增长最快的地区之一，非洲的对外贸易和吸引的FDI也直线上升。中国对非援助和投资与非洲的经济增长和减贫有何关系？中国的经济发展和减贫经验是否有助于促进中国对非援助与投资，从而有利于非洲的经济增长和减贫？本书希望在理顺发展经济学理论脉络的基础上，研究中国的发展和减贫理念与模式，希望能对新发展经济学理论的发展提供例证，并由此探讨中国发展与减贫经验在其他发展中国家特别是非洲国家结构调整、经济发展与减贫的重要作用。以此为基础，利用新发展经济学的理论框架，分析非洲目前应如何充分发挥其自然资源与劳动力优势，利用援助、贸易和投资等手段，实行结构调整和经济转型，实现可持续性经济增长并消除贫困。在实证上，本书试图通过对中国对非援助及投资对非洲经济增长、减贫的作用的计量分析和案例分析，探讨在非洲的经济发展和减贫过程中，中国对非援助、贸易和投资能否更好地促进非洲各国实行符合其比较优势的发展战略——在对非援助中注重援助与贸易、FDI之间的互动，在对非投资中积极推动非洲的产业集聚和工业化，帮助非洲实现2030年可持续发展目标。以下即我们研究的主要内容和主要结论。

◆ 前言

一 新发展经济学的理论框架及中国的发展与减贫经验的意义

(一) 新结构经济学的理论框架和中国发展与减贫经验

发展经济学是指导发展中国家实现经济发展的理论。二战后，发展经济学理论先后经历了结构主义、新自由主义两轮思潮的洗礼，现在面临如何构建新的发展经济学，如何指导发展中国家新时期的经济发展、结构调整和减贫的问题。

理论研究需要建立在成功实践的基础上，发展中国家战后通过选择不同的经济发展模式和经济发展战略实践并验证了发展经济学的理论内容和政策建议。结构主义倡导的政府干预及进口替代战略，使拉美国家战后在与东亚的竞争中暴露自身不足；西方新自由主义倡导的稳定化、私有化、自由化也没有拯救发展中国家于水火。相当一部分发展中国家，特别是撒哈拉以南非洲国家仍然处于世界经济的外围。

林毅夫的《新结构经济学》在新古典经济学的理论框架下，从要素禀赋结构出发，以产业结构变迁的微观视角，提供了一个综合的分析框架。林毅夫指出按照要素禀赋所决定的比较优势发展是发展中国家实现结构转变与经济发展的秘方。发展中国家应按照本国要素禀赋结构发展符合一国比较优势的产业，最终促进产业升级、结构调整、经济发展。而发挥比较优势的制度前提是建立市场经济体制与因势利导型政府，市场应该作为资源配置的基本机制，同时政府应当在产业升级、多样化投资行为和对动态增长过程中先行者的外部性进行补偿方面发挥重要作用。"东亚模式"的成功是对新结构经济学观点最好的印证。中国是近年来经济发展与减贫相对成功的案例，林毅夫等经济学家分析了中国数十年经济高速增长的原因，总结和提炼了中国发展与减贫的做法和经验，丰富和补充了发展经济学。

1. 根据各国的资源禀赋，按照比较优势原则，发展对外贸易，促进产业升级

新结构经济学认为，各国应该根据国内的资源禀赋结构，依照比较优势的原则，发展进出口，并促进产业升级。而根据要素禀赋结构发展进出口，即出口国内丰富资源生产的商品，进口国内稀缺资源生产的商品，"取长补短"，将资源优势转化为比较优势，并逐步将比较优势产业动态升级。中国经济增长的过程就是中国对外开放的过程，通过对外开放，特别是加入WTO，中国充分发挥了其劳动力比较优势，积极融入国际市场，获得了经济的高速增长及产业升级。

2. 吸引外资流向比较优势产业，大力发展制造业

新结构经济学认为，外商直接投资流向与发展中国家的比较优势相一致的产业时，对这些国家就是有利的。中国经济的迅速崛起对这一观点提供了有力的证明。改革开放前，中国同非洲的情况相似，同样都是农业大国，拥有丰富的矿产资源，地域辽阔，各个区域的发展并不平衡。改革开放后，中国开始积极引进外资。为使外资真正地促进国家经济的健康发展，中国积极引导外资流向与本国比较优势相符合的产业，即劳动力密集的制造行业，对矿产资源开发、交通道路建设、电力、水力、通信、金融等行业则采取了保护措施，直到中国经济发展较为稳定，积累了一定的资本、人力、技术等要素时，才开始慢慢开放其他行业并适当引进外资。

3. 充分发挥市场机制的作用，积极利用贸易和投资，实现开发式减贫

关于国际减贫问题主要涉及两个方面：首先是经济增长与减贫的关系。目前国际减贫方式主要分为救济式和开发式两种。中国的减贫思路更接近于"开发式扶贫"，并逐步以"开发式扶贫"取代"救济式扶贫"。通过经济开发，拉动贫困地区经济增长，不仅帮助贫困者解决基本的生活问题，更注重的是帮助贫困者发展生产，逐步实现脱贫致富。其次是政府和市场之间的关系。中国的重要经验是政府主导，主要表现为政府富有远见的政策制定和持续的政策支持，如将减贫目标融入经济发展战略之中，以调整经济结构促进经济增长等。同时发挥市场机制的作用，通过将贫困人口纳入市场，在全球化的大趋势下，积极运用贸易与投资等经济开发行为，使贫困人口在生产中、在贸易投资活动中脱贫。

◆ 前言

（二）新结构经济学及中国经验对非洲经济增长和减贫的指导意义

从经济发展战略角度来看，非洲地域广大，自然资源和劳动力资源都很丰富。但是通过回顾21世纪前非洲经济发展模式及发展过程，可以发现，自始至终非洲大多数国家并没有充分推行符合自身比较优势的发展战略。独立之初，一些非洲国家的基本条件与东亚国家相似。但是大部分非洲国家在工业化的发展道路上，没有遵循比较优势的原则：独立初期的进口替代战略是对符合自身比较优势的发展战略的完全偏离；70年代虽转向符合自身比较优势的出口促进发展战略，却没有相应的技术、人力资本、管理和基础设施等配套体系来实施；80年代后根据"华盛顿共识"进行了十多年的改革，经济仍未见起色。错误的经济发展战略导致非洲各国不仅发挥不了自身优势，也无法克服弱点，最终陷入封闭的内向的恶性循环，经济长期处于缓慢发展状态。90年代后，一些非洲国家的经济呈现中速增长态势，但是其增长主要是国际油价持续走高带来的，并不是由于其采取了符合自身比较优势的发展战略。审视21世纪后的非洲经济，其经济发展模式仍然存在许多缺陷，还存在人力资本问题、资本形成问题、基础设施问题以及农业问题等诸多障碍。

从利用援助和外资角度来看。目前西方国家对非洲的援助主要流向社会领域；对非洲投资也大部分流向服务业，如电力、交通、通信、金融等，一部分流向采矿业，只有15%流入制造业。非洲的服务业本就是相对弱势的行业，缺乏电力、交通、通信等基础设施建设的资金、技术，而且也缺乏在这些行业工作的有技术的劳动力。而矿产资源虽然属于非洲的自然资源禀赋，但总的来说采矿业属资本密集型行业，FDI大量流向这些行业，其生产所需的大量资源如人力、技术和资本正是非洲国家相对稀缺的资源，与非洲国家拥有比较优势的产业并不一致。制造业一般是劳动密集型产业，不仅能创造就业，而且能带来资本积累和技术，促进非洲的产业升级，保障非洲经济的持续稳定发展。

从减贫角度来看，20世纪90年代中期以来，非洲贫困化并未缓减，反而有所加强，资源投入和出口需求驱动对经济增长并未产生明显效果，农业增长低质量，这主要归因于不适于穷人分享增长的经济结构等内在特性,以及制约非洲减贫的长期结构性因素。

总之,非洲面临如何选择经济发展战略,如何充分发挥政府与市场的作用,利用其自然资源与劳动力优势,推动结构调整和经济转型,实现可持续性经济增长,消除贫困的重要任务。许多学者的经验研究表明:开放的经济体的经济增长效率和速度都比封闭的国家要好。新结构经济学比较优势视角的分析可以为解决非洲结构调整和经济转型,为非洲经济的发展提供思路。按照新结构经济学的核心思想,非洲国家在贸易发展上应遵循资源禀赋原则,发展比较优势产业并逐步将产业动态升级;在引进外资方面,应引导外资流向符合本国有"比较优势"的产业,大力发展制造业;在援助资金使用上,应更多地向基础设施领域、向贸易投资领域倾斜,充分发挥援助对贸易投资的带动作用,促进经济增长和开发式减贫。

二 中国对外援助对非洲经济增长与减贫的影响的实证分析

(一)中国对外援助增长迅速

自1950年开始,中国就开展对外援助,期间经历了不同的历史发展阶段,援助理念也随着国际国内形势的变化而变化。改革开放以前,中国的对外援助更多从政治角度考虑。1979—1994年,中国对外援助进行了初步改革,开始由强调政治利益转为强调合作共赢。1995年开始,中国的对外援助改革不断深化,21世纪以来援助更是高速增长。截至2012年,中国对外援助规模达3456.3亿元,其中无偿援助1385.2亿元,亚非拉地区是中国重点援助地区,占总援助额的90%左右。

中国与发达国家在援助理念、援助领域、援助形式和援助管理等方面存在较大的差异。中国的援助理念更强调平等和共同发展,援助更多投入"硬"的发展领域,援助形式包括成套项目和一般物资等8种形式,其中成套项目援助是中国最重要的援助方式,但中国的援助管理还不够完善,援助效率还有待提高。发达国家的援助常附加更多的政治条件,常与民主、人权和良治挂钩,援助投向更偏向于"软"的社会领域,援助方式更多采用预算援助的方式,其援助管理体系比较成熟,组织过程协调性和规划性较强。

（二）中国对非援助通过国际贸易渠道促进了非洲各国的经济增长

本书对中国的对外援助是否能够通过国际贸易渠道对受援国的经济增长产生正向效应进行了研究。研究中运用了中国对16个非洲受援国2000—2011年援助的面板数据，并采用直接引入法和两步回归法两种方法进行了检验。

在援助与贸易完全替代的前提假设下，我们采用直接引入法，研究了中国的对外援助对受援国经济增长的影响以及出口渠道在其中发挥的作用。研究结果显示：中国的对外援助会显著促进非洲受援国的经济增长，但该促进作用会产生"门槛效应"；其中出口渠道的作用非常显著，即中国的对外援助更多地是通过国际贸易渠道作用于受援国的经济增长的，"促贸援助"模式适用于中国的对外援助；受援国基础设施质量的改善和人口的增加能够明显促进受援国的经济发展，但非洲各国丰富的资源禀赋反而会阻碍其经济增长，即存在"资源诅咒"问题。

在援助与贸易不完全替代的条件下，我们采用两步回归法，研究了中国的对外援助对受援国经济增长的影响效应，并检验了出口渠道在其中的传导作用。研究表明：中国的对外援助能够增加受援国的出口总额，并通过出口渠道促进受援国的经济增长；受援国初期经济状况会影响其经济增长；与人口的促进作用类似，受援国自身的资本积累的提高会显著促进其出口的增加。

因此，实证研究结果表明，援助与贸易无论是完全替代还是部分替代，中国的对外援助均能够通过出口渠道的作用显著促进受援国的经济增长，充分证明了对外援助中国际贸易渠道的积极作用以及"促贸援助"方式对受援国的国际贸易和经济增长的有效性，为"促贸援助"政策及其实施提供了充分的理论依据。

该研究的政策意义在于：其一，鉴于中国的对外援助能够显著促进受援国的经济增长，中国应该随其综合国力的提升进一步增加对外援助，逐步承担更多的国际责任，弥补受援国自身发展资源的不足，帮助其走出"贫困陷阱"，实现自我发展及减贫目标；为了避免援助过程中可能出现的"门槛效应"和"拐点"问题，中国在增加援助数额的同时，需根据受援国自身的发展现实和需求，提供最优的援助额，以更好地发挥对外援助的积极作用。其二，中国应该进一步倡导和推进"促贸援助"的援助模式，逐步增加"促贸援助"数额，坚持援助、贸易、FDI等战略的协调与互动，提高援助效果，帮助发展中国家实现经济增长和减贫。其三，受援国应该进一步推进当地的基础设施建设，充分发挥本国劳动力丰富的比较优势，稳定市场价格，尽力扭转"资源诅咒"现象以发挥资源禀赋的积极作用，从而促进本国的经济发展和收入水平的提高，并最终实现自主发展。

（三）中国对非援助具有积极的减贫效应

新中国建立以来，中国积累了丰富的减贫经验，中国成为世界减贫的重要角色，中国的广大居民收入普遍上升，生活质量显著改善。从"千年发展目标"的各指标实现情况看，中国的减贫效果同样显著。中国特有的历史文化、发展与减贫经验使得中国社会形成了独特的关于援助与减贫关系的理解。中国减贫的成功得益于一个强有力的政府，它不断推进改革与开放政策，而且长期重视农民、农村和农业问题。

中国主张对广大发展中国家提供力所能及的援助，倡导"授人以鱼不如授人以渔"的援助理念。中国认为自身的努力才是减贫的根本动力，而外界援助只能起到辅助的作用。中国认为政府、企业和个人在实现援助减贫的目标中，都发挥着十分关键的作用。

从宏观角度看，中国对各援助领域的援助对受援国的减贫发挥了不同的作用。从援助的微观项目看，中国所提供的援助对受援国减贫也是明显的。在农业、经济基础设施、工业、贸易等"发展"领域，中国援建经济基础设施、培养受援国的能力建设，为促进受援国的经济增长打下良好基础，有利于长效减贫。在医疗卫生、教育培训、人道主义援助、公共设施等"社会救助"领域，中国的援助提高了受援国贫困人群的福利水平。中国自身的减贫和发展经验对广大受援国具有很好的借鉴作用。中国在长期的援助实践中也积累了不少经验与教训。中国援助的特点主要包括三点：不附加任何政治条件、坚持援助与经贸合作相结合和推广中国发展经验。从非洲看，中国的援助对非洲的发展和减贫是

◆ 前言

积极的，受到非洲国家的肯定和欢迎。

但中国在对外援助管理上也存在一些不足，比如信息和资料不够透明、评估监督不够到位，存在环境保护以及妥善处理各方利益冲突等问题。中国应该采用相应措施完善援助管理体系，进一步提高援助的效果。

三 中国对非贸易与投资对非洲经济增长和减贫的影响的实证分析

（一）中非贸易和中国对非投资整体呈现不断增长的趋势

根据国际货币基金组织的数据，从国家层面上来看，非洲大陆近年来成为世界上经济增长最快的地区，非洲的贸易和吸引的 FDI 应该说在非洲近年来的经济增长中发挥了重要作用。

中非贸易和中国对非投资近年来也呈现不断增长的趋势。从贸易方面看，中非贸易额不断扩大，从 2009 年开始，中国已经是非洲最大的贸易伙伴，2000 年之后中国对非贸易顺差逐渐转变为贸易逆差，且差额越来越大，中非贸易结构呈高度互补的特点，中国主要从非洲进口资源类商品，出口工业制成品。

中国对非洲投资流量在中国对外投资总量中所占比例不高，占非洲吸收外资总量的比重也不高，但剔除金融危机影响，中国对非洲的投资的流量呈高速增长的态势，中国对非洲的投资存量也在不断上升，在非洲引进外资中的比重也不断提高。中国对非洲投资的覆盖率逐年上升，中国对非投资企业数量也在高速增长；投资行业主要是符合非洲各国比较优势的资源行业和劳动密集型的轻工业。近年来，投资行业日趋多样化，也开始涉足金融业、科学研究和技术服务业。

（二）中国对非贸易和投资对非洲经济增长具有促进作用

新结构经济学认为实施比较优势发展战略是发展中国家实现经济增长的最优路径。本部分选取非洲 19 个国家 2003—2012 年的面板数据，在新结构经济学理论框架下构建了基于技术选择指数（TCI）的经济增长模型以探讨中国对非贸易与投资是否会促进非洲经济增长，是否会促进非洲国家实施比较优势的发展战略。研究表明，中国对非贸易和投资对非洲经济增长具有促进作用；非洲国家若推行比较优势的发展战略，会拥有较好的经济增长绩效；一定程度上，中国对非贸易与投资会促进非洲国家实施比较优势的发展战略；就非洲19国而言，中国对非贸易和投资是TCI作用于其经济增长的机制，但仍有其他机制有待考察。

基于实证分析结论，我们提出以下政策建议：为了促进非洲各国实施比较优势发展战略、实现经济增长，中国应进一步加大对非贸易和投资，而非洲各国则应从改善出口商品结构、促进产业升级、投资基础设施、促进"一体化"入手，大力发展国际贸易，积极吸引外资。

（三）中非经贸合作区具有明显的产业聚集效应及经济增长效应

作为特殊的经济区域，出口加工区、经济特区、工业区或自由贸易区等在自由贸易、吸引外资、引进国外先进技术、重大基础设施建设投资等方面享有优惠政策，可以为工业发展和产业升级提供有利的外部环境。开发区是中国改革开放最重要的成果之一，中国开发区顺应了经济全球化而引发的国际产业转移的潮流，对中国30余年的高速经济增长、就业、资本积累、产业升级、区域发展发挥了重要作用，开发区作为"中国模式"的一部分，也被越来越多的发展中国家所重视。不少非洲国家开始相信中国经济特区的经验会为非洲带来更多的就业机会、先进的知识技术，进而提高本国的工业水平、出口水平，最终实现经济增长。一些非洲国家开始复制中国开发区的成功模式，相继在本国建立试点，建立了自己的"经济特区"。

2005年底，为贯彻实施国家"走出去"的发展战略，鼓励和支持有竞争优势的各类企业参与国际经济技术合作，商务部提出了建立境外经贸合作区的对外投资合作举措，规划建立若干个有影响、效益好的境外经济贸易合作区。其中，东道国政府负责在协议限定的地域范围内提供良好的投资环境并对投资者给予相关激励，投资国牵头企业负责将园区建设为基础设施较为完善、产业链较为完整、辐射和带动能力强的加工区、工业园区或科技产业园等。实践证明，境外经贸合作区能够有效促进东道国经济发展，而以产业集群为导向发展的园区对东道国工业化

◆ 前言

及经济增长的促进更为明显。

赞比亚中国经济贸易合作区是中国政府在境外设立的第一个经贸合作区，也是赞比亚政府设立的第一个多功能经济开发区。由功能定位分别为"有色金属工业为主，延伸有色金属加工产业链"和"自由贸易区"的谦比希园区和卢萨卡园区构成。通过对赞比亚中国经贸合作区的实地调研发现，自 2007 年正式成立以来，赞中经贸合作区已经在基础设施、功能设施等园区建设及招商引资等方面取得了显著成效。赞中经贸合作区的设立为赞比亚带来了发展所需资金及与其需求相匹配的先进管理经验，提升了赞比亚当地劳工的生产技能；赞中经贸合作区也有效促进了赞比亚的产业集聚和工业化，改善了赞比亚对外贸易结构进而促进其实现国际收支平衡，为赞比亚创造了更多就业岗位并增加了税收，有助于推进赞比亚工业基础体系的早日建成，有力地推进了其经济增长和减贫。

（四）中国对非直接投资对非洲东道国减贫存在倒 U 形关系

中国减贫的一个重要经验是发挥市场机制的作用，以"开发式扶贫"取代"救济式扶贫"。在全球化的大趋势下，积极运用贸易与投资等经济开发行为，使贫困人口积极参加生产，不仅可以帮助贫困者解决基本的生活问题，更重要的是可以帮助贫困者发展生产，从事贸易投资活动，参与全球化，逐步实现脱贫致富。本部分基于动态面板 GMM 的估计方法和比较分析方法，运用 2003—2011 年非洲大陆 21 个国家的样本数据实证检验中国对非直接投资对非洲东道国减贫的影响。

研究结果显示，首先，与非洲东道国吸收的总体外商直接投资相同，中国外商直接投资与非洲东道国的贫困减少存在倒 U 形关系，即达到一定临界值之前，中国对非洲东道国外商直接投资越多对其减贫反而起到的负面作用越大，当达到临界值后，中国继续增加对非直接投资则存在正向的减贫效应。其次，非洲东道国积极参与全球化，发展对外贸易和吸收外商直接投资的政策与实践，如对外开放水平的提升、基础设施的改善、资本积累的提高以及政府的减贫努力对其贫困的减缓具有正向的促进作用。但是，非洲东道国当前的产业结构，尤其是农业的发展并没有对减贫发挥正向的作用。

通过以上研究，可以提出如下的政策建议：对于中国来说，为从根本上帮助非洲国家减贫，中国应积极扩大对非投资的数量，推动开发式扶贫在非洲的推广；对于非洲各国来说，应该加大基础设施建设，提高对外开放水平，提高工业化水平，从而提高自身吸引外资的能力，以从根本上实现减贫，消除贫困。

目　录

第一部分　理论基础和研究框架

第一章　发展经济学的理论演变及新发展经济学的理论框架 …… (3)
　　第一节　发展经济学的演变和新发展经济学的框架 ………… (5)
　　第二节　非洲经济发展模式及转型
　　　　　　——新结构经济学视角的分析 ……………………… (13)
　　第三节　国际贸易与FDI对发展中国家经济增长的影响
　　　　　　机制 …………………………………………………… (27)

第二部分　中国对外援助对非洲经济增长与减贫的影响

第二章　中国对外援助的特征事实 ……………………………… (41)
　　第一节　中国对外援助的发展历程 ……………………………… (41)
　　第二节　中国对外援助现状 ……………………………………… (46)
　　第三节　中国与发达国家援助的比较 …………………………… (50)
　　第四节　中国对非援助的特征事实 ……………………………… (53)

第三章　中国对外援助的经济增长效应
　　　　　——国际贸易渠道的分析 ………………………………… (58)
　　第一节　相关文献述评 …………………………………………… (59)
　　第二节　援助与贸易完全替代条件下的经济增长效应
　　　　　　研究 …………………………………………………… (81)

· 1 ·

目录

　　　第三节　援助与贸易不完全替代条件下的经济增长效应
　　　　　　研究 ··· (88)

第四章　中国对外援助对非洲减贫的影响 ······························ (93)
　　　第一节　中国的减贫经验及对援助与减贫关系的理解 ········· (94)
　　　第二节　中国对外援助对受援国减贫的影响 ·················· (100)
　　　第三节　中国对非援助对非洲减贫的作用 ······················ (116)

第三部分　中国对非贸易与投资对非洲经济增长和减贫的影响

第五章　中国对非贸易、对非投资的特征事实 ························ (127)
　　　第一节　中国对非洲贸易的特征事实 ··························· (127)
　　　第二节　中国对非洲投资的特征事实 ··························· (136)

第六章　中国对非贸易和投资的经济增长效应
　　　　　——基于结构经济学视角 ······································ (144)
　　　第一节　新结构经济学框架下的贸易与投资的经济增长
　　　　　　效应：理论分析 ·· (144)
　　　第二节　中国对非贸易与投资的经济增长效应：实证
　　　　　　分析 ··· (159)
　　　第三节　政策建议 ·· (183)

第七章　中非经贸合作区的建设及其经济效应
　　　　　——以赞中经贸合作区为例 ································· (189)
　　　第一节　中国境外经贸合作区的现状 ··························· (190)
　　　第二节　赞中经贸合作区的建设及其经济效应 ················ (199)

第八章　中国对非投资的减贫效应
　　　　　——基于动态面板的经验研究 ······························ (216)
　　　第一节　文献综述 ·· (219)

第二节　模型与数据 …………………………………………（221）
第三节　经验研究结果与政策建议 …………………………（224）

后记 ……………………………………………………………（232）

第一部分
理论基础和研究框架

第一章　发展经济学的理论演变及新发展经济学的理论框架

非洲是发展中国家最集中的大陆，近年来其在世界经济中展现出动态静态两个不同的方面：一方面，20世纪后半叶以来，在克服独裁、腐败、内乱等一系列不利因素的基础上，一些非洲国家开始采取各种积极的措施促进本国经济增长，这些措施包括降低通货膨胀、减少预算赤字、降低税收、降低贸易壁垒、开放多个产业领域、进行公司私有化、加强法律法规体系建设的力度。在此背景下，非洲各国展现出强劲的后发优势。根据国际货币基金组织的数据，2000—2010年非洲地区GDP平均增长率为5.5%，比20世纪80年代和90年代翻了一番。[1] 而从国家层面上来看，世界银行（World Bank Group）统计数据显示，2014年全球GDP增速最快的30个国家中，14个来自非洲。[2] 因此，非洲大陆近年来成为世界上经济增长最快的地区。另一方面，长期的殖民主义在非洲大陆留下了许多复杂和难以解决的问题，这些问题综合导致目前非洲仍是全球经济最不发达的地区。联合国开发计划署2015年人类发展指数（共188个国家和地区）显示，位于最后20位的国家中，除了排第171位的阿富汗外，其余19个国家全部都来自非洲。[3]

---

[1] 《投资非洲：机遇与希望》，中非合作论坛，2012年4月18日，http://www.focac.org/chn/zjfz/t924026.htm。

[2] 第2位，南苏丹，13.13%；第5位，利比亚，11.31%；第7位，埃塞尔比亚，10.49%；第10位，科特迪瓦，8.70%；第12位，刚果（金），8.48%；第16位，加纳，7.59%；第17位，莫桑比克，7.44%；第22位，坦桑尼亚，6.96%；第23位，安哥拉，6.80%；第25位，毛里塔尼亚，6.72%；第26位，赞比亚，6.71%；第27位，布基纳法索，6.53%；第30位，乌干达，6.00%。资料来源：世界银行组织数据库。

[3] 资料来源：http://data.un.org/DocumentData.aspx?id=377。

◆ 第一部分 理论基础和研究框架

  非洲大陆拥有的丰富的自然资源和人力资源是支持其各国经济增长的强大动力。21世纪以来，许多发达国家和新兴国家都将目光投向了非洲，中国作为最大的发展中国家，也不例外。从援助方面看，近60年来，对非援助一直占据中国对外援助的核心地位。截至2009年，中国近45.7%的对外援助资金用于对非援助，[①] 而2010—2012年，约51.8%的援助资金用于非洲地区。[②] 截至2012年年底，53个非洲国家接受了中国的援助，援建成套项目1000多个，派出人员35万多人次，700多人献出生命。[③] 从贸易方面看，2009年开始，中国成为非洲最大的贸易伙伴，2014年，中国对非洲的出口额、进口额和进出口总额分别为1060.35亿美元、1156.31亿美元、2216.66亿美元。从投资方面看，2014年，中国对非洲投资流量为32亿美元，延续上年对非投资的强劲态势。到2014年年末，中国对非洲的投资存量为323.5亿美元，占中国对外投资存量的比重为3.7%。中国对非直接投资企业2955家，占境外企业总数的12.1%，共覆盖52个非洲国家和地区，投资覆盖率

表1-1   2014年中国对外贸易各大洲情况   单位：亿美元,%

地区	进出口总额	进出口占比	出口总额	出口占比	进口总额	进口占比
世界	43015.26	100	23422.92	100	19592.34	100
亚洲	22734.78	52.85	11883.81	50.74	10850.97	55.38
非洲	2216.66	5.15	1060.35	4.53	1156.31	5.90
欧洲	7749.56	18.02	4388.25	18.73	3361.31	17.16
拉丁美洲	2632.78	6.12	1362.24	5.82	1270.54	6.48
北美洲	6105.65	14.19	4262.57	18.20	1843.08	9.41
大洋洲及太平洋群岛	1560.39	3.63	465.72	1.99	1094.67	5.59

资料来源：根据国家统计局年度数据整理、计算。

---

① 资料来自中华人民共和国国务院新闻办公室《中国的对外援助》(2011) 白皮书，人民出版社2011年版。
② 资料来自中华人民共和国国务院新闻办公室《中国的对外援助》(2014) 白皮书，人民出版社2014年版。
③ 《中国对非援助知多少?》，腾讯网，http://news.qq.com/newspedia/africa.htm，2014年12月15日。

为86.7%。① 虽然中国对非投资力度仍然较小，但增速较快，投资行业主要是符合非洲各国比较优势的资源行业和劳动密集型的轻工业。

表1-2　　2014年中国对外直接投资流量地区构成情况　　单位：亿美元,%

地区	金额	增长率	比重
亚洲	849.9	12.4	69.0
非洲	32.0	-5.0	2.6
欧洲	108.4	82.2	8.8
拉丁美洲	105.5	-26.5	8.6
北美洲	92.1	87.9	7.5
大洋洲	43.4	18.5	3.5

资料来源：根据国家统计局年度数据计算。

本书将在现有研究基础上理顺发展经济学理论脉络，并通过中国经济发展与经验的总结进一步提炼新发展经济学的概念，探讨新发展经济学的理论框架；挑选若干非洲国家，通过实证和案例，分析中国对外援助与投资对非洲经济增长及减贫的作用，并由此探讨中国发展与减贫经验在其他发展中国家的适用性，以期对低收入国家的经济增长及减贫以及其他国家对这些国家的援助、贸易和投资进行方向性的指导。

第一节　发展经济学的演变和新发展经济学的框架

经济增长（Economic Growth）和经济发展（Economic Development）在某种程度上是可以互换的，但相比之下，经济发展的含义更广泛，并特别用于发展中国家的经济问题。经济增长的概念适用于所有国家，是指一个国家总体或人均收入和产品的增长。如果一国的商品生产和服务提供增加了，同时平均收入增加，那么该国就实现了经济增长。经济发展的概念较多地应用于发展中国家，因为发展中国家除了要求一国实现

---

① 资料来源：《2013年度中国对外直接投资统计公报》。

◆ 第一部分 理论基础和研究框架

经济增长外，还要求一国在卫生、教育和人类其他福利等方面有所改进。如果一国仅仅是商品生产和服务提供增加，平均收入增加但没有使得国民平均寿命延长、婴儿死亡率下降、文盲率下降，那就不能说该国实现了经济发展。另外，经济发展还伴随着发展中国家经济结构的重大变化，包括 GDP 中农业所占比重下降，工业和服务业比重上升；越来越多的人从农业生产中释放出来，在城市里找到工资更高的工作（这些工作通常是在制造业或服务业），城市人口百分比上升；消费结构发生较大变化，人们花在必需品上的消费持续减少，消费逐渐向耐用消费品转移，最后转向休闲产品和服务。[1]

20 世纪 20 年代末发生的"大萧条"和两次世界大战后，世界各国的经济发展和复苏为发展经济学的兴起提供了一个契机。一方面，传统的西方发达国家需要从经济危机和二战的影响下恢复经济增长和发展；另一方面，一大批取得独立的亚非拉国家也需要依靠经济增长和发展巩固政治的独立。根据强调在经济增长和发展中起决定作用的因素的不同（政府和市场），可以将发展经济学的发展分为三个阶段，其中前两个阶段分别为 20 世纪 50—60 年代（结构主义理论，强调政府的作用）、20 世纪 70—90 年代（自由市场理论，强调市场的作用）；[2] 由 Dani Rodrid、Ricardo Hausmann、Andres Velasco，[3] Philippe Aghion，[4] Michael Spence，[5] Ann Harrison[6] 和林毅夫[7]为代表的一些经济学家推动的第三

---

[1] [美] 德怀特·H. 波金斯、斯蒂芬·拉德勒、戴维·林道尔、斯蒂芬·A. 布洛克：《发展经济学》，彭刚等译，中国人民大学出版社 2013 年版，第 10 页。

[2] 林毅夫在载于《经济学》（季刊）2011 年第 1 期的《新结构经济学——重构发展经济学框架》中将 20 世纪 50—60 年代的发展经济学理论解读为结构主义理论，20 世纪 70—90 年代的发展经济学理论解读为自由市场理论。

[3] Hausmann, R., Rodrik, D., Velasco, A., "Growth Diagnostics", *The Washington Consensus Reconsidered: Towards A New Global Governance*, Oxford University Press, 2008: 324 – 355.

[4] Aghion, P., Howitt, P., A Model of Growth through Creative Destruction, National Bureau of Economic Research, 1990.

[5] Spence, M., "Job market signaling", *The Quarterly Journal of Economics*, 1973: 355 – 374.

[6] Harrison, A., "Openness and growth: A Time-series, Cross-country Analysis for Developing Countries", *Journal of Development Economics*, 1996, 48 (2): 419 – 447.

[7] 林毅夫：《新结构经济学——重构发展经济学框架》，载《经济学》（季刊）2011 年第 1 期。

个阶段正处于发展过程中,他们同时强调政府和市场在经济增长过程中的重要作用。

一 20世纪50—60年代的结构主义理论

结构主义的经济发展理论兴起于两个重要的历史事件:20世纪20年代末开始的"大萧条"和苏联成功通过计划经济实现了现代工业化。"大萧条"打破了人们对市场资本主义的信心,凯恩斯开出的反萧条处方是通过财政政策进行积极投资的政府干预,以刺激经济增长。这一思想多年来被许多经济学家和政府接受,大规模的政府投资帮助美国走出了"大萧条",由政府控制的价格管制和数量配给也帮助美国度过了二战。[①] 与此同时,苏联也在高度集中的计划经济下迅速实现了现代工业化,并在二战中展现出了强劲的生产力。

在此背景下,这一时期的发展经济学家注重结构主义分析,强调工业化、计划化和物质资本的积累在经济发展中的重要性。在政府与市场的关系方面,他们认为由于市场失灵难以避免,政府必须在经济增长和发展过程中发挥更重要的作用。因此他们都支持政府直接或间接地推动工业化进程,政府直接干预资源配置和进行投资,在工业部门建立公有制企业或者国有企业来克服市场失灵。在对外经济关系上,他们主张贸易保护,强调国家对外贸易保护的政策。

Rosenstein-Rodan提出了著名的"大推进"(Big Push)理论,[②] 该理论认为,一种良性循环的发展才能更好地实现经济有效增长,而从根本上来说,个体企业自身的规模经济和市场容量决定了这种良性循环的发展模式。具体而言,只有当现代生产方式的生产率随着市场规模的不断扩大而增长,以至能弥补更高的工资时,现代生产方式才相对于传统方式更具优势。但是采用现代生产方式的程度又会反过来决定市场的规模。在这种情况下,如果一个经济体从一开始就能尽可能地大规模采用现代生产方式,则该经济体的整个发展过程会呈现出良性循环的不断自

[①] [美]德怀特·H. 波金斯、斯蒂芬·拉德勒、戴维·林道尔、斯蒂芬·A. 布洛克:《发展经济学》,彭刚等译,中国人民大学出版社2013年版,第129页。

[②] Rosenstein-Rodan, P., "Problems of Industrialization of Eastern and Southeastern Europe", *Economic Journal*, 1943, 53: 202—211.

我强化的形势，进而实现持续增长。① 基于"大推进"理论，Rosenstein-Rodan 认为相互关联、运行良好的大型政府投资计划是促进发展中国家经济增长的较好方式。

拉丁美洲的经济学家 Prebisch② 和欧洲经济学家 Singer③ 认为初级产品生产者的贸易条件，即出口品相当于进口品的价格，几十年来一直在下降，并将继续下降，而世界市场对初级产品需求的增速可能只会减缓增长。初级出口产品贸易条件的恶化使得资本密集型国家在某种程度上不公平地"剥削"了资源密集型的发展中国家，因此发展中国家促进自身经济增长的最好方式就是通过进口替代来发展本国制造业。这就是著名的"进口替代"发展战略。

同 Rosenstein-Rodan 一样，Nurkse 也看到了狭小的国内市场对经济发展的阻碍作用，并提出了"平衡增长"理论（Balanced Growth）。④ 在该理论中，发展主要指市场扩大、生产增加，而对发展中国家来说，稀缺的资本是发展的主要限制条件，因此政府可以通过进行一系列的投资创造出足够的需求，从而促进经济增长。

以 Hirschman 为代表一些经济学家提出了"非平衡增长"理论（Unbalanced Growth），⑤ 该理论认为不能以"广泛撒网"的方式平均而广泛地投资，而应该选择投资一些关键的产业部门，这些关键产业部门必须经过严格筛选，具有前后关联度较高的特点。

第二次世界大战之后，非洲、亚洲和拉丁美洲的殖民地和半殖民地通过各种方式摆脱了帝国主义列强的统治，纷纷独立成为新兴主权国家。同发达国家相比，这些发展中国家面临许多相同的问题，如较低的

---

① 林毅夫：《新结构经济学——重构发展经济学框架》，载《经济学》（季刊）2011 年第 1 期，第 4 页。

② Prebisch, R., "The Economic Development of Latin America and its Principal Problems", New York: United Nations, 1950. Reprinted in *Economic Bulletin for Latin America*, 1962, 7 (1): 1 - 22.

③ Singer, H., "The Distribution of Gains between Investing and Borrowing Countries", *American Economic Review*, 1950, 40 (2): 473 - 485.

④ Nurkse, R., *Problems of Capital Formation in Underdeveloped Countries*, New York: Oxford University Press, 1953.

⑤ Hirschman, A., *The Strategy of Economic Development*, New Haven, Conn.: Yale University Press, 1958.

经济增长率和人均国民生产总值、落后的教育水平和基础设施、国内消费品大多依赖进口、国内产业以生产和出口初级产品为主。受国家主义情绪的影响，这些发展中国家都希望通过经济的快速增长实现国家的富强。"大萧条"和苏联的成功工业化刺激了这些国家按照结构主义的经济增长理论来制定经济增长政策。它们或实施计划经济，或实施进口替代战略，政府通过各种计划和策略来干预资源配置、进行投资规划、推动重工业化进程。但是经过二三十年的发展，这些发展中国家并没能很好地优化其经济结构，也没能缩小与发达国家之间的收入差距。

1982年墨西哥政府宣布无力偿还外债，以此为标志，"拉美债务危机"爆发，这意味着拉丁美洲国家所奉行的结构主义的经济增长政策失败。这些拉美国家所实行的"进口替代"发展战略，本来旨在通过避免外国进口产品冲击本国产业而保证本国工业化顺利推进，却最终造成一系列经济的低效率：整个经济充斥着寻租，对外贸易被高配额、高关税等政策严格限制。[①] 20世纪80年代末发生的东欧剧变和随后发生的苏联解体，政治上标志着冷战的结束，经济上意味着受结构主义影响的高度集中的计划经济政策的失败。苏联东欧国家实行的高度集中的计划经济片面追求重工业的发展，导致苏联东欧国家宏观经济情况与西欧等发达国家差距巨大，国内经济严重扭曲，人民生活水平仍然较低。由此看来，结构主义的经济增长理论并未很好地指导和帮助发展中国家的经济增长。

二 20世纪70—90年代的自由市场理论

在结构主义的经济增长理论发展的同时，新古典主义也在逐渐演进，20世纪60年代后期，特别是70年代以后，由于一大批采取结构主义经济增长政策的发展中国家的经济发展纷纷以失败告终，新古典主义在发展经济学中逐渐成为主流，新古典主义者主要倡导采取自由市场理论来指导经济增长，认为价格是经济发展的核心问题，而市场在价格调整中扮演着最重要的角色，自由市场理论对经济发展有三个基本观

---

① 林毅夫：《新结构经济学——重构发展经济学框架》，载《经济学》（季刊）2011年第1期，第9页。

◆ 第一部分 理论基础和研究框架

点：保护个人利益，强调私有化的重要性；反对国家干预，主张自由竞争；提倡经济自由化，包括贸易自由化和金融自由化。在对发展中国家的经济政策建议方面，新古典主义的典型案例就是20世纪80年代末90年代初，针对拉美债务危机和东欧国家所面临的经济转轨，西方发达国家提出了"华盛顿共识"（Washington Consensus）。① 在"华盛顿共识"的指导下，拉美国家和东欧国家都普遍实行了自由市场政策，陷入增长危机的撒哈拉以南非洲国家也被鼓励采取相似的政策。

虽然"华盛顿共识"最初仅被视为"对大多数在华盛顿的人关于拉美（并非所有国家）在1989年（并非任何时候）该如何作为的各种主张的总结"，但它迅速被认为是"驻扎在华盛顿的国际金融组织强加给无助国家，并致使这些国家走向危机和痛苦的一套新自由主义政策"。② 实行该政策的国家不仅被要求执行一系列异常严格、旨在稳定经济的方案，还要积极推行私有化和自由化。但从经济增长和创造就业的角度来看，该套政策的绩效存在着较大争议。③ 尽管在实行"华盛顿共识"的国家，改革进行得如火如荼，且并非千篇一律，但是人们翘首期盼的经济增长却并未实现。拉丁美洲90年代的经济增长，相比其自身80年代的水平，也仅略有提高；④ 东欧的转轨经济历程比期望的

---

① 1990年，美国国际经济研究所邀请国际货币基金组织、世界银行、美洲开发银行和美国财政部的研究人员以及拉美国家代表在华盛顿召开了一个研讨会，旨在为拉美国家经济改革提供方案和对策。时任美国国际经济研究所所长的约翰·威廉姆森（John Williamson）对拉美国家的国内经济改革提出了已与上述各机构达成共识的10条政策措施，称作"华盛顿共识"。这十条政策措施包括：1. 加强财政纪律，压缩财政赤字，降低通货膨胀率，稳定宏观经济形势；2. 把政府开支的重点转向经济效益高的领域和有利于改善收入分配的领域（如文教卫生和基础设施）；3. 开展税制改革，降低边际税率，扩大税基；4. 实施利率市场化；5. 采用一种具有竞争力的汇率制度；6. 实施贸易自由化，开放市场；7. 放松对外资的限制；8. 对国有企业实施私有化；9. 放松政府的管制；10. 保护私人财产权。

② Williamson, J., "Did the Washington Consensus Fail?" Working Paper, 2002, http://www.petersoninstitute.org/publications/papers/paper.cfm? Research ID =488.

③ Easterly, W., *The Elusive Quest for Growth: Economists' Adventures and Misadventures in the Tropics*, Cambridge, MA: The MIT Press, 2001. Easterly, W., N. Loayza, and P. J. Montiel, "Has Latin America s Post-Reform Growth Been Disappointing?" World Bank Policy Research Paper, Washington. D. C., 1996. 转引自林毅夫《新结构经济学——反思经济发展与政策的理论框架》，北京大学出版社2013年版，第17页。

④ ［美］德怀特·H. 波金森、斯蒂芬·拉德勒、戴维·林道尔、斯蒂芬·A. 布洛克：《发展经济学》，彭刚等译，中国人民大学出版社2013年版，第148页。

要糟糕很多，至少在前十年是这样；撒哈拉以南非洲经济体，改革十年后，经济仍未见大的起色。

与上面失败的案例相反的是，20世纪50年代到70年代的日本和东亚"四小龙"（韩国、新加坡、中国香港、中国台湾），这些国家和地区通过出口导向型的经济发展战略，用一代到两代人的时间完成了产业升级，在收入水平和经济总量上缩小甚至超过了发达国家的水平。而在20世纪80年代和90年代，以中国、越南、博茨瓦纳和毛里求斯为代表，这些之前施行计划经济的国家没有像俄罗斯和东欧各国一样实行"华盛顿共识"提出的"休克疗法"，而是渐进地向市场经济过渡，获得了持续快速的经济增长。

三 新结构经济学的提出与要点

在结构主义和自由市场主义的基础上，林毅夫等学者提出了使发展中国家实现可持续增长，消除贫困并缩小与发达国家收入差距的理论框架，他们将其称为"关于经济发展过程中结构及其变迁的一个新古典框架"，或"新结构经济学"。新结构经济学强调在经济发展过程中，除了发挥市场和政府的协同作用外，政府政策和各种制度的制定及实施必须将不同发展水平的结构性特征纳入考虑范围，在很大程度上，这些结构性特征是由各个发展中国家的要素禀赋结构及其市场力量所内生决定的。

新结构经济学有三个要点[①]：

第一，新结构经济学认为持续的经济革新和结构变化是现代经济发展的主要特征。经济发展阶段并非简单地二分为"穷"（发展中）和"富"（工业化）两种情况，而是一条由低收入的农业经济向高收入的后工业化经济迈进的连续谱，经济发展的每一个阶段都是这条连续谱上的一点。

第二，在开放经济下，新结构经济学认为在任意一个时点上，一个经济的最优产业结构是能让该经济在国内市场和国际市场同时实现最强

---

① 林毅夫：《新结构经济学——反思经济发展与政策的理论框架》，北京大学出版社2013年版，第12—13、95—97页。

竞争力的产业结构。该经济体时点上的要素禀赋结构①决定了比较优势，比较优势又决定了最优产业结构，然后任意一个经济体的要素禀赋结构都会伴随发展阶段的不同而演进，因此一个经济体的最优产业结构应该根据其要素禀赋结构的变化而变化。

第三，在市场与政府的关系上，新结构经济学认为在经济发展的任一阶段上，市场都是资源得以有效配置的基本机制。但是，经济发展作为一个动态过程，结构调整必然贯穿其整个过程，而结构调整主要是指"硬性"和"软性"（有形和无形）基础设施②的相应改善以及产业升级。必须有一个内在的机制来协调基础设施改善和进行产业升级，且该协调机制应对企业的交易成本和投资回报具有较大外部性。在这种情况下，政府就应该在市场机制外扮演整个结构调整过程的协调机制角色。

新结构经济学分析了发展中国家经济发展成功与失败的原因，认为世界不同经济体之间产生差距的原因是大多数发展中国家采取了违背自身比较优势的发展战略。

采取政府主导的计划经济发展模式的国家失败的原因在于，这些发展中国家在发展初期问题较多：教育水平低下，贫困率、出生率和死亡率很高，基础设施落后，绝大部分制成品严重依靠进口，而自身只能出口初级产品。因此，其施行优先发展技术要求高、资本密集型的重工业的政策和采取"进口替代战略"就必然违背了该发展阶段的比较优势，失败在所难免。20世纪90年代，拉美、非洲等一大批经济转轨国家遵从了"华盛顿共识"框架下的一系列政策，包括迅速稳定经济、自由化和私有化改革等，但也宣告失败，其原因在于没有找到一种务实的、渐进的退出"扭曲"的战略。这些经济转轨国家想要退出存在于其整个经济中的诸多扭曲，除了要明白每个阶段的最优状态，还要知道走向最优状态的务实办法。在金融、法律、基础设施、产业结构上，已经实现工业化的发达国家和发展中国家存在着较大差异，所以转轨战略一定

---

① 林毅夫将要素禀赋结构定义为自然资源、劳动力、人力资本和物质资本的相对丰裕程度。
② "硬性"基础设施包括能源、交通和通信系统等；"软性"基础设施包括金融体系、管制、教育体系、司法体系、社会网络、价值体系及经济体中其他无形的结构。

要符合一国不同阶段下的实际情况。发展中国家经济中所存在的许多复杂扭曲，往往是由不当干预和新扭曲政策之间往复的恶性循环引起的，致使整个经济严重缺乏效率。①

日本和东亚"四小龙"成功的原因在于其每个阶段的发展战略都符合了当时的比较优势。在"出口导向型战略"下，日本和东亚"四小龙"在发展初期选择发展劳动密集型的轻工业，实现资本逐渐积累后，在政府的协调下施行技术革新和产业升级，发展资本密集度高的重工业，实现了经济的持续发展，赶上了欧美发达国家人均收入水平。

第二节　非洲经济发展模式及转型
——新结构经济学视角的分析

发展经济学先后经历了结构主义、新自由主义两轮思潮的洗礼。第一轮结构主义思潮是以"大萧条"为背景，以凯恩斯主义为理论基础，强调结构转变的重要性，主张政府干预。然而实践中却以拉美、非洲、南亚等国的结构转型失败而告终。20世纪70年代的滞胀、80年代的拉美债务危机和社会主义计划经济体制的崩溃，对传统的凯恩斯主义提出了挑战，以"理性预期"为主导理论体系的第二轮新自由主义思潮认为应当采取非结构性的思路实现经济发展，强调市场在配置资源和促进经济发展方面的重要性。20世纪80—90年代世界银行和国际货币基金组织在发展中国家推行的经济结构调整计划失败，大部分发展中国家与发达国家的收入差距还在进一步扩大。在此背景下，以新结构经济学为代表的发展经济学第三波经济思潮应运而生，它在新古典经济学的理论框架下，依据以东亚及中国为代表的典型新兴国家的经济持续快速增长的案例，从要素禀赋结构出发，以产业结构变迁的微观视角，提出了一个综合的分析框架。对于阻碍非洲经济发展的单一型经济结构及其产业升级和经济转型问题，新结

---

①　林毅夫：《新结构经济学——重构发展经济学框架》，载《经济学》（季刊）2011年第1期，第16页。

◆ 第一部分　理论基础和研究框架

构经济学可以提出相应的一套科学的解决思路和方案，对非洲经济的持续发展具有一定的指导意义。

一　非洲经济发展模式及增长机制：文献综述

（一）非洲经济发展模式研究

诸多学者对非洲经济发展阶段及其发展模式进行了研究。唐宇华[①]总结了20世纪60年代初期到80年代后期非洲经济发展的模式：60年代非洲民族独立初期，非洲各国认为工业化是经济增长的动力，因此各国在制定其发展计划时，实行了进口替代战略，强调实行国有化，加快城市发展，扩大工业投资。到了60年代末，依附与不发达理论成为主导非洲经济发展的主流思想，该理论认为除了非洲各国国内因素阻碍其经济发展外，国际资本才是更重要的阻碍因素，具体表现为非洲大陆资源受国际资本的剥削异常严重。于是非洲国家更重视自力更生，并将其作为发展的基础，同时更加注重非洲国家间的经济合作。非洲国家为了发展民族经济采取的另一种战略是出口促进战略，它们或者建立出口加工区，以出口补贴和提供出口信贷等措施鼓励制成品出口或者通过农矿产品加工，实现出口增长，并使出口多样化。[②] 但是由于非洲国家生产力水平低，产品成本高、质量低，在国际市场上缺乏竞争力，加上70年代后期西方发达国家经济衰退，实行贸易保护主义政策，导致采取出口促进发展战略的非洲国家工业发展受到严重的阻碍。80年代到90年代，受"华盛顿共识"影响，改革与结构性调整成了很大一部分非洲国家经济发展的主要内容，主要变化体现为非洲许多国家加大了市场自由化和私有化程度，从整体上看，除了小部分国家取得了一些成效外，大多数非洲国家仍然陷入经济发展滞后的泥潭。庄青松[③]对比了东南亚和非洲从20世纪60年代中期到90年代中期30年间的经济发展历程，总结出非洲经济

[①] 唐宇华：《非洲国家不同时期的发展理论与模式》，《世界经济与政治》1994年第4期，第20—23页。
[②] 张同铸：《非洲经济社会发展战略研究》，人民出版社1992年版，第511页。
[③] 庄青松：《东南亚和非洲发展模式的比较及对中国的启示》，《中国市场》2009年第39期，第67—69页。

发展严重滞后的原因在于发展战略选择失误（没能从进口替代工业发展战略转型到出口导向发展战略）、政局不稳定和农业发展不利。李智彪[1]认为非洲现行经济发展战略与政策基本上仍是过去经济结构调整计划的延续或翻版，具体表现在换上减债计划、减贫战略等新的外包装后继续指导非洲经济发展。这种情况的根源在于非洲大陆长期以来在物质层面严重依靠外部世界，而在精神层面所追求的独立自主理想又缺少实现空间。在短期内，非洲各国仍不能真正自主选择和决定其经济发展战略。郝睿、许蔓[2]分别从传统工业化阶段理论、国家竞争发展阶段理论、新结构经济学的角度出发，提出大多数非洲国家仍然处于经济发展的初级阶段（前工业化阶段或工业化初期、要素驱动阶段、转型阶段或转型前阶段），并认为加快经济转型、加速产业升级和促进经济多样化才是实现非洲发展阶段递升的必由之路。

由此看来，学者们总的认为，自始至终，非洲大多数国家都没有完全推行符合自身比较优势的发展战略：独立初期的进口替代战略是对符合自身比较优势的发展战略的完全偏离；70年代虽转向出口促进发展战略却没有相应的技术、人力资本、管理和基础设施等配套体系来实施符合自身比较优势的发展战略；80年代到90年代后根据新自由主义及"华盛顿共识"进行了十多年的改革，经济仍未见起色；[3] 90年代末至21世纪初，一些非洲国家的经济增长也是受国际油价的持续走高的刺激而大量出口石油带来的，非洲国家仍然没有完全实行符合自身比较优势的发展战略。

（二）非洲经济增长与减贫机制研究

William Easterly 和 Ross Levine[4]认为非洲的长期经济增长乏力是由多种原因造成的，这些原因包括较低的受教育水平、政治不稳定、不发

---

[1] 李智彪：《对后结构调整时期非洲主流经济发展战略与政策的批判性思考》，《西亚非洲》2011年第8期，第148—160页。

[2] 郝睿、许蔓：《当前非洲经济发展阶段研判》，《西亚非洲》2013年第5期，第29—46页。

[3] ［美］德怀特·H. 波金斯、斯蒂芬·拉德勒、戴维·林道尔、斯蒂芬·A. 布洛克：《发展经济学》，彭刚等译，中国人民大学出版社2013年版，第148页。

[4] William Easterly, Ross Levine, "Africa's Growth Tragedy: Policies and Ethnic Divisions", *The Quarterly Journal of Economics*, 1997, Vol. 112, No. 4, pp. 1203–1250.

◆ 第一部分　理论基础和研究框架

达的金融系统、扭曲的外汇市场、超高的政府赤字、不完善的基础设施和利益集团的寻租,上述问题又和种族多样化问题交织在一起。Paul Collier 和 Jan Willem Gunning[1] 认为非洲经济增长乏力一般可归结于地理因素,表现为不同国家间的语言问题、热带疾病问题、内陆运输问题。刘青海[2]以国际技术扩散的相关理论为基础,分析了非洲的第一、第二地理特性及其与地域效果、基础设施投资、国际技术扩散距离、经济增长的关系,认为基础设施投资对降低地域效果和促进经济增长具有重要意义,但是非洲(特别是撒哈拉以南非洲)的地理特性使得其国际技术扩散的地域效果过强,以至于该地区国家能接收到的国际先进技术很少,从而影响了经济增长。Shantayanan Devarajan、William R. Easterly 和 Howard Pack[3] 认为非洲大陆相对低的投资率并不是造成非洲 GDP 增长缓慢的原因,政策制定者在考虑用投资刺激经济增长时应特别小心。杨勇和张彬[4]选择非洲有代表性的经济一体化组织为研究对象,考察南南型一体化组织的增长效应,并分析"意大利面碗效应" (Spaghetti-bowl Phenomenon)[5] 在成员国经济增长中的作用。其实证结果显示:区域经济一体化没有推动非洲国家的经济增长,"意大利面碗效应"对经济增长有抑制作用。因此,广泛参与南南型区域经济一体化集团无助于成员国发展经济。黄梅波、刘斯润[6]认为非洲经济快速增长主要是援助、减债、国际市场商品价格上涨等外部因素和消除弊政等内部因素共同作用的结果,然而非洲各国自身生产能力的提升有限,主

---

[1] Paul Collier and Jan Willem Gunning, "Why Has Africa Grown Slowly?" *The Journal of Economic Perspectives*, 1999, Vol. 13, No. 3, pp. 3 – 22.

[2] 刘青海:《国际技术扩散地域效果、地理特性与非洲经济增长——兼论中国基础设施投资对非洲经济增长的贡献》,《江西科技师范学院学报》2011 年第 1 期,第 7—12 页。

[3] Shantayanan Devarajan, William R. Easterly and Howard Pack, "Low Investment Is Not the Constraint on African Development", *Economic Development and Cultural Change*, 2003, Vol. 51, No. 3, pp. 547 – 571.

[4] 杨勇、张彬:《南南型区域经济一体化的增长效应——来自非洲的证据及对中国的启示》,《国际贸易问题》2011 年第 1 期,第 95—105 页。

[5] "意大利面碗效应"(Spaghetti-bowl Phenomenon)一词源于巴格沃蒂(Bhagwati)1995 年出版的《美国贸易政策》(*U. S. Trade Policy*)一书,指在双边自由贸易协定(FTA)和区域贸易协定(RTA)中,统称特惠贸易协议中的原产地规则就像碗里的意大利面条,一根根地绞在一起,剪不断,理还乱。

[6] 黄梅波、刘斯润:《非洲经济发展模式及其转型——结构经济学视角的分析》,《国际经济合作》2014 年第 3 期,第 63—69 页。

要的经济增长方式仍然是资源开发和出口需求驱动型,非洲各国的投资增长也未显著提高经济增长的效率,单一的经济结构仍然是非洲各国经济发展所面临的最大问题。Laura N. Beny 和 Lisa D. Cook [1]通过对1960年到2005年非洲经济增长数据进行回归分析,认为非洲国家的政策改革、资源出口品数量和价格的增长(Commodity Boom)都能较好地解释非洲的经济增长,同时若非洲国家政策改革效果良好,那么当资源出口品价格下降时,该国更能保护好经济增长带来的好处。安春英[2]认为虽然自20世纪90年代中期以来,非洲经济呈现出中速增长态势,但增长质量不高,贫困化并未减缓,反而有所加强。这主要是因为非洲经济增长具有的出口需求驱动、资源投入、农业增长低质、投资拉动、不适合穷人分享增长的低度经济结构等一系列内在特性。当然,非洲经济增长质量不高还与制约非洲减贫的长期性结构性因素密切相关。益贫式增长范式关注穷人能否分享经济增长所带来的利益,强调经济增长除了要减少贫困,更要改善收入不平等的状况。从长期来看,非洲国家若要使总体经济增长促进社会贫困的减少,需向益贫式增长范式转变。

二 非洲经济发展现状和特点

(一)非洲经济快速增长,但国际经济地位不升反降

非洲国家自独立以来,在第一轮及第二轮发展经济学思潮的指导下,经济发展走了一条蜿蜒曲折的道路,经历了1960—1975年快速发展的黄金时期,80年代非洲经济出现大幅度的衰退,是非洲经济发展"失去的十年"。1996年非洲经济走出低谷,复苏趋势明显。[3][4] 进入21世纪后,非洲经济得到了较好的发展,其经济发展速度虽然在2009年和2010年由于金融危机的影响有所减慢,但整体上来说一直保持中速增长的良好态势。

---

[1] Laura N. Beny and Lisa D. Cook, "Metals or Management? Explaining Africa's Recent Economic Growth Performance", *The American Economic Review*, 2009, Vol. 99, No. 2, pp. 268 – 274.

[2] 安春英:《非洲经济增长与减贫发展的悖论——兼论非洲从贫困化增长到益贫式增长范式的转变》,《西亚非洲》2010年第3期,第20—26页。

[3] 朱重贵:《非洲经济发展的曲折历程和希望》,《西亚非洲》1998年第1期,第11—12页。

[4] IMF, Regional Economic Outlooks Sub-Saharan African, April 2009, pp. 66 – 68.

◆ 第一部分 理论基础和研究框架

近20年撒哈拉以南非洲地区虽然实现了经济快速增长,但是其收入水平及国际经济地位不升反降。根据联合国2015年最不发达国家报告,目前最不发达国家共有48个,其中32个是非洲国家。①

在国际经济舞台上,非洲出口占世界贸易以及吸引的FDI占世界FDI流量的比重均在下降。国际贸易方面,根据联合国贸发会议(UNCTAD)的统计,2000—2010年,非洲出口和进口增速都超过全球平均水平,这段时期非洲贸易量在全球贸易总量中的比重提高了约一个百分点,从2000年的2%升至2010年的3%有余。但在2010—2015年,全球出口增速持续低迷,而非洲出口显得尤为脆弱。数据显示,非洲出口年均增速大幅下跌至负数,实际增速为－4.84%,这样,到2015年,非洲贸易量在全球贸易总量中的比重重新跌回到3%以下(见图1－1)。外国直接投资方面,1980—2014年,非洲获得的外国直接投

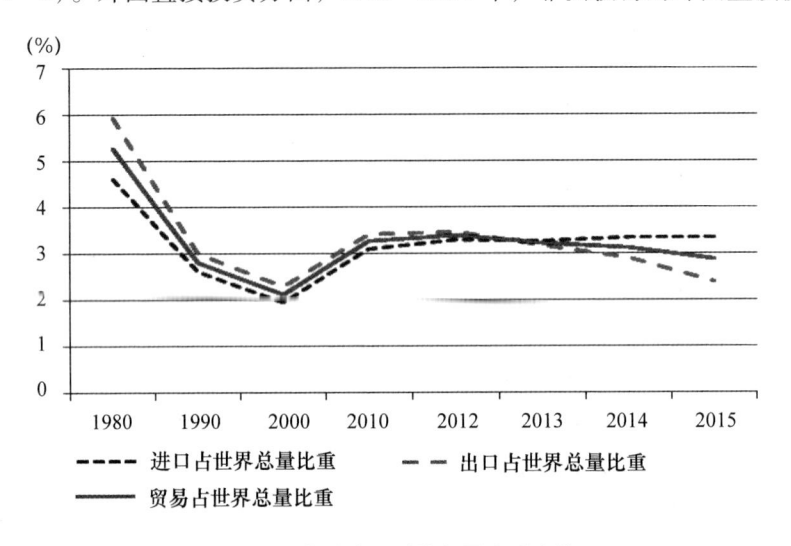

图1－1 非洲地区对外贸易比重变化

资料来源:http://unctadstat.unctad.org/。

---

① 位于非洲的最不发达国家包括:安哥拉、贝宁、布基纳法索、布隆迪、中非共和国、乍得、刚果(金)、吉布提、赤道几内亚、厄立特里亚、埃塞俄比亚、冈比亚、几内亚、几内亚比绍、莱索托、利比里亚、马达加斯加、马拉维、马里、毛里塔尼亚、莫桑比克、尼日尔、卢旺达、圣多美和普林西比、塞内加尔、塞拉利昂、索马里、南苏丹、苏丹、多哥、坦桑尼亚、乌干达、赞比亚。资料来源:www.un.org。

资（FDI，Foreign Direct Investment）流量有了很大的提升（见图1-2），但其占世界FDI的比重仅为4.39%。

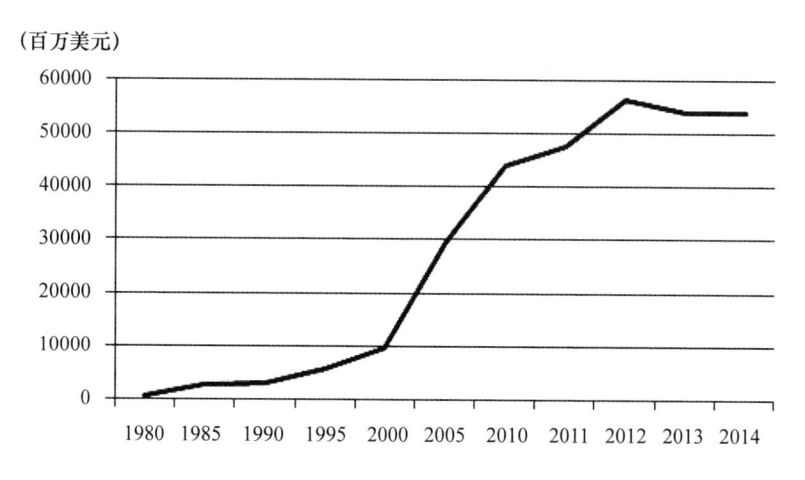

(百万美元)

图1-2 非洲地区吸收FDI流入量（1980—2014年）

资料来源：http://unctadstat.unctad.org/。

因此可以说，近年非洲良好的经济表现主要是基于国际市场商品价格上涨、援助、减债等外部因素与消除弊政等内部因素共同作用的结果，非洲各国生产能力和产业竞争力提升十分有限。非洲经济发展模式仍然是资源开发和出口需求驱动的经济增长方式，单一经济结构仍是制约非洲经济发展、影响其国际竞争力的最大问题。

（二）主要经济增长方式仍是出口需求驱动型和资源开发型

对外贸易已成为多数非洲国家经济增长的重要引擎之一。根据UNCTAD的统计，撒哈拉以南非洲地区，贸易占GDP比重一直保持在60%以上，受全球金融危机的影响，2009年该比重有所下降，但经济回暖后又迅速增加，2013年超过了70%，其中贸易占GDP比重达到或超过50%的非洲国家数量约占三分之一。

但是非洲国家的外向型经济是建立在资源型单一经济结构基础之上的，2007—2011年，非洲年平均出口自然资源产品（以矿产品和农产品为主）超过本国贸易总额50%以上的国家约占非洲国家总数的

◆ 第一部分 理论基础和研究框架

64.2%。① 从出口商品结构来看，非洲国家仍主要以出口能源、原材料为主，出口的货物也主要是处于产业链下游的产品。图1-3直观展示了1995—2014年工业制成品贸易量分别在非洲区内贸易、区外贸易和总贸易量中所占的比重。从图中可以看出，非洲工业制成品贸易在区内贸易中所占份额稳中有降；在区外贸易和总贸易中所占比重在近5年则稳步回升。这表明近些年来非洲与区外的工业制成品贸易活动增长更为迅速，甚至部分替代了原来区内的工业制成品贸易联系。这或许是非洲

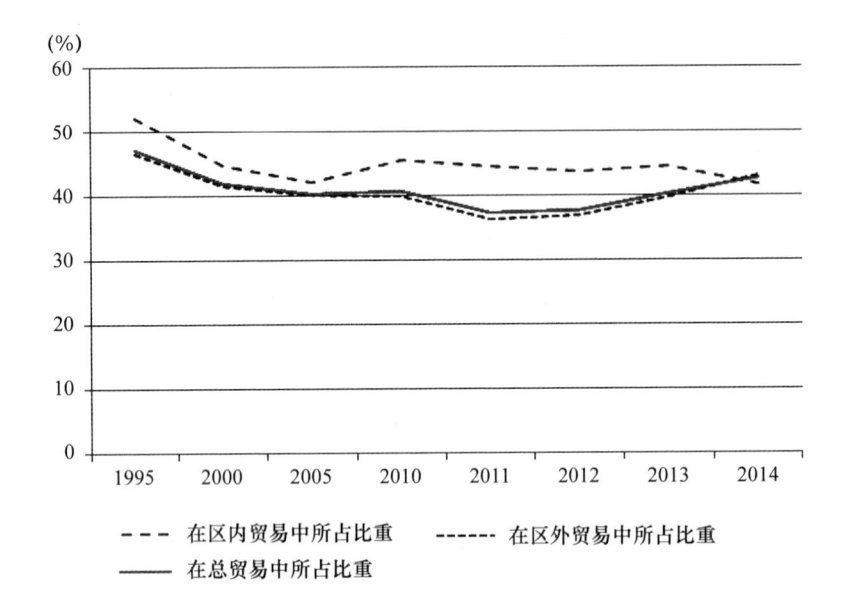

图1-3 工业制成品贸易占贸易额比重（1995—2014年）

资料来源：UNCTADSTAT Database

---

① 包括：苏丹（87.4%）、利比亚（90.7%）、阿尔及利亚（79.8%）、埃塞俄比亚（54.5%）、厄立特里亚（88%）、索马里（69%）、卢旺达（80.2%）、布隆迪（76.4%）、塞舌尔（69%）、毛里塔尼亚（65.2%）、马里（74.3%）、布基纳法索（85.4%）、几内亚（66.1%）、几内亚比绍（96.8%）、佛得角（55.9%）、利比里亚（72.2%）、科特迪瓦（63.6%）、加纳（69.1%）、多哥（50.2%）、贝宁（57.3%）、尼日尔（68%）、尼日利亚（88.9%）、中非共和国（65.2%）、赤道几内亚（93.3%）、加蓬（85.5%）、刚果（85.7%）、圣多美及普林西比（69.2%）、赞比亚（84.3%）、马拉维（75.3%）、莫桑比克（66.4%）、莱索托（50.8%）、科摩罗（95.7%）、安哥拉（97.6%）、博茨瓦纳（91.4%）。
资料来源：UNCTAD, Economic Development in Africa Report 2013, July 2013, pp. 97-98。

产业水平升级的表现。然而，工业制成品贸易所占比重，无论是在区内还是在区外，都仅有40%出头，表明非洲资源型经济结构的格局仍未有根本性突破。

非洲国家对自然资源过度依赖的经济增长模式，在短缺经济时期和资源型产品国际交易价格处于高位的历史条件下，会带来经济的增长及经济规模的扩大，亦即经济的快速发展，但同时也会掩盖国家经济结构不合理、整体素质不高的事实。在这种资源型经济增长模式下，非洲国家的经济发展战略处于一种两难的境地。如果一味地大规模开发自然资源，虽然短时间内会得到所需要的经济收入，但往往资源开发优势无法完全转化为经济优势，自然资源开发不当还会造成生态环境恶化；但是，如果不开发自然资源，至少在短期难以找到新的经济增长点，经济无法增长，环境也得不到有效治理，可持续发展也将成为无源之水、无本之木。同时，业已形成的资源开发型产业结构在事实上形成一种产业框架，基于产业发展惯性，若要另行构建国家新的产业结构，则会遇到既有产业结构的障碍。

（三）投资增长未显著提高经济增长效率

投资规模适度扩大对国内生产总值增长具有一定的拉动和推动作用，这种作用是通过扩大生产能力和投资所引起的需求增加来实现的。对于有丰富自然资源的非洲国家来说，作为新增资本存量的投资是决定经济增长的最重要因素，但是由于自身储蓄率较低，这种投资主要来自外部。2012年，撒哈拉以南非洲地区国内总储蓄的增加值只占GDP的0.7%，而其获得的FDI占该地区GDP总和的2.9%，显然外资流入已成为大多数非洲国家经济增长的主要动力。FDI主要流向了非洲的服务业，其中金融服务、交通、通信和贸易占据了75.4%，仅有15%的FDI流向了制造业。外资既可能是促进非洲国家经济大起的"热源"，也可能是导致大落的"冷源"。一个明显的例证是，2005年乍得经济增长率由2004年的30.4%骤降至5.5%，其主要原因在于乍得—喀麦隆石油管道的建设工程趋于尾声，外资流入萎缩。而到目前为止，这种投资型经济增长并未给非洲国家带来相应的巨大发展。以石油产业的FDI为例，一方面，当前非洲的石油控制权大多掌握在法、英、意、美等国的跨国公司手中，非洲国家只得到一部分石油开采的收益。另一方面，目前非洲的石油开发产值仅仅限于石油开采和运输,非洲国家石油提炼能力仍然较弱,产业链条也较短,并未得到资源加工增值的收益。因此,伴随着 FDI 的增长,非洲的技术进步和全要素生产率未实现同步增长,经济增长效率未获显著提高。

(四)经济结构不完善,制造业水平低

经济结构的单一性在大多数非洲国家都有很明显的表现。这种单一性基本可分为两类:一类是以生产和出口一种或几种农业经济作物为主的经济结构;一类是以生产和出口一种或几种矿产品为主的经济结构。单一的经济结构使得非洲整个生产体系十分脆弱,对外依存度高,容易因国际市场的变动而产生较大波动,难以实现经济上的真正独立。[1] 2008 年全球金融危机爆发,撒哈拉以南非洲地区出口总额明显下降,人均 GNI 出现衰退,这一现象就极好地印证了单一经济结构的弊端。而且,由于生产和出口的商品主要处于产业价值链的下端,单一经济结构也使得非洲在国际贸易中处于不利地位。同时,单一的经济结构也制约了非洲区域一体化的纵向发展。

与东亚等地区经济发展延续工业革命步伐、发展制造业、促进产业多元化路径不同,尽管非洲国家多年来力图调整产业结构,实行经济多样化,但非洲呈现的却是"发展迅速、转型缓慢"的特点。2012 年,撒哈拉以南非洲的工业增加值占 GDP 比重仅为 31.24%,而中国该数值为 45.31%。而且资源禀赋使得非洲第二产业具有明显的以采掘工业为主导的特征。从整个工业产业结构看,以资本密集型为主的固体矿产及油气能源矿产开采业所占的比重较大。2007—2011 年,非洲国家固体矿产及油气能源矿产的出口总额占其 GDP 总额的 50% 左右。按商品价值计算,2010 年,非洲国家的固体矿产、油气能源矿产和工业制成品出口额在其出口总额中的占比分别为 13.7%、56.2% 和 17.9%。劳动密集型和主要提供生活消费品的制造业仅占国内生产总值的 10.9%,且长期发展缓慢。非洲劳动人口目前仅有不到 10% 从事制造业,而其中受雇于技术先进的现代化工厂的比例尚不足 1/10;私人投资制造业

---

[1] Papyrakis, Elasaios and Gerlagh, Rayer, "The Resource Curse Hypothesis and Its Transmission Channels", *Journal of Comparative Economics*, 2004 (32), pp. 181 – 193.

热情不高,无法满足结构转型的需要。

三 新结构经济学对非洲经济发展的指导意义

林毅夫的《新结构经济学》在新古典经济学的理论框架下,从要素禀赋结构出发,以产业结构变迁的微观视角提出了一个综合的分析框架。它为解决阻碍非洲经济发展的单一经济结构问题,提供了一套科学的解决方案,对非洲经济的持续发展具有一定的指导意义。新结构经济学的基本理论框架是,按照本国要素禀赋结构发展符合一国比较优势的产业,最终促进产业升级、结构调整、经济发展。

(一)根据各国的资源禀赋,发展对外贸易,促进产业升级

新结构经济学认为,各国应该根据国内的资源禀赋结构,依照比较优势的原则,发展进出口,并促进产业升级。"东亚模式"的成功便是对新结构经济学观点最好的印证。第二次世界大战后,东亚国家遵照比较优势的原则,积极发展为出口服务的劳动密集型产业。这种发展战略,不仅发挥了劳动力丰富的优势,增加了劳动力的就业机会,还有效利用了国际、国内两种资源、两个市场,克服了自然资源贫乏和内部市场狭小的弱点,保证了生产要素的自由流动;同时,增强了企业和产品在国际市场中的竞争能力和适应能力,为社会扩大再生产的持续发展增添了活力。由此东亚国家和地区不仅在国民生产总值上有着快速增长,而且出口产品不再以农矿初级产品为主,工业制成品出口得到发展,要素禀赋结构、产业结构都随之动态升级,完成了由传统农业社会向现代工业社会的转变,[1] 不仅摆脱了贫困,而且成为新兴工业化国家和地区。独立之初,一些非洲国家的基本条件与东亚国家相似。但是大部分非洲国家在工业化的发展道路上,长期以"进口替代"为方向盲目发展工业,没有遵循比较优势的原则,不仅发挥不了自身优势,也无法克服弱点,最终陷入封闭的内向的恶性循环,经济长期处于缓慢发展状态。[2] 例如,印度尼西亚同尼日利亚一样,依赖石油资源;泰国曾经同

---

[1] 世界银行编:《东亚奇迹》,中国财政经济出版社1995年版,第3—17页。
[2] 谈世中:《反思与发展——非洲经济调整与可持续性》,社会科学文献出版社1998年版,第101—104页。

◆ 第一部分 理论基础和研究框架

加纳一样,也是一个贫穷的农业国。1965年,印尼和泰国的人均国内生产总值分别低于尼日利亚和加纳。而经过近50年的发展,印尼的人均国民总收入已远远超过尼日利亚;泰国已成为世界上的一个新兴工业经济国家,加纳还在为恢复过去曾达到的收入水平奋斗。根据新结构经济学,根据要素禀赋结构发展进出口,主要出口以国内丰富资源生产的商品,主要进口以国内稀缺资源生产的商品,"取长补短",将资源优势转化为比较优势,并逐步将比较优势产业动态升级,在非洲也有可实践性。

(二) 吸引外资流向比较优势产业,大力发展制造业

新结构经济学认为,外商直接投资流向与这些国家的比较优势相一致的产业时,对发展中国家就是有利的。但是在非洲,外国资本大部分流向服务业,如电力、交通、通信、金融等行业,一部分流向采矿业,只有15%流入制造业。非洲的服务业本就是相对弱势的行业,缺乏电力、交通、通信等基础设施建设的资金、技术,而且也缺乏在这些行业工作的有技术的劳动力,而采矿业在目前来说是资本密集型行业。FDI流向的这些行业,生产所需的大量资源正是非洲国家相对稀缺的资源,比如人力、技术和资本,与非洲国家拥有比较优势的产业并不一致。由于制造业一般是劳动密集型产业,不仅能创造就业,而且能带来资本积累和技术,促进非洲的产业升级,保障非洲经济的持续稳定发展,因此外资如能更多地流向制造业,会对非洲经济发挥更大的促进作用。中国经济的迅速崛起能对这一理论的正确性提供有力的证明。改革开放前,中国同非洲国家的情况相似,同样都是农业大国,拥有丰富的矿产资源,地域辽阔,各个区域的发展并不平衡,甚至拥有相似的历史遭遇和发展背景。[①] 改革开放后,中国在积极引进外资的同时,对矿产资源开发、交通道路建设、电力、水力、通信、金融等行业采取的是保护措施,外国投资主要集中在劳动力密集的制造行业,直到中国经济发展较为稳定,积累了一定的资本、人力、技术等要素后,才开始慢慢开放其他行业,适当引进外资。改革开放以来,中国一直保持着相当高且相对

---

① Tounkara Djibrilla Boubacar:《中国经济改革成功经验及对非洲发展的启示》,硕士学位论文,东北师范大学,2008年。

稳定的经济增长速度。非洲国家的政府应该积极引导外资流向与本国比较优势相符合的产业，只有这样，外资才能真正地促进国家经济的健康发展。

（三）发挥政府财政政策在促进经济转型中的作用

新结构经济学建议，"在资源丰富的国家，宜从资源商品收入中拿出适当比例用于人力资本投资、基础设施投资、社会资本投资，并对非资源部门的先行者进行补偿以促进结构转型"。人力资本匮乏、发展资金不足、基础设施不完善是非洲经济发展道路上必须解决的问题。政府将适当比例财政收入投入这些方面，尽力扫清这些障碍，必将促进非洲经济的发展。同时，对非资源部门先行者由于信息外部性受到的损失进行补偿，鼓励非资源部门的创新，能有效地促进产业合理升级。林毅夫特别提道："非洲国家有效的政府财政措施应该是将财政收入中相当大的比例投资于能够促进本国经济发展和结构变迁的国内或地区性项目，比如那些刺激新制造业发展、使产业多样化、提供就业，以及使得产业升级的潜力有所提升的项目。"非洲政府投资这些"潜力"产业，不仅可以缓解就业问题，充分利用本国劳动力充足的优势，符合比较优势的原则，并且能够缓解非洲国家单一经济结构的问题，促进产业升级，完善本国经济结构。

财政收入投入研发（R&D），并运用财政政策等手段鼓励私人部门进行创新和研发工作，是东亚国家迅速发展的一大助力。对 R&D 的投入有助于本国经济发展、结构优化及产业多样化的发展。表 1-3 分别选取了典型的经济欠发达地区和发达地区同非洲作比较，比较它们对 R&D 投入占 GDP 的百分比。从表中可以看出，非洲的 R&D 投入量，不论是从占本国 GDP 的比重，还是绝对值上，都处于相对落后的位置。对 R&D 投入的重视，是欧洲、北美率先发展起来的重要原因，也是东亚国家完成产业升级、进入工业化，并且经济保持活力的重要因素。亚洲的 R&D 投入占 GDP 的比重虽然略低于欧洲，但占世界总投入量的比重却是最高的，也就是绝对值在世界范围内是最高的。因此，非洲国家在将财政收入投资于基础建设的同时，要用财政政策的手段弥补先行企业，投资"潜力"产业，鼓励企业创新，以促进国家产业升级和结构优化。

表1-3　　R&D投入占GDP的比重及占世界R&D总投入的
　　　　　比重（2011年）　　　　　　　　　单位：%

地区	R&D投入占GDP比重	占世界R&D总投入比重
非洲	0.4	0.9
亚洲	1.6	33.0
拉丁美洲和加勒比地区	0.7	3.1
欧洲	1.8	28.5
北美	2.7	32.7

资料来源：UNCTAD, Economic Development in Africa Report 2013。

（四）发展地方性中小银行，服务非洲企业成长

UNCTAD在2013年的《非洲经济发展报告》中指出，缺乏有效的融资是制约非洲企业发展的最主要因素。一方面，在非洲，只有23%的企业可以获得贷款，而非洲之外的发展中国家获得贷款的企业百分比平均为46%；另一方面，非洲国家的贷款利率普遍较高。例如，2012年，圣多美和普林西比的贷款利率为26.2%，刚果（金）为28.4%，乌干达为26.3%，马拉维为32.3%，马达加斯加甚至达到了60%，而同期中国的年贷款利率仅为6%。非洲的大部分银行主要将目标客户锁定在大企业上是造成这个现象的主要原因。[1] 银行体系不发达，造成中小企业融资相当困难，使企业在国际竞争中缺乏竞争力，制约非洲企业的做大、做强，最终阻碍非洲经济的自主发展。新结构经济学指出："收入较低的国家不应复制发达工业化国家的金融结构，而应将地区性的中小银行作为其金融系统的基础，以使得农业、工业和服务性的中小企业能够获得足够的金融服务。"[2]

（五）加大人力资本投入、适应产业升级的需要

非洲国家人力资源的匮乏已经成为阻碍非洲经济发展的重要因素。

---

[1] UNCTAD, Economic Development in Africa Report 2013, July 2013, pp. 97-98.
[2] 林毅夫：《新结构经济学——反思经济发展与政策的理论框架》，北京大学出版社2013年版，第33页。

新结构经济学中提出："人力资本的提升必须与物质资本的积累和产业升级齐头并进"，并且"一套精心设计的人力资本开发政策应该是一个国家总体发展战略不可缺少的重要组成部分"。为此，非洲各国应该根据自身经济发展的情况，制定人力资源发展计划，加大对人力资本的投资力度，提高劳动力的素质。同时，人力资本的发展也要与经济建设相适应。东亚国家和地区在发展多元化教育的同时，重点发展职业教育，提高劳动力的生产技能，保证其经济发展战略的顺利进行。因此，非洲国家在重视一般教育的同时，也应大力发展职业教育等与劳动力市场需求相适、符合本国经济发展需要的教育类型。

总之，非洲经济在进入 21 世纪后有了较为稳定的发展，但是非洲国家的经济发展模式仍然存在许多缺陷，在经济可持续发展的道路上，还存在人力资本问题、资本形成问题、基础设施问题以及农业问题等诸多障碍需要解决。新结构经济学为顺利解决这些问题，促进非洲经济的健康、稳定发展提供了系统的、科学的方案，对非洲经济的发展具有重大的指导意义。按照新结构经济学的核心思想，为有效促进经济转型，非洲国家在贸易发展上应遵循资源禀赋发展比较优势产业并逐步将产业动态升级；在引进外资方面，应引导外资流向符合本国"比较优势"的产业，大力发展制造业；在政府财政政策方面，可在加大对基础设施等投资的同时，投资"潜力"产业，对创新企业给予鼓励；在金融发展上，发展中小银行，为中小企业的融资创造机会；在人力资本发展方面，加大投资力度的同时，制定符合本国经济发展需要的人力资本发展计划。

第三节　国际贸易与 FDI 对发展中国家经济增长的影响机制

新结构经济学对日本和东亚经济发展奇迹的研究表明，东亚经济起飞的一个重要原因是其适时地根据自身的比较优势采取了对外开放（出口导向）的战略，充分发挥了国际贸易和 FDI 对其经济增长的拉动作用。国内外关于国际贸易与 FDI 对一国经济增长的作用和作用机制的研究时间长，范围广。下面从国际贸易角度和 FDI 角度分别论述其对一国经济增长的研究。

一 FDI 对经济增长的影响研究

FDI 对经济增长的影响机制,可从资本效应、技术效应和贸易效应三个层面进行分析。

(一) FDI 对经济增长的资本效应

FDI 的资本效应可从多个方面促进东道国经济增长。FDI 的资本效应主要表现为补充东道国的资本需求,增加东道国的资本存量,调整东道国的生产要素结构,进而提高东道国生产要素的生产率。同时,FDI 还可以带来东道国技术进步的外部性。国内外学者对 FDI 对经济增长的资本效应研究主要从三个方面来分析,即 FDI 的资本效应影响经济增长的有效性、稳定性和持续性。

1. FDI 资本效应对经济增长有效性的影响

Chenery 和 Strout 提出了"两缺口"理论(Two-gap Model),认为发展中国家会由于自身资源供给与经济发展目标的差异而存在储蓄和外汇缺口,但可以通过有效利用外资来进行弥补,从而提高经济增长的有效性。[1] 基于"两缺口"理论,Todaro 提出了"四缺口"理论,认为 FDI 不仅可以弥补东道国的储蓄和外汇缺口,在税收缺口和技术管理等方面也能起到重要补充作用,是经济有效增长的重要保证。[2] Barry 和 Kearney 运用制造业微观数据分析了跨国公司以 FDI 的形式进入对本地制造业的影响,其结论是 FDI 改善了当地制造业的产业结构,提高了生产效率,促进了经济增长。[3] Antony 建立了一个特殊的生产函数,该生产函数能实现劳动和资本之间的相互替代,并由此研究了资本对劳动的替代弹性如何影响东道国经济增长。其发现,FDI 对东道国经济增长的

---

[1] Chenery, B. H., Strout, M. A., "Foreign Assistance and Economic Development", *American Economic Review*, 1966, 56 (4): 679 – 733.

[2] Todaro, M. P., *Economic Development in the Third world*, 4th Ed, London and New York: Longman, 1991.

[3] Barry, F., Kearney C., "MNEs and Industrial Structure in Host Countries: a Portfolio Analysis of Irish Manufacturing", *Journal of International Business Studies*, 2006, 37 (3): 392 – 406.

影响呈现倒 U 形的变化：在初期，直接投资效应会随着 FDI 的不断流入而加强，到达峰值后会迅速下降。①

2. FDI 资本效应对经济增长稳定性的影响

Nurkse 是较早研究 FDI 资本效应对经济增长稳定性作用的学者，他提出"贫困的恶性循环"（Vicious Circle of Poverty）是阻碍发展中国家经济增长的主要因素，而以 FDI 为主的国际资本流入能促进发展中国家的资本形成，扩大国内投资规模，保证东道国经济增长所必需的资本要素的持续稳定供应，帮助发展中国家跨越"低增长陷阱"门槛，从而实现有效经济增长。②

20 世纪 70 年代后，随着国际金融危机的频发，一些国外学者认为 FDI 也会引起东道国金融风险增加、收支结构脆弱等问题。Dooley，Fernandez-Arias 和 Kletzer 分析了经济波动与 FDI 之间的相关性，认为对于跨国公司而言，资金可以在母公司和子公司之间迅速完成转移，在危机出现的情况下，FDI 可以马上退出东道国，因此一国的 FDI 比重越高，其金融风险的波动性也越大。③ Yin 认为 FDI 具有较强的流动性、灵活性和投机性，一部分国际热钱为了躲避东道国的金融监管，以 FDI 的方式进入东道国并开展高风险的投机活动，大大增加了东道国金融的不稳定性。此外，东道国为吸引 FDI 的进入而给予外资企业一些政策优惠，但 FDI 过度进入也会对东道国的内资企业造成挤出效应，导致东道国经济结构失衡和国民福利损失。④ 潘素昆认为发展中国家中的 FDI 回流以及外资企业借用外债都会带来潜在的国际收支危机风险，进而引起金融风险。⑤

---

① Antony, J., "Capital Labor Substitution, CaPital Deepening, and FDI", *Journal of Macroeconomics*, 2009, 31 (4): 699–707.

② Nurkse, R., *Problems of Capital Formation in Underdeveloped Countries*, Oxford: Blaekwell, 1953.

③ Dooley, M., Fernandez-Arias, E. and Kletzer, K., Recent Private Capital Inflows to Developing Countries: is the Debt Crisis History, NBER Working Paper, 1994, No. 4792.

④ Yin, X., "Foreign Direct Investment and Industry Structure", *Journal of Economic Studies*, 1999, 26 (1): 38–57.

⑤ 潘素昆：《FDI 会引发发展中国家金融危机吗?》，《云南财经大学学报》2007 年第 5 期，第 56—61 页。

3. FDI 资本效应对经济增长持续性的影响

FDI 资本效应对经济增长持续性的研究主要表现为 FDI 可以促进东道国的金融市场发展，改善东道国国内企业融资困难的情况，从而促进东道国经济的持续增长。

Alfaro、Chanda、Kalemh-Ozcan 和 Sayek 通过研究发现发展中国家会实施一系列金融改革来吸引 FDI，这包括提高金融服务质量、改善金融管理模式、实行更具市场化的金融调控手段。除此之外，FDI 的进入也会带来更高行业标准和先进管理经验，为东道国带来正向外部性，直接促进东道国金融行业服务质量和水平的提高。① Guariglia 和 Poneet 运用中国 30 个省份 1959—2003 年的面板数据进行了实证分析，证明了 FDI 能改善中国国内企业融资难的问题，主要表现在通过向由于银行部门扭曲而造成借贷能力不足的中国公司提供资金，FDI 显著降低了资金供给扭曲带来的成本。②

也有一些学者认为 FDI 不利于东道国金融市场发展。雷辉认为 FDI 在整体上挤出中国国内资本投资，这在一定程度上不利于经济的持续增长。而通过对东中西部进一步细分的计量检验显示，这种 FDI 的挤出效应主要发生在东部和西部地区。③ 马述忠、吕淼通过构建联立方程组模型估计了农业引入外商直接投资对国内投资和就业所产生的挤出效应，结果表明，农业实际利用 FDI 增加 1% 将导致 0.2% 的国内投资和 0.01% 的农业就业被挤出。④

（二）FDI 对经济增长的技术效应

FDI 的技术效应是影响东道国经济增长的重要方式，主要表现为

---

① Alfaro, L., Chanda, A., Kalemli-Ozean, S., Sayek, S., "FDI and Economic Growth: the Role of Local Financial Markets", *Journal of International Economies*, 2004, 64 (1): 89–112.

② Guariglia, A., Poneet, S., "Could Financial Distortions be No Impediment to Economic Growth after all? Evidence from China", *Journal of Comparative Economies*, 2008, 36 (4): 633–657.

③ 雷辉：《我国东、中、西部外商直接投资（FDI）对国内投资的挤入挤出效应——基于 Panel Data 模型的分析》，《中国软科学》2006 年第 2 期，第 111—117 页。

④ 马述忠、吕淼：《外商直接投资与农业产业安全——基于国内投资与就业挤出效应视角的实证研究》，《国际贸易问题》2012 年第 4 期，第 125—136 页。

FDI可以促进技术在东道国的传播和扩散，促进东道国技术进步，提高东道国企业的生产率，促进东道国人力资本的提升，从而使东道国经济更好更快增长。

1. FDI促进东道国企业生产率

Macdougall使用比较静态分析法对FDI的一般福利效应进行了分析，认为FDI对东道国企业具有正向外部性，能有效促进东道国企业提高生产率，这主要表现在由FDI的技术溢出所带来的新技术和与外资企业良性竞争所带来的技术升级。[1] 欧阳志刚利用中国工业36个行业1995—1997年、2000—2003年两段时期的数据，估计了FDI对中国工业行业内部的技术溢出效应，其结果显示两段时期FDI技术溢出效果完全不同，1995—1997年FDI对工业行业内部技术溢出效果整体不显著，但对技术要求低的劳动密集型行业有较大技术溢出；2000—2003年，FDI对工业行业内部技术溢出效果整体显著，主要表现在技术要求高的资本密集型行业有较大技术溢出。[2] Damijan等学者发现FDI的标准与大部分发展中国家间存在技术差距，且有些国家同FDI的差距十分巨大，但也使得FDI标准可以在很大程度上促进东道国的技术进步，提高东道国企业生产率。[3]

2. FDI促进东道国人力资本提升

Borensztein、Gregorio和Lee研究了OECD国家对69个发展中国家的FDI情况，FDI在东道国的技术溢出效应受东道国人力资本因素影响较大，FDI能否发挥积极的技术溢出效应取决于东道国人力资本是否超过门槛值。[4] Xu认为东道国的人力资本水平很大程度上决定了该国的

---

[1] Maedougall, A., "The Benefits and Costs of Private Investment from Abroad: a Theoretical Approach", *Economic Record*, 1960, 36 (73): 13–35.

[2] 欧阳志刚：《外商直接投资对工业行业内部的技术外溢》，《国际贸易问题》2006年第5期，第69—74页。

[3] Damijan, J. P., Knell, M., Majcen, B., Rojec, M., "the Role of FDI, R&D Accumulation and Trade in Transferring Technology to Transition Countries: Evidence from Firm Panel Data for Eight Transition Countries", *Economic Systems*, 2003, 27 (2): 189–204.

[4] Borensztein, E., Gregorio, J., Lee, J., "How Does Foreign Direct Investment Affect Economic Growth?" *Journal of International Economics*, 1998, 45 (1): 115–135.

技术吸收能力，而东道国技术吸收能力又很大程度上决定了FDI的技术溢出效应。① Savvides和Zachariadis发现FDI会通过技术培训、教育投资、教育捐赠等方式促进东道国人力资本提升，进而产生技术溢出，促进东道国技术进步。② 何兴强、欧燕、史卫、刘阳分析了人力资本水平对FDI技术溢出的门槛效应，发现人力资本水平越高，FDI的技术溢出越明显，但是我国大部分地区的人力资本水平还不具备有效吸收FDI先进技术的能力。③

（三）FDI对经济增长的贸易效应

FDI的贸易效应主要表现为通过FDI自身的出口带动东道国的出口，通过竞争和技术效应提升东道国出口企业的竞争力，促进东道国产业结构升级，优化东道国的出口商品结构，从而通过促进东道国出口来推动东道国经济增长。

Mundell通过建立投资替代贸易模型分析了国际资本流动与国际贸易间的关系，发现国际资本流动受阻碍的情况下，国际贸易水平会上升，国际贸易受阻碍的情况下，国际资本流动水平会上升，两者间具有替代关系。④ 小岛清在Mundell投资替代贸易模型的基础上提出了贸易创造效应，他认为，FDI的流入伴随着更为先进的技术进入东道国，促进东道国企业技术进步，不仅提高了东道国生产率，还创造了新的贸易机会。

杨迤分析了1980—1997年的中国经济数据后发现，FDI的流入虽然能在一定程度上提高中国的进出口贸易额，但却不能较好地改善中国

---

① Xu, B., "Multinational Enterprises, Technology Diffusion, and Host Country Productivity Growth", *Journal of Development Economics*, 2000, 62 (2): 477–493.

② Savvides, A. and Zachariadis, M., "International Technology Diffusion and the Growth of TFP in the Manufacturing Sector of Developing Economies", *Review of Development Economics*, 2005, 9 (4): 482–501.

③ 何兴强、欧燕、史卫、刘阳：《FDI技术溢出与中国吸收能力门槛研究》，《世界经济》2014年第10期，第52—76页。

④ Mundell, R. A., "International Trade and Factor Mobility", *The American Economic Review*, 1957, 47 (3): 321–335.

的对外贸易结构。① 而詹晓宁、葛顺奇②和江小娟③则得出了相反的结论，他们都认为 FDI 能促进中国对外贸易结构改善，主要表现在对出口贸易结构的影响：技术密集型产品的出口比重上升，初级制成品和资源密集型产品的出口比重下降。黄肖琦和柴敏通过分析中国 1997—2003 年省际面板数据发现，FDI 的出口行为对中国内资企业具有出口信息外溢效应，该效应能促进内资企业提高出口绩效。④

二 贸易对经济增长的影响研究

国内外学者主要从双边贸易促进经济增长、出口贸易促进经济增长、进口贸易促进经济增长、贸易政策促进经济增长和贸易促进经济增长机制等五个层面研究贸易对经济增长的影响。

（一）双边贸易促进经济增长

Frankel 和 Romer 利用工具变量法解决了贸易和经济增长之间的内生性问题，然后运用引力模型研究了两者之间的关系，结果发现贸易会促进经济增长。另外他们发现地理因素对于贸易来说在统计上有着非常显著的温和的正相关关系，由此两位学者将贸易促进经济增长的原因主要归结于地理因素（诸如一个国家的规模、地理位置以及是否为内陆国家）。⑤ 一篇 2003 年的 OECD 报告分析了贸易与经济增长的关系，其着重研究了贸易水平对人均产出的影响，实证结果显示，贸易水平对人均产出的长期相关系数为 0.2，即在其他条件不变的情况下，若一国的

---

① 杨迤：《外商直接投资对中国进出口影响的相关分析》，《世界经济》2000 年第 2 期，第 44—49 页。

② 詹晓宁、葛顺奇：《出口竞争力与跨国公司 FDI 的作用》，《世界经济》2002 年第 11 期，第 19—25 页。

③ 江小娟：《跨国投资、市场结构与外商投资企业的竞争行为》，《经济研究》2002 年第 9 期，第 31—38 页。

④ 黄肖琦、柴敏：《新经济地理学视角下的 FDI 区位选择——基于中国省际面板数据的实证分析》，《管理世界》2006 年第 10 期，第 7—13 页。

⑤ Frankel, Jeffrey A. and David Romer, "Does Trade Cause Growth?" *American Economic Review*, 1999（89）：379 – 399.

长期贸易水平上升10%，那么人均年产出会上升2%。①

(二) 出口贸易促进经济增长

Balassa 从整体上分析了出口对经济增长的影响，他对1960—1973年10个国家的经济数据进行了回归分析，发现实际出口增长率与实际GDP增长率之间有着正向关系。②

Michaely③ 和 Kavoussi④ 则认为出口能否促进经济增长取决于一定的条件。Michaely 对1956—1967年41个发展中国家的贸易（用出口依存度和出口依存度增长率衡量）和经济增长（年均GNP增长率衡量）进行了回归分析，发现两者间的相关系数为0.38。在此基础上，Michaely 根据人均收入将41个发展中国家分为两组：人均收入300美元以上的国家有23个，人均收入300美元以下的国家有18个，然后对两组国家分别进行回归分析，结果发现两组国家出现了不同结果，人均收入低于300美元的国家出口依存度不能显著影响GNP年均增长率，而人均收入高于300美元的国家出口依存度却能显著影响GNP年均增长率。因此 Michaely 认为出口贸易对经济增长存在"门槛效应"（threshold effect），当一国的经济发展到某一特定阶段（如收入达到一定水平）时，出口才能促进经济增长。Kavoussi 分析了1960—1978年73个发展中国家的经济数据，发现虽然经济增长率和出口增长率两者之间具有很大的相关性，但出口能否真正有效地促进一国经济增长还受该国收入水平和出口贸易结构影响：中低收入和低收入国家主要出口初级产品，能在经济发展初期提高出口国家的全要素生产率，出口能较好地促进经济增长，而中高收入国家则只有靠制成品的出口来推动该国经济增长。

---

① OECD, The Source of Economic Growth in OECD Countries, Paris: Organization for Economic Cooperation and Development, 2003.

② Balassa, B., "Exports and Economic Growth: Further Evidence", *Journal of Development Economics*, 1978 (5): 181-189.

③ Michaely, M., "Exports and Growth: An Empirical Investigation", *Journal of Development Economics*, 1977 (4): 49-53.

④ Kavoussi, R. M., "Export Expansion and Economic Growth", *Journal of Development Economics*, 1984 (14): 241-250.

（三）进口贸易促进经济增长

进口对经济增长的促进作用主要表现在进口可以提高进口国的技术，从而促进进口国的经济增长。Coe、Helpman 和 Holfmaister 通过分析 77 个欠发达国家 1971—1990 年的经济数据，发现这些国家从发达国家进口机械设备能显著提高它们的全要素生产率，会产生这样的作用主要是因为进口发达国家的诸如机械设备等技术含量较高的产品会带来技术外溢效应，促进欠发达国家技术进步，从而提高全要素生产率，推动经济增长。[1] 季铸认为在某些特殊情况下，进口也能像出口一样促进经济增长。例如当生产要素能够自由灵活地从低效率产业向高效率产业转移时，进口有利于一国产业升级和国民收入提升，从而实现经济增长。[2] Connolly 研究了 75 个国家 1965—1990 年的专利数据与进口贸易的关系，发现进口国家的技术模仿和创新很大程度上得益于进口发达国家的高技术产品，且国家越不发达，这种促进作用越大。[3] 裴长洪分析了 59 个经济体经济增长与进口贸易结构变化之间的关系，发现两者存在显著正向关系，即优化进口贸易结构对改善经济供给有着重要作用，对不同类别商品的进口数量与结构进行分类优化能较好地促进经济增长。[4]

（四）贸易政策促进经济增长

Sachs 和 Warner 构造了著名的贸易政策指数（衡量一国贸易开放度）——Sachs-Warner 指数，使用 97 个国家 1970—1989 年的面板数据，对人均实际收入增长与贸易政策指数、政府消费占 GDP 的比重、政治稳定程度、投资率、投资品相对价格等一系列变量进行回归，发现

---

[1] Coe, D., Helpman, E., Hoffmaister, A., "North-south R&D Spillovers", *Economic Journal*, 1997 (107): 134 – 149.

[2] 季铸:《进口贸易与经济增长的动态分析》，《财贸经济》2002 年第 11 期，第 31—36 页。

[3] Connolly, M., "The Dual Nature of Trade: Measuring its Impact on Imitation and Growth", *Journal of Development Economics*, 2003 (72): 31 – 55.

[4] 裴长洪:《进口贸易结构与经济增长：规律与启示》，《经济研究》2013 年第 7 期，第 4—19 页。

开放国家人均实际收入增长（经济增长）率比封闭国家快2.2%。[1] Edwards 利用拉美国家的一些经济数据来研究贸易政策和经济绩效间的关系。他用贸易依存度和贸易关税收入为指标来衡量一国的贸易开放程度，发现一国开放程度越高，全要素生产率就越高。[2] Melitz 认为贸易自由化会导致全球竞争的加剧和全球市场机会的增加，因为生产率较高的企业能够获得更多的市场份额，生产率高的企业的生产会由此扩张，而生产率低的企业的生产则趋于收缩，这种情况下，即使贸易自由化没有影响到单个企业的生产率，也会提高整个行业的生产率，从而促进经济增长。[3]

（五）贸易促进经济增长的机制

贸易促进经济增长的机制主要是技术外溢。其中最具代表性的是 Grossman 和 Helpman 的内生增长模型，该模型研究了贸易、创新和经济增长三者之间的关系，认为创新是经济增长的内在核心动力，而贸易能促进一国的技术创新，这主要表现在通过贸易，发展中国家能够更好地利用发达国家已有的知识技术存量来推动自身的技术创新。[4] 而 Keller 利用多国研发支出和制造业的面板数据发现外国制造业的研发投入对本国的生产率有显著正向影响，其作用机制即是两国间的贸易所带来的技术外溢。[5]

Feder 进一步扩展了贸易促进经济增长的机制。Feder 构建了一个两部门模型对 1964—1973 年 50 个国家和地区的面板数据进行回归分析，发现出口部门对非出口部门具有正向外部效应，前者能提高后者劳动生产率，进而实现经济增长。这主要表现在出口部门的交通、通信等基础

---

[1] Sachs, Jeffrey D. and Andrew Warner, "Economic Reform and Process of Global Integration", *Brookings Papers on Economic Activity*, 1995 (1): 1 – 118.

[2] Edwards, Sebastian, "Trade Policy, Exchange Rate and Growth", NBER working paper No. 4511, 1993.

[3] Melitz, Marc J., "The Impact of Trade on Intra-Industry Reallocations and Aggregate Industry Productivity", *Econometrica*, 2003 (71): 1695 – 1725.

[4] Grossman, G. and E. Helpman, *Innovation and Growth in the Global Economy*, Cambridge, MA: MIT Press, 1991.

[5] Keller, W., "Trend and the Transmission of Technology", *Journal of Economic Growth*, 2002 (7): 5 – 24.

设施能给非出口部门带来许多便利；出口部门更为先进的生产、管理技术能促进非出口部门通过模仿而自我提高；资源配置更合理：生产要素从低生产率的非出口部门向高生产率的出口部门转移。①

三 总结

通过文献梳理，我们可以总结如下：

首先，从发展经济学的演进过程可以看出，结构主义和自由市场的经济增长理论既不能较好地解释现实经济中的经济增长问题，也难以指导发展中国家的经济发展。林毅夫等经济学家在结构主义和自由市场理论的基础上提出的新结构经济学，在一定程度上能够较好地解释现实经济中的经济增长问题。他们认为世界不同经济体之间的收敛是比较少见的现象，这主要是因为大多数发展中国家采取了违背自身比较优势的发展战略。通过回顾非洲经济发展模式，可以发现，自始至终非洲大多数国家都没有完全推行符合自身比较优势的发展战略。因此近年来，虽然非洲经济快速增长，但国际经济地位不升反降；主要经济增长方式仍是出口需求驱动型和资源开发型；投资增长未显著提高经济增长效率；经济结构不完善，制造业水平低。

其次，分别从 FDI、贸易对一国经济增长的作用角度来看，国内外学者一般从资本效应、技术效应和贸易效应三个层面研究 FDI 对经济增长的影响，认为 FDI 可以提供东道国经济发展过程中急需的资本，改善东道国的金融管理方式和金融服务质量，促进技术在东道国的扩散从而提高东道国的生产率和人力资本，带动东道国的出口，优化东道国的出口品结构，从而促进东道国的经济增长。但这些研究都没有从 FDI 促进一国实行符合其比较优势的发展战略的角度入手来解释该国的经济增长，而只是从比较优势的某个角度来分析 FDI 对经济增长的作用。从贸易角度看，国内外学者主要从双边贸易促进经济增长、出口贸易促进经济增长、进口贸易促进经济增长、贸易政策促进经济增长和贸易促进经济增长机制五个层面研究贸易对经济增长的影响。他们通过大量实证研

---

① Feder, G., "On Exports and Economic Growth", *Journal of Development Economics*, 1982 (12): 59 – 73.

究发现，不管是从进出口总额的角度还是分别从进口和出口的角度，贸易都会对经济增长有促进作用；一国如果实行贸易自由化政策也能促进该国经济增长；贸易主要是通过作用于基础设施和技术进步来促进一国经济增长。但这些研究都没有从贸易促进一国实行符合其比较优势的发展战略的角度入手来解释该国的经济增长，而只是从比较优势的某个角度来分析贸易对经济增长的作用。

从各项经济统计数据来看，非洲大陆是近年来世界上经济增长最快的地区之一。非洲的贸易和吸引的 FDI 在非洲近年来经济增长中发挥了重要作用。中国对非援助目前占中国对外援助的比重最大，中国对非洲的贸易和 FDI 对非洲经济增长的贡献可谓举足轻重，中国目前已经成为非洲最大的贸易伙伴，中国对非投资也在快速增长。新结构经济学认为，实施比较优势发展战略是发展中国家实现经济增长的最优路径。本书试图在新结构经济学的理论框架下，从中国对非援助、贸易和投资促进非洲各国实行符合其比较优势的发展战略的角度来解释中国对非投资对非洲经济增长和减贫的影响。

第二部分
中国对外援助对非洲经济增长与减贫的影响

第二章　中国对外援助的特征事实

自1950年开始,中国就开展对外援助,经历了不同的历史发展阶段,援助理念也随着国内国际形势的变化而变化。改革开放以前,中国的对外援助更多从政治角度考虑,1979—1994年,中国对外援助进行了初步改革,对外援助开始由强调政治利益转为重视经济利益。从1995年开始,中国的对外援助改革不断深化。中国与发达国家在援助理念、援助领域、援助形式和援助管理等方面都存在较大的差异。中国的援助强调平等和共同发展,援助更多投入"硬"的发展领域,援助形式包括成套项目和一般物资等八种形式,援助管理还不够完善。发达国家的援助常附加更多的政治条件,常与民主、人权和良治挂钩,援助投向更偏向于"软"的社会领域,其组织过程更具协调性和规划性,援助管理体系比较成熟。截止到2012年,中国对外援助规模达3456.3亿元人民币,其中无偿援助1385.2亿元。成套项目援助一直是中国最重要的援助方式,亚非拉地区是中国重点援助地区,对亚非拉地区的援助额占中国对外总援助额的90%左右。

中国自身发展和减贫的经验深刻影响着中国对外援助的理念和行为。中国的对外援助有利于促进受援国或地区的经济和社会发展。非洲长期是中国的重点援助地区,中国的援助对发展中非关系,促进非洲经济增长与减贫发挥了积极作用,也积累了不少经验教训。

第一节　中国对外援助的发展历程

新中国成立以来,中国政府长期对外提供大量国际援助。改革开放

◆ 第二部分 中国对外援助对非洲经济增长与减贫的影响

以前的国际援助往往基于国家安全和政治利益考虑，主要为争取第三世界国家的政治支持。自改革开放以来，中国逐渐调整了对外援助的指导方针，将对外援助逐渐转向政治和经济目标并重的轨道上来。特别是20世纪90年代以来，中国对外援助工作进入全面改革阶段，逐渐贯彻大经贸战略的思想，将援助与国际贸易、投资和国际经济合作有机结合起来。进入21世纪后，随着经济实力的增强，中国对外援助快速发展，援助规模大幅增长。新时期，随着中国对外援助工作的深入开展，中国的对外援助愈加重视对受援国和地区经济社会基础设施的援建，更加重视受援地区的贫困问题。

关于中国对外援助发展阶段的划分，不同学者存在不同的看法，但大致的思路是一致的。本章引用国内学者张郁慧的研究成果[1]，将其划分为5个阶段。

一 1950—1963年的起步阶段

新中国成立的初期，出于国家安全和意识形态的考虑，中国将支援社会主义国家的民族解放运动和反对美帝国主义作为对外援助的首要目标，对外援助的目的在于争取国际支持，以巩固国内新生政权。该时期，朝鲜和越南占据中国对外援助较为特殊的地位，其中对两国的军事援助占据相当大的比重，中国对朝鲜战后重建和经济发展也提供了大量援助。1955年万隆会议后，中国的对外援助逐渐向周边国家及其他争取民族独立的国家和地区发展。截止到1963年，中国向21个国家提供了约48.9亿元人民币的援助。[2]

在该阶段，中国的对外援助主要是基于政治因素的考量，虽然也有人道主义援助和经济技术援助，但缺少对经济因素的考虑，对受援国贫困问题的关注还远远不够。不过，在当时的国际环境下，该时期的对外援助，对中国结交新朋友、争取国际支持和打开外交局面是有帮助的。另外，该时期所积累的援外经验，为中国今后的援外工作打

---

[1] 关于中国对外援助不同阶段的划分主要参考张郁慧《中国对外援助研究（1950—2010）》，九州出版社2012年版。

[2] 张郁慧：《中国对外援助研究（1950—2010）》，九州出版社2012年版，第111页。

下了一定的基础,也初步形成了具有自身特征的援助管理体制和政策。

二 1964—1970 年的发展阶段

这一时期,中国与美苏同时交恶,为了改善国家所面临的国际形势,中国在该时期的对外援助主要强调获取发展中国家的支持。该时期,中国的受援国增加到 32 个。这一阶段援外金额也大幅增长,7 年间援助额达到 137.5 亿元人民币。[①] 对外医疗援助也成为重要的援外内容,对帮助受援国疾病医治,增进双方人民友谊和感情起到重要作用。

该时期中国的对外援助,有力地支援了友好国家的民族独立斗争和经济建设,争取到更多国家的支持,对缓解来自国际霸权的压力取得了不可忽视的作用。尤为可贵的是,1964 年周恩来提出的对外援助"八项原则",体现了对外援助平等互助的精神,将中国对外援助推向了新的阶段,也对中国援外工作产生了深远影响。

三 1971—1978 年的高峰阶段

随着中华人民共和国于 1971 年恢复在联合国的合法席位,中国迎来建交高潮,中国的外交空间进一步扩大,对外援助也随之急速增长。1971—1978 年的 8 年间,中国共向 68 个国家提供了 296.6 亿元人民币的援助。[②] 该时期,对外援助项目依旧是最为重要的援助方式,项目数量大幅增长,共帮助 37 个国家建成 470 个项目。[③]

该时期的对外援助,总体上依然着眼于发展对外关系,拓展外交生存空间。政治因素依然主导着对外援助。这一阶段中国对外援助的最大问题是没有量力而行,浪费比较严重。

四 1979—1994 年的初步改革阶段

随着中国的改革开放以及国际形势的变化,中国的对外援助在援助

---

① 张郁慧:《中国对外援助研究(1950—2010)》,九州出版社 2012 年版,第 128 页。
② 李小云等编著:《国家发展援助概论》,社会科学文献出版社 2009 年版,第 331 页。
③ 石林主编:《当代中国的对外经济合作》,中国社会科学出版社 1989 年版,第 60 页。

◆ 第二部分 中国对外援助对非洲经济增长与减贫的影响

规模、方式、结构和管理等多方面进行了初步的改革。而且中国在提供对外援助的同时开始接受外部的援助。该时期,中国对外援助规模有所减小,但援助面在增大,共向受援国提供援助约221.2亿[①]元人民币。虽然中国对外援助规模在减小,但接受中国援助的国家数量则在增长。随着全球和平发展诉求的高涨,中国对外军事援助明显减少,逐渐增加对外经济援助比重。

在该阶段,援外工作的指导思想有了新的变化,更加注重援助在经济上的互利性,强调援助效果的双向性,主张援助要量力而行,强调援助应促进双方的共同发展。总之,该阶段中国的对外援助开始由强调政治利益转为强调经济利益,从强调单边利益输出转到实现双边合作共赢。

五 1995年至今的深化改革阶段

20世纪90年代中后期,为配合国内经济发展和国际形势变化的需要,中国持续深化对外援助改革,积极推行大经贸战略,将对外援助与经贸合作紧密结合起来。21世纪以来,中国在经济条件允许的情况下,不断加大对外援助力度,同时也推行援助方式的多元化,适当增加无偿援助。在此期间,逐步形成了有中国特色的援助模式,树立了"南南合作"的典范。

该阶段,中国的对外援助规模稳步增长。根据《中国统计年鉴》与张郁慧研究成果的资料,1995—2012年,中国的对外援助财政支出[②]总额累计约为1418亿[③]人民币(参见表2-1),该阶段中国的对外援助(财政支出)占1950年以来对外援助约67%[④]的份额。自2004年后,中国对外援助规模大幅增长,2004年对外援助财政支出为60.69亿元

[①] 张郁慧:《中国对外援助研究(1950—2010)》,九州出版社2012年版,第158页。
[②] 使用对外援助财政支出的概念是基于《中国统计年鉴》的财政支出部分,根据《中国的对外援助》(2011)白皮书,无偿援助和无息贷款资金在国家财政项下支出,优惠贷款由中国进出口银行提供,利差部分由财政支出。
[③] 该数据实际上仅是代表对外援助财政支出,如果包括优惠贷款部分,援助规模则会更大。
[④] 根据张郁慧《中国对外援助研究(1950—2010)》、2012和2013年《中国财政年鉴》的相关资料计算而来。

人民币，2012年增长至166.95亿元人民币。根据《中国的对外援助》（2014）白皮书，2010—2012年三年内，中国对外援助金额为893.4亿元人民币，其中对外援助资金包括无偿援助、无息贷款和优惠贷款三种方式，三种方式的援助金额和比重分别是323.2亿元（36.2%）、72.6亿元（8.1%）、497.6亿元（55.7%）（需要注意的是，《中国的对外援助》白皮书所发布的援助数据既包括无偿援助，又包括无息贷款和优惠贷款，与表2-1的援助数据统计口径不一致，表2-1的援助数据为纯中国对外援助财政支出数额）。但从援助与财政支出占比看，援助支出的财政负担在不断下降。

表2-1　　　　中国对外援助支出情况（1995—2012年）

单位：亿元人民币

时间	A（当年价格）	F（当年价格）	GNI（当年价格）	GDP（当年价格）	A/F（%）
1995	29.00	6823.72	59810.50	60793.70	0.425
1996	32.20	7937.55	70142.50	71176.60	0.406
1997	35.45	9233.56	78060.90	78973.00	0.384
1998	37.20	10798.18	83024.30	84402.30	0.345
1999	39.20	13187.67	88479.20	89677.10	0.297
2000	45.88	15886.50	98000.50	99214.60	0.289
2001	47.11	18902.58	108068.20	109655.20	0.249
2002	50.03	22053.15	119095.70	120332.70	0.227
2003	52.23	24649.95	134977.00	135822.80	0.212
2004	60.69	28486.89	159453.60	159878.30	0.213
2005	74.70	33930.28	183617.40	184937.40	0.220
2006	82.37	40422.73	215904.40	216314.40	0.204
2007	111.54	49781.35	266422.00	265810.30	0.224
2008	125.59	62592.66	316030.30	314045.40	0.201
2009	132.96	76299.93	340320.00	340902.80	0.174
2010	136.11	89874.16	399759.50	401512.80	0.151
2011	159.09	109247.79	468562.40	473104.00	0.146

第二部分 中国对外援助对非洲经济增长与减贫的影响

续表

时间	A（当年价格）	F（当年价格）	GNI（当年价格）	GDP（当年价格）	A/F（%）
2012	166.95	125952.97	516282.10	518942.10	0.133
总计	1418.3	746061.62	3706010.5	3725495.5	0.190

资料来源：其中，1995—2001年对外援助数据来自张郁慧《中国对外援助研究（1950—2010）》的研究成果，2002—2011年对外援助数据来自2003—2012年各年《中国统计年鉴》，2012年对外援助数据来自2013年《中国财政年鉴》。历年的财政支出、国民总收入和GDP数据来自2013年《中国统计年鉴》。

注：A代表对外援助财政支出，F代表财政支出，GNI代表国民总收入，GDP代表国内生产总值。

此阶段，援助对象进一步扩展。到2009年底，援助对象扩展至161个国家和30多个国际组织。[①] 2010—2012年，中国又向121个国家或组织提供了援助。[②] 该时期，对外援助成为加强与受援国进行国际经济合作的重要渠道，援助动机主要以促进经贸合作、实现互利共赢为主，同时也加大了人道主义援助力度，愈加重视促进受援国能力建设。该时期内也加强了对援助行为的监管，防止援助腐败，并逐渐提高援助的透明度，援助管理也逐步走向规范化。

第二节 中国对外援助现状

新中国的对外援助活动始于1950年，至今，中国持续向广大发展中国家提供大量的国际援助，援助方式主要包括成套项目和一般物资等8种，援助重点在非洲、亚洲和拉美地区，援助对象主要是低收入国家，重点关注当地的民生和经济发展，努力减少当地的贫困，主要援助领域为经济基础设施、社会基础设施、农业、工业等。

[①] 中华人民共和国国务院新闻办公室：《中国的对外援助》（2011）白皮书，人民出版社2011年版，第11页。
[②] 中华人民共和国国务院新闻办公室：《中国的对外援助》（2014）白皮书，人民出版社2014年版。

一 援助规模

根据中国政府公布的 2011 年和 2014 年《中国的对外援助》白皮书，截止到 2012 年底，中国累计对外援助金额为 3456.3 亿元人民币，其中无偿援助 1385.2 亿元人民币，无息贷款 838 亿元人民币，优惠贷款 1233.1 亿元人民币。中国的对外援助领域分布广泛，主要包括经济基础设施、教育卫生和农业等。

二 援助方式及援助领域

中国的对外援助方式主要包括成套项目和一般物资等 8 种①形式。

成套项目援助一直是中国最重要的援助方式，截止到 2012 年底，中国对外援建 2600 余个成套项目，分布领域广泛（参见表 2-2 和表 2-3）。中国也提供了大量的一般物资和技术合作援助，截止到 2012 年底，中国累计在华开办各类培训班约 6000 多期，为受援国培训人员约 17 万人次。医疗卫生一直是中国的重要援助领域，截止到 2012 年，中国累计派出 2.4 万多名援外医疗队员。近些年中国加大了对外紧急人道主义援助。从 2002 年 5 月开始，中国开始向外派出援外志愿者，其中以青年志愿者和汉语教师为主，主要向受援国提供教育、医疗和社会发展服务。

表 2-2　中国已建成援外成套项目行业分布（截至 2009 年底）

行业	项目数	行业	项目数
农业类	**215**	工业类	**635**
农牧渔业	168	轻工业	320
水利	47	纺织	74
公共设施类	**670**	无线电电子	15
会议大厦	85	机械工业	66
体育设施	85	化工	48

---

① 8 种形式：成套项目、一般物资、技术合作、人力资源开发、派遣医疗队、人道主义援助、援外志愿者、债务减免。

◆ 第二部分 中国对外援助对非洲经济增长与减贫的影响

续表

行业	项目数	行业	项目数
剧场影院	12	木材加工	10
民用建筑	143	建材加工	42
市政设施	37	冶金工业	22
打井供水	72	煤炭工业	7
科教卫生	236	石油工业	19
经济基础设施类	**390**	地质矿产勘探	12
交通运输	201	**其他**	**115**
电力	97		
广播电信	92	**总计**	**2025**

资料来源：《中国的对外援助》（2011）白皮书。

表2-3 中国对外援助成套项目领域分布（2010—2012年）

行业	项目数	行业	项目数
社会公共设施类	**360**	**农业**	**49**
医院	80	农业技术示范中心	26
学校	85	农田水利	21
民用建筑	80	农业加工	2
打井供水	29	**工业**	**15**
公用设施	86	轻工纺织	7
经济基础设施	**156**	建筑化工	6
交通运输	72	机械电子	2
广播电信	62		
电力	22	**总计**	**580**

资料来源：《中国的对外援助》（2014）白皮书。

三 援助对象

中国的援助对象主要是低收入国家，重点关注当地的民生和经济发展，努力减少当地的贫困。例如，截止到2009年，中国对最不发达国家的援助比重为39.7%，对中低收入国家的援助比重为19.9%，对其

第二章 中国对外援助的特征事实

他低收入国家的援助比重为23.4%。[①] 2010—2012年，中国的援助更加向最不发达国家倾斜，对最不发达国家、中低收入国家和其他低收入国家的援助比重分别为52.1%、21.2%和9%。[②] 中国最为重要的援助对象是亚洲和非洲，80%以上的援助资金用于这两个地区。

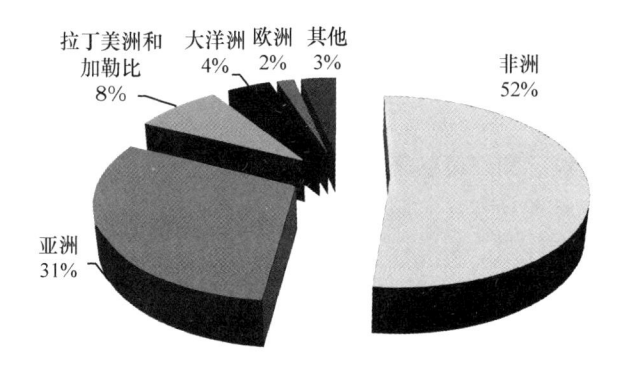

图2-1 中国对外援助地区分布（2010—2012年）

资料来源：《中国的对外援助》（2014）白皮书。

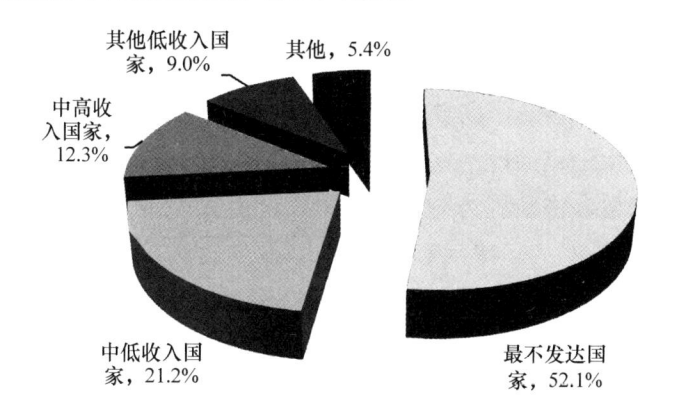

图2-2 中国对外援助资金分布（按受援国收入水平划分）（2010—2012年）

资料来源：《中国的对外援助》（2014）白皮书。

---

① 资料来自中华人民共和国国务院新闻办公室《中国的对外援助》（2011）白皮书，人民出版社2011年版。
② 资料来自中华人民共和国国务院新闻办公室《中国的对外援助》（2014）白皮书，人民出版社2014年版。

第三节 中国与发达国家援助的比较

中国的对外援助与西方发达国家的援助，虽然两者的终极目标都是帮助受援国经济和社会发展，但在援助理念、援助领域、援助形式和援助管理等方面都存在较大的差异。

一 援助理念和政策的差异

源于历史经历和发展阶段的差异，中国与西方的对外援助理念存在较大差异。西方发达国家因自身几百年的发展优势，在对外援助时往往容易掺入对受援国"改造""治理""价值观影响"等思维。其根源是西方的自我身份优越感，于是其援助往往附加援助条件，将援助与民主、人权和良治结合起来成为西方援助的常见行为。不过，西方的援助也强调道义、平等和责任的理念，这也体现在西方将大量的援助倾注于社会、民生和人道救济等方面。

中国的对外援助政策随着时代而变迁。新中国成立初期至改革开放前，因与广大发展中国家共同的民族解放和反帝斗争的需要，中国将获取发展中国家的政治支持作为援助的主要目标，后来到90年代中期演变为以经济动机为主，援助形式也由无偿援助转为合作共赢。不附加政治条件，坚持互利合作是中国当代对外援助的基本指导方针。

西方的援助理念核心是强调援助过程的有效性，注重援助对受援国政治和社会良治等软环境的影响。与发达国家强调援助过程有效性不同，中国的对外援助更强调发展有效性，即注重援助能够为受援方带来何种结果，比较注意对受援国经济发展能力的培养，在提供援助时也主张援助的互利性和合作性。

二 援助领域的差异

中国与西方发达国家在对外援助领域选择上，都经历了从生产领域、经济领域到社会和人道主义等领域的转变，中国与西方在援助领域上的差异在明显缩小。①

西方援助对不同领域的关注是随时代变化而变化的。20世纪50—60年代,受当时经济理论的影响,西方援助重点关注对资本、劳动力和技术领域的资源配置,这一时期援助主要流向经济和生产领域。70年代受依附理论和欠发达理论的影响,西方重点对减贫和农村综合发展领域进行援助。80年代受内生增长理论、制度经济学和新自由主义理论的影响,西方的援助附加更多条件,以推动受援国的结构改革。这一时期西方继续对生产部门援助,同时也加强了对教育、卫生健康、政府与公民社会领域的援助。20世纪90年代以来,西方对社会领域的援助明显增加,而对生产领域的援助有所减少。

中国对外援助的领域选择也经历了时代变迁。1950—1980年末,中国对外援助多集中于农牧渔业、轻工业、社会公共设施、经济基础设施、能源、交通、医疗和教育等行业。20世纪90年代,中国逐渐将对外援助与投资、贸易结合起来,对外援助逐渐扩大到投资和贸易领域。同时,中国的人道主义援助也进一步增加。21世纪以来,中国的对外援助领域更加趋于全面和合理,中国也逐渐加大对社会领域的援助比例。

总体上看,西方发达国家的援助更偏向于"软"的社会领域,而中国的援助更多偏向于"硬"的发展领域。不过,从目前的发展趋势看,两者在援助领域选择上的差异逐渐缩小,并都重点关注减贫、教育、卫生健康和环境保护等目标领域。

三 援助形式的差异

援助形式存在差异。西方发达国家的援助形式主要有资金援助、技术援助、粮食援助和债务减免等,其组织过程更具协调性和规划性。②中国主要采用成套项目等8种援助方式,在执行上又相互交错、灵活多样。另外,中国将援助与贸易、投资和减债相结合的"大援助"内涵

---

① 张永蓬:《国际发展合作与非洲——中国与西方援助非洲比较研究》,社会科学文献出版社2012年版。
② 杨立华:《中国与非洲经贸合作发展总体战略研究》,中国社会科学出版社2013年版。

◆ 第二部分 中国对外援助对非洲经济增长与减贫的影响

丰富，是西方援助所没有的方式。

中国与西方在进行政府优惠贷款时存在相同点和不同点。相同点是资金都来自政府，且借贷条件优惠。与西方相比，中国的资金转移存在一些差别，比如：中国的援助允许用石油等实物偿付，中国的援助资金往往与经贸关系相联系。具体差异参见表2-4。

表2-4　　　　　　OECD国家与中国政府贷款的差异

	政府对政府	借贷条件是否优惠	私人或企业是否提供资金	资金是否通过发展部门提供	是否加强与援助国经济联系	是否接受实物偿付贷款	赠款部分至少25%
OECD国家	是[a]	是	否	是	否	否	是
中国	是	是	否	否[b]	是[c]	是[d]	是

资料来源：Penny Davies, *China and the End of Poverty in Africa*, Diakonia, August 2007.
"Building Bridges: China's Growing Role as Infrastructure Financier for Sub—Saharan Africa", The World Bank, No. 5 (2008).

注：a. 赠款部分可能赠予援助国或受援国的非政府组织；b. 中国援助多通过中国进出口银行以优惠贷款形式提供；c. 使用中国公司、材料和劳动力，援助项目便于中国的资源和商品出口；d. 在一些情况下，受援国用石油和矿产品偿还中国政府优惠贷款。

四　援助管理的差异

目前，中国逐渐建立了以商务部、外交部和财政部三部门为主的援助管理体系，并不断在完善中。中国在援助的法律、决策和执行、组织和管理、监督和评估、非政府组织的作用以及援助协调等方面，与发达国家仍存在一定的差异。

总体上，与西方发达国家相比，中国在援外管理上还存在较大差距。比如，中国尚缺乏相应的对外援助法律和法规；对外援助决策机制缺乏协调统一性；援外人员规模和素质，还远不能满足实际的需要；援外项目管理还存在概算审批不够严谨、项目合同执行具有一定随意性、项目后续监督评估不够完善和管理各方协调不足的问题。[①] 中国对外援助的

---

① http://gzly.mofcom.gov.cn/website/face/www_face_history.jsp?desc=&p_page=1&sche_no=1088, 2014-9-12.

透明度还远不如西方，援助数据资料的公布在及时性和完整性方面还有待提高。此外，中国的对外援助活动民间参与程度不高；援外机构的独立性也不如发达国家。

第四节 中国对非援助的特征事实

早在1956年，新中国就开始向非洲提供援助。半个多世纪以来，由于国际和国内形势的变化，对非援助的内涵也发生了巨大的变化。尤其进入21世纪以来，中国国力不断增强，对非援助逐年增多，援助规模在中国对外援助总量中的比重不断上升，对非洲的影响越来越大。

一 中国援非历史

新中国对非洲的援助大体上经历了三个阶段：

第一阶段，1956—1978年。新中国成立以后，面临非常复杂的国际政治环境。20世纪50—70年代，中国受到西方阵营的封锁和孤立，在60年代初期，又与苏联产生了严重的分歧和冲突。可以说，新中国在改革开放以前的相对长时间内，在国际社会是被边缘化的。自20世纪50年代开始，非洲的独立和民族运动蓬勃发展，中国按照毛主席三个世界的战略思想，视非洲国家为重要的战略盟友。当时，即便在国内经济较困难的情况下，中国依然对非提供了大量援助，帮助非洲兄弟国家推动经济建设和社会发展，其中著名的援助项目有坦赞铁路工程。该时期的援助，主要目标是与广大的非洲国家结成反帝国主义、反殖民主义的同盟军，拓展新中国的政治生存空间。当时，援非工作在帮助非洲国家发展、改善当地基础设施和造福当地百姓方面起到了巨大作用和产生了重要影响，受到非洲国家的赞赏。同时，中国也得到了来自非洲国家的巨大支持，比如新中国恢复联合国安理会常任理事国席位，非洲国家的支持功不可没。

第二阶段，1978年至20世纪90年代末。十一届三中全会以后，中国将经济建设上升为国家的中心工作，同时，非洲国家的民族解放和独立运动基本告一段落，发展和减贫成为当时中非所共同面临的重大课题。于是，中国逐渐将经济合作和互利共赢的精神，纳入对非洲

◆ 第二部分 中国对外援助对非洲经济增长与减贫的影响

的发展援助工作中。这一时期的援非呈现出新的变化：一方面是逐渐淡化政治色彩，经济发展成为援助的中心目标。另一方面援助更加务实和平等，将南南合作的理念嵌入援助的过程中，在援助中寻求经济合作的机会。

第三阶段，21世纪初至今。进入21世纪后，中国国家实力迅速增强，有更大的经济实力向外提供发展援助。而非洲国家依然处于相对落后的状态，在千年发展目标的推动下国际社会持续关注非洲的减贫和发展，非洲在中国的对外经济和外交关系中地位不断突出。在这种时代背景下，中非在2000年召开了中非合作论坛，创立了双边对话磋商解决重大发展问题的平台。在此期间，中国逐渐加大了对非洲的发展援助。中国对非援助集中在项目建设、项目贷款融资和债务减免方面。此外，中国在发展经验推广、人力资源开发、农业技术推广和教育合作方面也开展了卓有成效的工作。该阶段，中国对非援助呈现新的特征：其一是援助与经贸合作相结合的机制愈加灵活。在对非援助中，积极将援助与促进双边经贸合作相互结合，比如著名的"安哥拉"模式就是这种机制的典型模式。其二是推广或借鉴中国的发展经验。中国国内的发展和减贫经验受到非洲各国的广泛关注和重视，中国经验也成为援非的重要内容，学习中国发展经验成为非洲各国普遍的共识。

二 中国援非特征事实

近60年来，中国对非洲提供了大量的援助，对非援助一直占据中国对外援助的核心地位。例如，截至2009年，中国近45.7%的对外援助资金用于对非援助，[①] 而2010—2012年，约51.8%的援助资金用于非洲地区。[②] 中国的对非援助主要是通过双边机制进行，采取项目援建、实物援助、技术合作和债务减免等方式，对非援助主要集中在经济基础设施、工业、能源和资源、农业等部门。2000年后，中国对非援

[①] 资料来自中华人民共和国国务院新闻办公室《中国的对外援助》(2011)白皮书，人民出版社2011年版。
[②] 资料来自中华人民共和国国务院新闻办公室《中国的对外援助》(2014)白皮书，人民出版社2014年版。

助规模快速增长。截至2012年底，53个非洲国家接受了中国的援助，援建成套项目1000多个，派出人员35万多人次，700多人献出生命。①经过近60年的发展，中国对非援助呈现以下发展特征：

（一）对非援助领域分布广泛，软硬领域全面发展

随着中非合作的深入以及中国经济实力的增长，中国对非援助规模稳步提升。中国援非主要领域和重点事项参见表2-5。中国对非的援助涵盖了中国对外援助的所有领域，主要包括农业、基础设施、教育、医疗、工业等。

从20世纪50年代至80年代末期，中国援非的领域主要集中在硬件设施方面，主要分布于农业、社会公共基础设施、经济基础设施、教育和医疗领域。到20世纪90年代，中国逐渐开始注重"软"领域的援助，技术援助、人道主义援助等项目比重增加，援助与投资和贸易相结合逐渐增多。自2000年以来，随着非洲地位的上升以及中非关系发展的需要，在中非合作论坛机制的推动下，中国对非洲的援助方式和领域进一步趋于全面、合理，"软"领域援助得到空前重视。2006年11月中国政府提出推动中非关系的八项政策中，援非涉及市场开放、关税减免、经济贸易合作区、公共设施、农业、教育培训和医疗卫生等领域。②而在2009年中非合作论坛部长级会议上，中国政府提出新的八项举措，援非方式和领域进一步拓展，援非领域包括清洁能源、应对气候变化、技术援助、科技合作、金融和投资（优惠贷款、债务减免）、贸易援助（市场开放、关税减免）、农业、医疗卫生、人力资源培训、教育和人文交流等。③而根据2012年《中非合作论坛第五届部长会议——北京行动计划（2013—2015）》，中国进一步强调了对非洲在减贫合作、应对气候变化与环境治理等

---

① 《中国对非援助知多少？》，腾讯网，http://news.qq.com/newspedia/africa.htm，2014年12月15日。

② 《胡锦涛主席在中非合作论坛北京峰会开幕式上的讲话》，http://news.xinhuanet.com/world/2006-11/04/content_5289040.htm，2014-12-11。

③ 温家宝：《全面推进中非新型战略伙伴关系——在中非合作论坛第四届部长级会议开幕式上的讲话》，http://www.focac.org/chn/ltda/dsjbzjhy/bzhyzyjh/t627094.htm，2014-12-11。

◆ 第二部分 中国对外援助对非洲经济增长与减贫的影响

"软"领域援助合作的重要性。①

表 2-5　　　　　　　　中国对非援助主要领域与事项

援助领域	主要援助事项
医疗卫生	(1) 截至 2009 年底，援建 54 所医院、30 个疟疾防治中心，提供 2 亿元的抗疟药品；(2) 至 2010 年，派出 1.8 万人次医疗人员，累计治疗患者 2 亿多人次，并培训数万名医护人员；(3) 2010—2012 年，又援建竣工 27 所医院，派驻 43 支医疗队，累计诊治患者 557 万余名。
教育培训	(1) 到 2009 年底，建成 107 所学校，提供 29465 人次奖学金，外派 104 名农业专家和 312 名青年志愿者；(2) 截至 2010 年 6 月，培训各类人员 3 万多人次；(3) 2010—2012 年，又提供 18743 个奖学金名额，培训官员和技术人员 27318 人次。
减灾和人道主义	(1) 2003 年，向阿尔及利亚地震灾区提供救灾援助总计 536 万美元；(2) 自 2004 年以来，向苏丹提供近 1.5 亿元无偿援助；(3) 2011 年，向突尼斯和埃及提供 5000 万元人道援助；(4) 2011 年，中国向非洲之角国家提供 4 亿多元粮食援助；(5) 2012 年，向萨赫勒地区国家提供粮食援助。
基础设施	(1) 截至 2009 年底，援建 500 多个项目；(2) 为帮助非洲改善基础设施提供大量优惠贷款；2007—2009 年提供 50 亿美元优惠贷款；2010—2012 年，提供优惠性质贷款达 113 亿美元；(3) 提供其他大量优惠商业贷款。
农业领域	(1) 截至 2009 年底，援建农业技术试验站、推广站、农场等农业项目 142 个，向 33 个国家派出 104 名高级农业专家；在联合国粮农组织框架下，派出 600 多名农业科技人员；(2) 2005 年开始对部分输华农产品提供关税优惠；(3) 截至 2013 年 3 月，有 25 个农业技术示范中心建成、在建或待建；② 每年还援助一定数量的粮食、种子和农具等物资。

资料来源：2010 年和 2013 年《中国与非洲的经贸合作》白皮书、《中国的对外援助》(2011) 白皮书。

(二) 援助方式更加灵活、多元

20 世纪 50—70 年代，中国的对非援助方式主要是成套项目援建、

---

① 中非合作论坛官方网站：《中非合作论坛第五届部长会议——北京行动计划 (2013—2015)》，http://www.focac.org/chn/ltda/dwjbzzjh/hywj/t954617.htm，2014-12-11。
② 唐晓阳：《中国对非洲农业援助形式的演变及其效果》，《世界经济与政治》2013 年第 5 期，第 61 页。

一般物资援助和派遣医疗队等。而到 80 年代，提供信贷、合作管理、中方代管、援外与工程承包、援外与多边援助相结合、中国援助与第三国相结合等新的援助方式不断出现。① 到 90 年代，随着"大经贸"和"走出去"战略的提出，中国的对非援助逐渐与贸易、投资和债务减免相结合，配合企业走出去战略的实施，不断涌现新的援助方式，比如政府补贴优惠贷款、资源换贷款、经济贸易合作区等。同时，人力资源开发、志愿者、债务减免等形式成为传统援助方式的有益补充。最为引人注目的是，中非合作论坛成为中国对非援助的重要对话平台和推动机制，使得中国对非援助水平大幅跃升。

---

① 杨立华：《中国与非洲经贸合作发展总体战略研究》，中国社会科学出版社 2013 年版。

第三章　中国对外援助的经济增长效应
——国际贸易渠道的分析

国际发展援助的经济增长效应一直是国际社会关注的焦点和政策制定的重要依据，其中援助通过国际贸易渠道对经济增长的促进作用以及"促贸援助"方式对受援国的国际贸易和经济增长的有效性是近年国际贸易的经济增长效应研究的重要视角。学者们通过各种途径和方法对该问题进行了探讨和验证，并取得了丰硕的成果，但在研究重点、模型构建、研究方法等方面仍然存在不足，有待进一步深入探讨。研究重点方面，未来研究应当进一步突出援助对公共支出和国际贸易渠道的作用，特别是"促贸援助"对受援国的对外贸易以及经济增长的促进作用。模型构建方面，目前，系统的国际发展援助理论研究体系尚未形成，未来研究应从关注援助、贸易与经济增长两两之间的关系转移到三者之间的关系，构建囊括援助、贸易、经济增长三个方面的理论模型，才能更好地衡量援助的实际效果及其传导途径的作用。研究方法方面，目前援助领域最大的问题就是弱工具变量问题，这严重影响了实证研究结果的有效性，因此，需要继续寻找新的、更适合的工具变量，以解决计量模型的内生性问题。总之，关于援助有效性的研究仍有待进一步探索和加强，唯有如此才能为援助实践活动提供客观、有效的理论借鉴和政策指导。

本章采用16个受援国2000—2011年的面板数据，基于直接引入法和两步回归法检验了中国的国际援助对受援国经济增长的影响效应，以及国际贸易渠道的作用。研究证实：中国的国际援助能够显著促进受援国的经济增长，但是，只有通过国际贸易渠道的那部分援助才能起到显著的促进作用，而不通过国际贸易渠道的那部分援助则会阻碍受援国的经济增长。

第一节 相关文献述评

国际援助与受援国经济增长之间的关系主要包括援助与经济增长的直接关系，援助对经济增长的间接作用机制（包括援助→家庭消费→经济增长、援助→资本积累→经济增长、援助→公共支出→经济增长、援助→贸易→经济增长四种机制），以及援助的条件有效性三个大的方面。本节在对援助与经济增长的直接关系进行总体概述的基础上，主要从四种传导机制的角度对援助对经济增长的影响展开文献综述，考察援助的直接经济效应，最后考虑援助条件的影响。在理论研究方面，由于各种机制在理论模型中的呈现方式不同，各机制之间的区分相对明显；而在实证研究方面，现有文献总体上均缺乏系统的机制分析，或者不区分各个机制之间的不同效应，而是直接将援助变量与经济增长变量进行回归，因而不可避免地会存在区分模糊的情况。

一 援助与经济增长的直接关系

这种观点是将援助视为一种类似于资本的要素，认为援助可以直接促进经济增长。在理论研究方面，最典型的做法就是直接将援助引入生产函数。Burke 和 Ahmadi-Esfahani 曾将生产函数中的资本分解为国内储蓄、官方发展援助和 FDI，建立了援助与产出之间的直接关系（含参数），作为其进行实证检验的参考。[1] 为了检验国际发展援助与 MDGs 之间的差距，Anderson 和 Waddington 也构造了经济增长率与援助之间直接的函数关系，他们假定受援国的经济增长率与援助之间是非线性的二次关系，且经济增长率先随着援助的增加而提高，过了最大值之后又会随着援助的增加而降低，他们还据此得出了实现 MDGs 所需的最优的

---

[1] Burke, P. J. and Ahmadi-Esfahani, F. Z., "Aid and growth: A Study of South East Asia", *Journal of Asian Economics*, 2006 (17): 350 – 362.

第二部分 中国对外援助对非洲经济增长与减贫的影响

援助额。[1]

在实证研究方面，Adelman 和 Chenery 利用希腊 1950—1961 年的时间序列数据进行计量分析，发现国外援助促进了希腊的经济增长。[2] Quazi 利用孟加拉国 1973—1999 年的时间序列数据，采用协整方法检验得出，援助能够明显提高实际 GDP 增长率，但将援助划分为赠款和贷款后发现，贷款能够显著提高 GDP 增长率，而赠款没有显著影响。[3] Gomanee 等人则利用 25 个撒哈拉以南非洲国家 1970—1997 年的面板数据研究，发现 Aid/GDP 每上升 1 个百分点，经济增长率将提高约 0.33 个百分点，即援助能够显著促进受援国的经济增长。[4] Minoiu 和 Reddy 采用系统 GMM 方法考察了发展援助与受援国经济增长之间的关系，发现发展援助可以显著促进受援国长期的经济增长。[5] Mekasha 和 Tarp 采用后设研究（meta study）方法对以往关于援助与经济增长之间关系的文献进行了梳理，得出援助对经济增长具有明显的正向作用的结论。[6] 但是，也有一些学者对援助的积极作用提出了质疑和论证。Voivodas 利用 1956—1968 年 22 个最不发达国家的面板数据研究发现，援助对受援国的经济增长具有显著的负面效应。[7] Mallik 采用时间序列协整方法分别检验了撒哈拉以南非洲六个国家援助与经济增长之间的关系，发现在短期内，除尼日尔以外，援助对其他五个国家的实际人均 GDP 均没有

---

[1] Anderson, E. and Waddington, H., "Aid and the Millennium Development Goal Poverty Target: How Much is Required and How Should it be Allocated?" *Oxford Development Studies*, 2007, 35 (1): 1–31.

[2] Adelman, I. and Chenery, H. B., "The Foreign Aid and Economic Development: The Case of Greece", *Review of Economics and Statistics*, 1966, 48 (1): 1–19.

[3] Quazi, R. M., "Effects of Foreign Aid on GDP Growth and Fiscal Behavior: An Econometric CaseStudy of Bangladesh Author", *The Journal of Developing Areas*, 2005, 38 (2): 95–117.

[4] Gomanee, K., Girma, S. and Morrissey, O., "Aid and Growth in Sub-Saharan Africa: Accounting for Transmission Mechanisms", *Journal of International Development*, 2005b (17): 1055–1075.

[5] Minoiu, C. and Reddy, S., "Aid Does Matter, After All", *Challenge*, 2007, 50 (2): 39–58.

[6] Mekasha, T. G. and Tarp, F., "Aid and Growth: What Meta-Analysis Reveals", UNU World Institute for Development Economics Research Working Paper, No. 2011/22, 2011: 1–44.

[7] Voivodas, C. S., "Exports, Foreign Capital Inflow and Economic Growth", *Journal of International Economics*, 1973 (3): 337–349.

显著影响；在长期内，除多哥的援助对其实际人均 GDP 有正向影响外，其他五个国家接受的援助对其实际人均 GDP 均有显著的负面影响。① 然而，Mosley 采用 83 个受援国 1970—1977 年的面板数据研究发现，国际援助对受援国的经济增长具有负面影响，但该效应并不显著。② Dowling 和 Hiemenz 采用面板数据 2SLS 方法也得到了类似的结论。③ Burke 和 Ahmadi-Esfahani 在理论分析之后，采用泰国、印尼、菲律宾 1970—2000 年的面板数据检验了国际援助与经济增长的关系，得出国际援助对三国的经济增长率的影响不显著，无论是在亚洲金融危机之前还是之后。④ Rajan 和 Subramanian 采用 2SLS 和动态 GMM 方法克服内生性问题后指出，没有证据可以证明援助与受援国经济增长之间存在稳健的正向或负向关系。⑤ Doucouliagos 和 Paldam 通过梳理之前的援助与经济增长的文献，采用后设研究（meta study）方法研究表明，国际援助对受援国的经济增长会产生正向的促进效应，但该促进效应不显著；同时，他们还指出，援助分类别比提高援助总额对增长的促进效应更明显。⑥

关于援助与经济增长之间直接关系的理论研究十分罕见，实证研究也是各执一词。实际上，援助主要不是直接地促进经济增长，而是通过影响那些与经济增长密切相关的要素来实现经济增长。那些直接的考察方式难免会忽略很多重要的因素和机制，进而导致研究结果的巨大差异。

---

① Mallik, G., "Foreign Aid and Economic Growth: A Cointegration Analysis of the Six Poorest African Countries", *Economic Analysis & Policy*, 2008, 38 (2): 251-260.

② Mosley, P., "The Political Economy of Foreign Aid: A Model of the Market for a Public Good", *Economic Development and Cultural Change*, 1980, 33 (2): 373-393.

③ Dowling, M. and Hiemenz, U., "Aid, Savings and Growth in the Asian Region", *Economic Office Report Series*, Asian Development Bank, 1982, 3.

④ Burke, P. J. and Ahmadi-Esfahani, F. Z., "Aid and Growth: A Study of South East Asia", *Journal of Asian Economics*, 2006 (17): 350-362.

⑤ Rajan, R. G. and Subramanian, A., "Aid and Growth: What Does the Cross-Country Evidence ReallyShow?" *The Review of Economics and Statistics*, 2008, 90 (4): 643-665.

⑥ Doucouliagos, H. and Paldam, M., "Aid Effectiveness on Growth: A Meta Study", *European Journal of Political Economy*, 2008 (24): 1-24.

◆ 第二部分 中国对外援助对非洲经济增长与减贫的影响

二 援助影响经济增长的作用机制

关于援助与经济增长之间关系的实证研究一直没有得出明确的结论,很大部分原因就是由于援助和最终结果之间的复杂关系被忽略了。换言之,援助与经济增长之间的传导机制长期以来被视为一个"黑箱",只有打开这个"黑箱",才可能阐明二者之间的关系。

援助促进经济增长的途径包括援助→家庭消费→经济增长、援助→资本积累→经济增长、援助→公共支出→经济增长、援助→国际贸易→经济增长,而条件性则是影响这4种机制发挥作用的重要前提。具体而言:(1)援助→家庭消费→经济增长,即援助用于弥补家庭的预算支出不足,通过刺激家庭消费促进受援国的经济增长。一些学者认为,由于在最落后的发展中国家有多达10亿人口每人每天靠不到1美元勉强维持生存,这些国家代表性消费者增加即期消费的边际效用很大,因此研究援助的有效性问题应该从受援国代表性消费者的最优化决策着手。① 这就是这一途径备受关注的原因。(2)援助→资本积累→经济增长,即援助可以弥补受援国的资金不足,缓解其私人资本投入不足的问题,进而促进其经济增长。根据"两缺口"模型可知,国际援助的流入能够弥补受援国的投资和国际收支差额缺口,推动经济增长。少数学者对该途径进行了探析。但是一些学者指出,援助不仅仅会影响受援国的投资约束,也会间接影响其消费约束,因此该渠道大多与第(1)种渠道合并构成家庭的预算支出函数,即假设援助同时影响家庭的消费约束和投资约束(但并不能区分具体影响哪一个),目前援助领域的模型主要是基于这一途径来构建的。(3)援助→公共支出→经济增长,即援助会通过为公共投资如基础设施建设等融资,从而对一些国家的经济增长产生积极影响。② 有一些研究直接考察了援助对受援国政府的债务水平和运行效率的影响,但较少有文献进一步将其与经济增长连接起来。(4)援助→国际贸易→

---

① 杨东升:《国外经济援助的有效性》,《经济研究》2007年第10期,第105—114页。

② Gomanee, K. et, al., "Aid, Government Expenditure, and Aggregate Welfare", *World Development*, 2005, 33 (3): 355–370.

经济增长，即援助以提高受援国的对外贸易能力特别是出口能力为目标，进而实现促进受援国经济增长的最终目的。这一途径长期以来是被忽略的，因而成为本章重点研究的内容。所以，在开展文献综述时，将对该领域的研究进行详细的剖析和评价，并提出改进思路。

（一）援助→家庭消费、资本积累→经济增长

在理论研究方面，国外经济援助的早期理论依据是发展经济学中的"贫困陷阱"说。该假说认为欠发达国家之所以经济增长缓慢，是由于这些国家陷入了"贫困陷阱"，需要有来自外部的资金推动帮助这些国家走上经济可持续增长的轨道，国外援助恰好可以缓解受援国面临的资金约束，帮助受援国摆脱"贫困陷阱"。Cui 和 Gong 利用一个无穷期限的跨时动态优化模型，得出援助的永久性增加会提高受援国长期的消费水平和资本存量。① Chenery 和 Strout 构造了一个 Harrod-Domar 式的线性增长模型，在不同的发展阶段，线性增长模型中不同的不等式成为紧约束，以此来表示投资制约型增长和国际收支制约型增长等，国外发展援助可以通过扩大相关不等式所表示的约束集来促进受援国的经济增长。② Dalgaard、Hansen 和 Tarp 利用世代交替模型研究对外援助对受援国资本积累和经济增长的影响。他们推断，长期援助能够影响受援国经济均衡时的劳动生产率，但该影响是正还是负取决于政策参数和生产技术。若将对外援助主要给予工作阶段的青年人，则对外援助能够促进受援国的经济增长。③ 与上述学者肯定援助对经济增长的促进作用的观点不同，一些学者表达了否定的观点。他们声称，援助完全被用于消费而不是促进生产，它替代而不是弥补了国内的资金缺口，最终对受援国的经济增长产生明显的消极影响。Gong 和 Zou 构造了一个具有无穷期限的跨时动态优化模型，得出在稳态时，受援国的消费水平随着援助的增加而增加，资本存量和经济增长则随着援

---

① Cui, X. Y. and Gong, L. T., "Foreign Aid, Domestic Capital Accumulation, and Foreign Borrowing", *Journal of Macroeconomics*, 2007 (30): 1269 – 1284.

② Chenery, H. B. and Strout, A. M., "Foreign Assistance and Economic Development", *American Economic Review*, 1996, 56 (4): 679 – 733.

③ Dalgaard, C. J., Hansen, H. and Tarp, F., "On the Empirics of Foreign Aid and Growth", *Economic Journal*, 2004 (114): 191 – 216.

助的增加而下降。①② 杨东升等人构造了一个世代交替模型考察国际援助对受援国资本积累和国民福利的影响，发现在受援国生产技术不变的前提下，国际援助只能对受援国的资本积累和国民福利产生暂时的影响，而不会改变受援国经济的长期竞争均衡。③ 之后，杨东升利用一个考虑了遗赠动机的世代交替模型研究得出，援助对受援国资本积累的影响在一定的条件下是非线性的，具有典型的临界值效果。④ 此外，还有一些学者得出"援助对受援国的经济增长没有影响"的结论。Boone 认为发展援助只会致受援国的消费水平有所提高，对受援国的投资和经济增长基本上没有影响。⑤ Boone 从考察受援国的政治精英们如何利用外来援助这一角度出发来研究援助对受援国资本积累和经济增长的影响。他在论文中构建了一个理论模型，其中受援国的政治精英们通过制定经济政策来最大化自身的福利，家庭在政策给定的条件下选择最优消费和投资。他通过理论推演得出，援助不能使受援国的政治精英们改变扭曲的经济政策，也不能促进受援国的经济增长，只能增加受援国政治精英们的消费。⑥ Obstfeld 构造了一个 Ramsey-Cass-Koopmans 跨时动态优化模型，消费者的即时效用仅仅取决于消费，消费者通过最大化贴现后的各期效用总和来进行消费和资本积累决策。均衡时，对外援助只能一比一地增加受援国的消费水平，不会影响其均衡的资本存量和经济增长。⑦ 这与 Boone 的结论一致。

---

① Gong, L. T. and Zou, H. F., "Foreign Aid Reduces Domestic Capital Accumulation and Increases Foreign Borrowing: A Theoretical Analysis", *Annals of Economics and Finance*, 2000 (1): 147–163.

② Gong, L. T. and Zou, H. F., "Foreign Aid Reduces Labor Supply and Capital Accumulation", *Review of Development Economics*, 2001, 5 (1): 105–118.

③ 杨东升、刘岱:《国外经济援助与资本积累及国民福利》,《经济评论》2006 年第 4 期，第 118—124 页。

④ 杨东升:《国外经济援助的有效性》,《经济研究》2007 年第 10 期，第 105—114 页。

⑤ Boone P., *The Impact of Foreign Aid on Savings and Growth*, London School of Economics and Political Science, Centre for Economic Performance, 1994.

⑥ Boone, P., "Politics and the Effectiveness of Foreign Aid", *European Economic Review*, 1996 (40): 289–329.

⑦ Obstfeld, M. *Foreign Resource Inflows, Saving, and Growth: The Economics of Saving and Growth*, UK: Cambridge Univ. Press, 1999.

在实证研究方面，Papanek 利用 34 个国家 1950 年的横截面数据和 51 个国家 1960 年的横截面数据，用国内储蓄、国外援助、外国私人投资以及其他国外输入作为自变量进行回归分析，发现国内储蓄和对外援助对经济增长率的贡献超过了 1/3，而且援助对经济增长率的贡献远高于其他自变量。然而，Papanek 自己也承认，他所做的回归分析有可能存在遗漏变量、内生性等问题，因而所得的结论仅仅是启发性的（suggestive），而不是决定性的（conclusive），更不能代表因果关系。[1][2] Levy 利用 28 个非洲国家 1968—1982 年的面板数据实证研究得出，援助能够显著促进非洲国家的资本积累和经济增长。[3] Hansen 和 Tarp 发现，国际援助在任何情况下都能促进受援国的经济增长（人均实际 GDP），并不取决于受援国经济政策的好坏。他们还发现，援助对于受援国经济增长的促进作用受边际收益递减规律的支配。在控制了投资和人力资本的情况下，援助对受援国经济增长的促进作用消失，这暗示援助有可能是通过促进受援国的投资和人力资本形成来促进受援国经济增长的。[4][5] Irandoust 和 Ericsson 采用协整方法检验了援助和储蓄对经济增长的影响，但他们利用的是非洲五国（尼日尔、尼日利亚、卢旺达、塞内加尔、多哥）1965—2000 年的面板数据，采用了面板协整方法考虑了存在多个协整变量的情形。他们得出结论：援助能够促进所有样本国家的经济增长。[6] Asteriou 采用加总的生产函数，将援助引入资本积累等式，得出了援助与经济增长之间的关系，基于此他利用南亚五国 1975—2002 年的面板数据，并采用组均值（Mean Group，MG）和混合组均值

---

[1] Papanek, G. F., "The Effect of Aid and Other Resource Transfers on Savings and Growth in Less Developed Countries", *Economic Journal*, 1972, 82 (327): 934 – 950.

[2] Papanek, G. F., "Aid, Foreign Private Investment, Savings, and Growth in Less Developed Countries", *Journal of Political Economy*, 1973, 81 (1): 120 – 130.

[3] Levy, V., "Does Concessionary Aid Lead to Higher Investment Rates in Low-Income Countries?" *Review of Economics and Statistics*, 1987, 69 (1): 152 – 156.

[4] Hansen, H. and Tarp, F., "Aid Effectiveness Disputed", *Journal of International Development*, 2000 (12): 375 – 398.

[5] Hansen, H. and Tarp, F., "Aid and Growth Regressions", *Journal of Development Economics*, 2001 (64): 547 – 570.

[6] Irandoust, M. and Ericsson, J., "Foreign Aid, Domestic Savings, and Growth in LDCs: An Application of Likelihood-Based Panel Cointegration", *Economic Modeling*, 2005 (22): 616 – 627.

◆ 第二部分 中国对外援助对非洲经济增长与减贫的影响

（Pooled Mean Group，PMG）方法进行动态面板误差修正模型估计得出，援助与 GDP 增长率之间呈长期的正相关关系。① 此外，Levy②、Ghura 和 Hadjimichael③、Lensink 和 White④、Lensink 和 Morrissey⑤ 等学者也认为，国际援助能够显著促进受援国的资本积累和经济增长。当然，与理论研究一样，实证研究方面也充满了争议和矛盾。Boone 利用援助国的政治策略和以人口表示的受援国的规模作为援助的工具变量解决了援助的内生性问题，他的计量检验支持了其理论分析结论，即援助只会增加受援国政治精英们的消费，不会影响其经济增长。⑥ Burhop 从因果关系的角度考察，发现国外经济援助与受援国的经济增长之间不存在因果关系。⑦

通过梳理可以看出，无论是从理论研究层面还是从经验研究层面，利用上述途径探究援助的经济效果的文献都远比其他途径要丰富得多，这也是目前研究援助效果的主流框架。不可否认，利用援助缓解家庭的消费或投资约束的确可能促进经济增长，然而，这一框架并不十分符合国际发展援助的现实。在发展援助委员会（DAC）国家，对外援助支付额的 50% 以上投入了社会基础设施建设和经济基础设施建设；中国对外援助支付额中，经济基础设施建设援助的占比更是高达约 60%。与此同时，两者还有较大比例的援助投入了工业和农业等生产部门。因此，上述研究框架和思路无法准确地反映和衡量发达国家和中国对外援

---

① Asteriou, D., "Foreign Aid and Economic Growth: New Evidence from a Panel Data Approach for Five South Asian Countries", *Journal of Policy Modeling*, 2009 (31): 155 – 161.

② Levy, V., "Does Concessionary Aid Lead to Higher Investment Rates in Low-Income Countries?" *Review of Economics and Statistics*, 1987, 69 (1): 152 – 156.

③ Ghura, T. and Hadjimichael, M. T., "Growth in Sub-Saharan Africa", IMF Working Paper, 1995, 95 (136): 1 – 27.

④ Lensink, R. and White, H., "Does the Revival of International Private Capital Flows Mean the End of Aid?" *World Development*, 1998 (26): 1221 – 1234.

⑤ Lensink, R. and Morrissey, O., "Aid Instability as a Measure of Uncertainty and the Positive Impact of Aid on Growth", *Journal of Development Studies*, 2000, 36 (3): 1 – 49.

⑥ Boone, P., "Politics and the Effectiveness of Foreign Aid", *European Economic Review*, 1996 (40): 289 – 329.

⑦ Burhop C., "Foreign Assistance and Economic Development: a Re-evaluation", *Economics Letters*, 2005, 86 (1): 57 – 61.

助的实际效果，必须考虑构建基于企业资本积累和政府部门公共支出的研究框架才可能对此予以合理的解释和验证。

（二）援助→公共支出→经济增长

与研究援助→家庭消费、资本积累→经济增长这一途径丰富的文献相比，通过援助→公共支出→经济增长途径研究援助效果的成果相对稀少。Mcgillivray 从理论和实证两个方面研究了援助对受援国公共部门财政行为的影响。他认为援助是受援国公共部门的一个决策变量，因而是内生的，基于此他构造了一个公共部门效用函数，通过效用最大化得出了援助与政府税收、支出之间的函数形式（包含参数）。随后，他采用巴基斯坦 1956—1995 年的时间序列数据和三阶段最小二乘方法估计了具体的函数形式，发现援助会明显降低公共部门的消费支出，公共部门的投资支出略微增加，因而援助总体上会导致公共部门总支出的减少；与此同时，援助会使得公共部门的税收收入下降，且幅度大于总支出下降幅度，最终，援助导致公共部门的总支出大于总收入，政府借贷随之增加。[1] 龚六堂和邹恒甫把援助分成直接对私人的援助和直接对政府的援助来讨论这两类援助对政府财政政策和货币政策的影响。他们发现，一方面，私人援助的增加会提高私人消费水平和政府公共消费水平，也会提高政府收入税税率和通货膨胀率；另一方面，政府援助的增加可以提高均衡时的私人资本存量、私人消费水平和政府公共消费水平，同时使得均衡时的收入税税率和通货膨胀率下降。[2] 显然，Mcgillivray、龚六堂和邹恒甫只是考察了援助对公共部门行为的影响，并未进一步考虑援助对经济增长的影响。Chatterjee and Turnovsky 将援助引入政府的总支出函数，并构建了一个考虑了可分劳动的代表性消费者效应函数，探究了捆绑援助和非捆绑援助对受援国福利的影响。他通过理论论证发现，非捆绑援助在任何条件下都会改善受援国政府的跨期预算平衡，其对受援国福利的影响会随着税率的上升而略微下降，随着政府支出的增加而略微增加；捆绑援助在

---

[1] Mcgillivray, M. and Morrissey, O., "Aid and Trade Relationships in East Asia", *The World Economy*, 1998, 21 (7): 981–995.

[2] 龚六堂、邹恒甫：《财政政策、货币政策与国外经济援助》，《经济研究》2001 年第 3 期，第 29—60 页。

◆ 第二部分 中国对外援助对非洲经济增长与减贫的影响

任何条件下都会恶化受援国政府的跨期预算平衡，其福利效果会随着税率的上升而略微增加，随着政府支出的增加而大幅下降。[1] Economides、Kalyvitis 和 Philippopoulos 将援助对经济增长的效应分为直接正面效应和间接负面效应，构建了一个小国开放经济增长模型，直接效应是指援助可以增加受援国的基础设施支出进而促进经济增长，间接效应是指援助可能会导致公共部门的寻租行为，从而阻碍经济增长。之后，他们利用 75 个受援国的横截面数据检验得出：一方面，援助的确会显著直接促进受援国的经济增长；但另一方面，援助也会增加政府部门的寻租行为，从而阻碍经济增长，这种阻碍作用在拥有相对较大规模公共部门的受援国尤为严重。[2]

目前，关于援助对公共部门行为影响的文献多集中于直接探讨援助对政府部门腐败、效率等的影响，如 Busse 和 Gröning[3]、Okada 和 Samreth[4] 等学者的研究成果，将援助、公共部门行为、经济增长联系起来的文献则十分少见。这一方面暗示我们，政府部门的行政能力和效率可能是影响援助效果的重要因素之一，另一方面也表明，构建考虑了公共部门的经济增长模型十分必要。

（三）援助→国际贸易→经济增长

国际援助与对外贸易的研究目前主要集中于援助与受援国的出口总额之间的关系，关于国际发展援助对贸易成本、出口多样化影响的研究则十分罕见。

1. 援助与贸易成本

由于贸易成本是影响一国对外贸易规模和竞争力的重要因素，较多

---

[1] Chatterjee, S. and Turnovsky, S. J., "Foreign Aid and Economic Growth: the Role of Flexible Labor Supply", *Journal of Development Economics*, 2007 (84): 507–533.

[2] Economides, G. Kalyvitis, S. and Philippopoulos, A., "Does Foreign Aid Distort Incentives and Hurt Growth? Theory and Evidence from 75 Aid-recipient Countries", *Public Choice*, 2008 (134): 463–488.

[3] Busse, M. and Gröning, S., "Does Foreign Aid Improve Governance", *Economics Letters*, 2009 (104): 76–78.

[4] Okada, K. and Samreth, S., "The Effect of Foreign Aid on Corruption: A Quantile Regression Approach", *Economics Letters*, 2012 (115): 240–243.

文献提出了测度贸易成本的方法（Anderson 和 Wincoop[1]；Bernard[2]；Novy[3]；Hoekman 和 Nicita[4]；Jacks[5] 等），却鲜有文献对贸易成本的影响因素予以分析，关于国际发展援助对贸易成本影响的研究更是十分罕见。目前，仅有 Cali 和 Te Velde 研究了援助对受援国贸易成本的影响。他们利用实证方法得出，在"促贸援助"的诸多措施中，贸易便利化援助（Trade Facilitation Aid）的增加可以降低受援国的出口成本和进口成本；贸易政策和管理援助（Trade Policy and Regulation Aid）会降低受援国的出口成本，对进口成本的影响不显著；经济基础设施援助（Economic Infrastructure & Services Aid）对进口成本也没有显著影响。此外，他们还得出，受援国的政府效率指数、人口和 GDP 总额对其进口成本和出口成本均没有显著影响。[6] 由于数据选取和实证方法存在一定的问题，他们得出的结果并不能令人满意。尽管如此，其仍然为本书的研究提供了重要参考。

少数学者先后探究了影响一国贸易成本的其他因素。Limao 和 Venables 发现，距离和贸易双方各自的基础设施会增加双边贸易成本，共同边界、双方的人均可支配收入则会降低双边贸易成本；[7] Novy 将贸易成本的影响因素分为三组：第一组为地理因素，包括双边距离、共同边界哑变量；第二组为历史因素，包括共同语言哑变量和是否为殖民地哑变量；第三组为制度因素，包括关税、自由贸易区哑变量、汇率波动

---

[1] Anderson, J. E. and Wincoop, E. V., "Trade Costs", *Journal of Economic Literature*, 2004, Vol. XLII: 691–751.

[2] Bernard, A. B. et al., "Trade Costs, Firms and Productivity", *Journal of Monetary Economics*, 2006 (53): 917–937.

[3] Novy, D., "Is the Iceberg Melting Less Quickly? International Trade Costs after World War Ⅱ", Warwick Economic Research Papers No. 764, 2006.

[4] Hoekman, B. and Nicita, A., "Trade Policy, Trade Costs, and Developing Country Trade", *World Development*, 2011, 39 (12): 2069–2079.

[5] Jacks, D. S., "Trade Booms, Trade Busts, and Trade Costs", *Journal of International Economics*, 2011 (83): 185–201.

[6] Cali, M. and Te Velde, D. W., "Does Aid for Trade Really Improve Trade Performance?" *World Development*, 2011, 39 (5): 725–740.

[7] Limao, N. and Venables, A. J. "Insecurity and the Pattern of Trade: An Empirical Investigation", *The World Bank Economic Review*, 2001, 15 (3): 451–479.

率、政府消费占比、通货膨胀率、资本控制程度。他们的实证研究表明，双边贸易成本与双边距离呈明显的正相关关系，与共同边界呈负相关关系；历史因素会降低双边贸易成本，但其重要性随着时间的推移而下降；共同的自贸区会使贸易成本降低约5%，政府消费占比会增加贸易成本，其他制度因素对贸易成本则没有显著影响。[1] Jacks 等人认为，距离、关税、两国之间的汇率波动、是否固定汇率以及是否同属英联邦是影响贸易成本的主要因素，距离会使贸易成本显著提高38%，其他控制变量均会降低贸易成本。[2] 但是，上述文献均是采用实证方法论证，并未就贸易成本函数的具体形式进行探讨，缺乏一定的理论基础。

幸运的是，Anderson 和 Wincoop[3]、Bouet 等人[4]在研究贸易成本对贸易总额的影响时，曾对贸易成本的形式进行了探讨。前者认为贸易成本函数的大致形式为 τ_{ij}，但未规定 i 应该包括哪些变量及其具体函数形式，他们认为可能的形式为 $j\tau_{ij}$，τ_{ij}，或者 τ_{ij}；后者假定贸易成本与基础设施和距离呈反向关系，并给出了双边贸易成本函数的简单形式，即 $\tau_{ij} = (1+t_{ij})b_i b_j m(I_i, I_j) d_{ij}^\rho = (1+t_{ij})b_i(insti_i)b_j(insti_j)\frac{1}{I_i+I_j}d_{ij}^\rho$，这些函数形式虽简单，但也为下文我们进行贸易成本理论分析奠定了重要基础。

本章参考 Cali 和 Te Velde 关于援助对受援国贸易成本的研究，但在以下几个方面进行了拓展：首先，Cali 和 Te Velde 的理论模型有待改进。双边贸易成本 τ_{ij} 是关税和非关税壁垒、行政成本、基础设施和距离等变量的函数，Cali 和 Te Velde 忽略了行政成本等制度因素，本章参照 Bouet 等人和 Cali、Te Velde 的研究，引入受援国的制度质量指标，进一步完善了贸易成本函数。其次，Cali 和 Te Velde 忽略了受援国基础

---

[1] Novy, D., "Is the Iceberg Melting Less Quickly? International Trade Costs after World War II", Warwick Economic Research Papers No. 764, 2006.

[2] Jacks, D. S., "Trade Booms, Trade Busts, and Trade Costs", *Journal of International Economics*, 2011 (83): 185 – 201.

[3] Anderson, J. E. and Wincoop, E. V., "Trade Costs", *Journal of Economic Literature*, 2004, Vol. XLII: 691 – 751.

[4] Bouet, A. et al., "Does Africa Trade Less than It Should, and If So, Why?" IFPRI Discussion Paper 00770, 2008.

设施质量的作用。理论分析明确显示，基础设施与出口成本呈负相关关系，但 Cali 和 Te Velde 在实证过程中未将基础设施纳入分析框架，本章考虑了受援国的基础设施质量指标，考察其对贸易成本的影响。再次，Cali 和 Te Velde 采用的是面板数据 OLS 估计，但本章认为扰动项可能存在异方差和/或序列相关问题，直接用 OLS 回归可能会导致无效的估计量。因此，本章采用可行广义最小二乘方法改进上述问题。最后，Cali 和 Te Velde 的数据选取存在问题。根据 OECD/DAC 对援助类别的划分，贸易便利化援助是包含在贸易政策和管理援助下面的子类别，Cali 和 Te Velde 却同时选取了这两项援助类别，显然会导致严重的共线性，影响回归结果的准确性。考虑到其他援助类别也可能影响贸易成本，本章重新选择了援助类别数据，以期得出与他们不同的结果。

2. 援助与出口总额

关于援助与受援国出口之间关系的研究主要涉及两个方面。

（1）理论层面

理论方面的文献主要是以贸易为媒介，间接研究援助对受援国和援助国的福利效应，强调援助政策与贸易政策相结合，因而多以捆绑援助（tied-aid）[1]为研究对象。Lahiri 和 Raimondos 分析了在进口限额存在的前提下，捆绑援助对受援国社会福利的影响，得出将援助与受援国降低进口限额相捆绑会增加全球总福利，而对施受双方的福利影响则取决于具体的条件的结论；非捆绑援助（untied-aid）对全球总福利没有影响，但会使援助国福利受损而受援国受益。[2] 之后，Lahiri[3] 等人[4]又发现，如果将援助与受援国降低关税相捆绑，则援助双方都将获得帕累托改善。与之相类似，Takarada 也探讨了捆绑援助对援助双方福利的效应，

---

[1] 捆绑援助是指援助国在提供援助的同时要求受援国必须同意一系列条件，如民主改革、市场化、资本开放等，这些附加的条件通常与"华盛顿共识"相关。

[2] Lahiri, S. and Raimondos, P., "Welfare Effects of Aid Under Quantitative Trade Restrictions", *Journal of International Economics*, 1995 (39): 297 – 315.

[3] Lahiri S., Raimondos-Moller P., "On the Tying of Aid to Tariff Reform", *Journal of Development Economics*, 1997, 54 (2): 479 – 491.

[4] Lahiri S., Raimondos-Moller P., Wong K., et al., "Optimal Foreign Aid and Tariffs", *Journal of Development Economics*, 2002, 67 (1): 79 – 99.

◆ 第二部分　中国对外援助对非洲经济增长与减贫的影响

他假设受援国被迫以关税收入和援助购买援助国所生产的一种公共品，该公共品可以便利化不同产业之间特定要素的流动。他认为，在受援国征收关税的前提下，如果公共品带来的要素流动是有利的，则捆绑援助和非捆绑援助都会增加受援国的福利；非捆绑援助也会增加援助国的福利，但捆绑援助则不一定。① Yano 和 Nugent 首次探究了非贸易品部门的引入对受援国福利效应的影响，发现在受援国征收进口关税的情况下，如果以资本形式提供的援助引起非贸易品部门生产的增加和相对价格的下降，则援助可能导致受援国的福利损失；同时，他们还通过实证方法得出"非贸易品部门效应"比"杰森效应"更易引起受援国的福利恶化。② Schweinberger 扩展了 Yano 和 Nugent 的研究，考虑了不完全资本流动的情况，指出"非贸易品部门效应"和"杰森效应"的程度主要取决于不同部门（进口部门、出口部门和非贸易品部门）之间的要素转移模式，即"非贸易品部门效应"相对于"杰森效应"的重要性会随着部门之间资本流动程度的增加而减小，当资本完全流动时将不再有"非贸易品部门效应"。③ 在 Schweinberger 研究的基础上，Naito 又引入了产品的要素密集度这一概念，得出结论，如果相对于贸易品而言，非贸易品更偏向于资本密集型产业，那么非捆绑援助的增加会提高受援国的福利，而捆绑援助则不一定。④

上述理论分析为我们研究援助与贸易之间的关系提供了一定的线索，但其适用性受到很大限制。基于福利分析视角构建的模型无法直接得出出口总额与援助之间的关系，因而无法为实证研究提供直接的理论依据。本章将基于 Bouet 等人的模型⑤，并结合贸易成本函数，构

---

① Takarada, Y., "Foreign Aid, Tariff Revenue, and Factor Adjustment Costs", *Japan and the World Economy*, 2004 (16): 231 - 242.

② Yano, M. and Nugent, J. B., "Aid, Nontraded Goods, and the Transfer Paradox in Small Countries", *The American Economic Review*, 1999, 89 (3): 431 - 449.

③ Schweinberger, A. G., "Foreign aid, Tariffs and Nontraded Private or Public Good", *Journal of Development Economics*, 2002 (69): 255 - 275.

④ Naito, T., "Aid, Nontraded Goods and Growth", *Canadian Journal of Economics*, 2010, 43 (2): 423 - 39.

⑤ Bouet, A. et al., "Does Africa Trade Less than It Should, and If So, Why?" IFPRI Discussion Paper 00770, 2008.

建出口总额与援助之间关系的理论模型,为之后的实证研究奠定理论基础。

(2) 实证层面

关于援助与出口总额之间定量关系的研究也是从援助国和受援国两个角度来展开,一是关注援助国所提供的发展援助对其自身出口额的影响,二是强调该援助对受援国出口额的影响。由于数据可得性等原因,早期文献多集中于研究援助国。Arvin 等[1]、Nilsson[2]、Wagner[3]、Herzer 和 Klasen[4]、Zarzoso[5]均利用引力模型检验了主要援助国的援助对其出口的影响,发现援助的增加可以促进援助国的出口,且 1 美元援助的增加可以换来多于 1 美元的出口增加。不过,上述学者仅研究了援助与贸易的单向因果关系,McGillivray 和 Morrissey[6]、Arvin[7]、Osei 等人[8]则探讨了援助与贸易之间的双向因果关系是否存在。他们发现,在整体样本中,援助与贸易之间存在双向促进关系,但不同国家之间差异较大。由于影响援助国和受援国出口的主要因素存在很大的相似性,且无论是研究援助国还是受援国,在模型设定过程中多是参考引力模型,因而对援助国援助与贸易之间关系的研究可以为我们研究受援国提供重要参考。

近几年来,援助对受援国对外贸易的影响逐渐开始受到关注。

---

[1] Arvin, B. M. and Baum, C. F., "Tied and Untied Foreign Aid: A Theoretical and Empirical Analysis", *Keio Economic Studies*, 1997, 34 (2): 71–79.

[2] Nilsson, L., "Aid and Donor Exports: The Case of the EU Countries", *Lund Economic Studies*, 1997 (70): 45–77.

[3] Wagner, D., "Aid and Trade-An Empirical Study", *Japanese International Economies*, 2003 (7): 153–173.

[4] Herzer, D. and Klasen, S., "In Search of FDI-Led Growth in Developing Countries: The Way Forward", *Economic Modeling*, 2008, 25 (5): 793–810.

[5] Zarzoso, M. I., Aid and Trade: A Donor's Perspective, Ibero-America Institute for EconomicResearch Discussion Paper, No. 171, 2008.

[6] McGillivray, M. and Morrissey, O., "Aid and Trade Relationships in East Asia", *The World Economy*, 1998, 21 (7): 981–995.

[7] Arvin, B. M. and Baum, C. F., "Tied and Untied Foreign Aid: A Theoretical and Empirical Analysis", *Keio Economic Studies*, 1997, 34 (2): 71–79.

[8] Osei, R. et. al., "The Nature of Aid and Trade Relationships", *The European Journal of Development Research*, 2004, 16 (2): 354–374.

◆ 第二部分 中国对外援助对非洲经济增长与减贫的影响

Munemo[①]、Nowak[②]采用援助总额数据检验得出,援助对受援国的出口没有显著影响,甚至可能减少其出口。一些学者指出,采用援助总额而不是与贸易密切相关的援助数据可能会导致估计结果整体偏小,低估援助对贸易的影响。鉴于此,有学者选用了一些与贸易密切相关的援助类别,从整体或分类别探究了援助对受援国对外贸易的影响。Pettersson和Johansson的实证研究认为,整体援助既可以增加受援国的出口,也可以增加援助国的出口,但两者的效应大小无从得知。[③] Cali 和 Te Velde[④]、Helble[⑤]、Hühne 等人[⑥]分别考察了整体援助及经济基础设施援助、生产部门援助及贸易政策和管理援助对受援国出口总量的影响,他们发现整体援助、经济基础设施援助及贸易政策和管理援助可以增加受援国的出口总额,生产部门援助对出口的影响不显著。Brenton 和 Uexkull[⑦]、Vijil 和 Wagner[⑧]分别得出,技术援助和基础设施援助增加将促进受援国的出口。

通过上述文献综述可以看出,与系统、完善的理论研究框架相比,实证方面的文献相对匮乏,且存在以下几方面的问题:第一,现有实证研究要么忽略内生性问题,要么存在严重的弱工具变量问题,这样的经验研究结果是不可信的。所以,本章首先尝试解决的问题就是弱工具变量问题。第二,关于援助总额的实证研究多假设援助与出口总额之间呈

[①] Munemo, J., Foreign Aid and Export Performance: A Panel Data Analysis of Developing Countries, World Bank, 2006.

[②] Nowak, L. D., Linking Aid and Export Growth in Recipient Countries' Export: Are TheredDifferences Between Regions of the Developing World? 2013, http://www.csae.ox.ac.uk/conferences/2011-EDiA/papers/233-Nowak.pdf.

[③] Pettersson, J. and Johansson, L., "Aid, Aid for Trade, and Bilateral Trade: An Empirical Study", *Journal of International Trade and Economic Development*, 2013, 22 (6): 866 – 894.

[④] Cali, M. and Te Velde, D. W., "Does Aid for Trade Really Improve Trade Performance?" *World Development*, 2011, 39 (5): 725 – 740.

[⑤] Helble, M., "Aid-for-trade Facilitation", *Review World Economy*, 2012 (148): 357 – 376.

[⑥] Hühne, P. et al., "Who Benefits from Aid for Trade? Comparing the Effects on Recipient versus Donor Exports", *Kiel Working Paper*, No. 1852, 2013.

[⑦] Brenton, P. and Uexkull, E. V., The Effectiveness of Product Specific Technical Assistance for Export Growth and Diversification, World Bank, 2009.

[⑧] Vijil, M. and Wagner, L., "Does Aid for Trade Enhance Export Performance? Investigating the Infrastructure Channel", *The World Economy*, 2012, 35 (7): 838 – 868.

非线性关系，而分类援助研究均选择线性形式，容易产生较大误差。本章将引入援助的平方项，考虑援助对出口可能存在的"门槛效应"（threshold effects）。第三，直接采用世界银行根据某一年各国的人均收入水平给国家分组，无法全面地反映各国发展水平和地位随时间而发生的变化。本章首次采用分位数方法将受援国分为高、低收入群组，分别考察援助对不同收入水平受援国对外贸易的影响。

3. 援助与出口多样化

就现有研究来看，探讨援助对出口总额影响的文献较多，[1] 却鲜有学者对援助与受援国出口多样化之间的关系进行研究，散见的文献仅有 Osakwe 和 Munemo 的文章。其中，Osakwe 以制成品占总出口的比重衡量出口多样化，他运用动态面板系统 GMM 方法检验发现，援助会显著提高非洲国家的出口多样化；[2] Munemo 采用 69 个受援国的面板数据研究得出结论，当援助总额占 GDP 的比重低于 20% 时，援助将显著促进受援国的出口多样化；但当该占比超过 20% 时，则会显著阻碍受援国的出口多样化。[3]

幸运的是，很多学者均对出口多样化的影响因素进行了探析，为我们构建实证模型提供了有益的参考。Acemoglu 和 Zilibotti 指出，出口多样化水平随着一国经济发展水平的提高而提高；[4] Imbs 和 Wacziarg[5]、强永昌和龚向明[6]、何敏和田维明[7]等学者则发现，出口多样化与经济

---

[1] Cali, M. and Te Velde, D. W., "Does Aid for Trade Really Improve Trade Performance?" *World Development*, 2011, 39 (5): 725 – 740; Helble, M., "Aid-for-trade Facilitation", *Review World Economy*, 2012 (148): 357 – 376; Nowak, L. D., "Does Foreign Aid Promote Recipient Exports to Donor Countries?" *Review World Economy*, 2013 (149): 505 – 535.

[2] Osakwe, P. N., Foreign Aid, Resources and Export Diversification in Africa: A New Test of Existing Theories, MPRA Paper, No. 2228, 2007.

[3] Munemo, J., Foreign Aid and Export Performance: A Panel Data Analysis of Developing Countries, World Bank, 2006.

[4] Acemoglu, D. and Zilibotti, F., "Was Prometheus Unbound by Chance? Risk, Diversification, and Growth", *Journal of Political Economy*, 1997, 105 (4): 709 – 751.

[5] Imbs, J. and Wacziarg, R., "Stages of Diversification", *The American Economic Review*, 2003, 93 (1): 63 – 86.

[6] 强永昌、龚向明：《出口多样化一定能减弱出口波动吗——基于经济发展阶段和贸易政策的效应分析》，《国际贸易问题》2011 年第 1 期，第 12—19 页。

[7] 何敏、田维明：《东北亚国家出口多样化与经济增长的关系——基于动态面板数据的系统 GMM 估计》，《技术经济》2012 年第 11 期，第 90—95 页。

发展水平之间呈倒 U 形关系。Frankel 和 Romer 认为,地理因素会影响交易成本,进而可能影响一国发展多样化出口的能力。[1] Felbermayr 和 Kohler[2]、Feenstra 和 Kee[3]、Dennis 和 Shepherd[4] 研究了贸易自由化对出口多样化的影响,发现贸易自由化能够显著提高一国的出口多样化水平。Habiyaremye 和 Ziesemer 采用撒哈拉以南非洲国家的样本研究发现,较高的人力资本和基础设施水平可以提高非洲国家的出口多样化水平,丰裕的自然资源则会阻碍其出口多样化进程。[5] Pacheco 和 Pierola 实证检验发现,人均 GDP、贸易自由化都会提高一国的出口多样化水平,距离则起到反向作用。[6] Parteka 和 Tamberi 采用 60 个国家 1985—2004 年的面板数据实证检验得出,一国距离世界经济核心越远、贸易壁垒越多,该国的出口多样化水平越低。[7]

在援助与出口多样化之间关系的研究中最棘手的问题就是如何处理援助的内生性。Osakwe 忽略了这一问题,Munemo 虽然采取工具变量法试图解决援助的内生性问题,但仍存在严重的弱工具变量问题。本章的主要贡献之一就是寻找新的工具变量解决援助的内生性问题。本章试图在以下几个方面做进一步的探讨:其一,Osakwe 和 Munemo 只是直接将援助与出口多样化进行计量回归,而没有对两者之间的具体作用机制予以阐释,更没有构建相关的理论模型进行定性分析,这是一个极大的缺憾和不足,也是亟须解决的问题。本章从贸易成本、贸易自由化等层

---

[1] Frankel, J. and Romer, D., "Does Trade Causes Growth", *American Economic Review*, 1999, 89 (3): 379–399.

[2] Felbermayr, G. J. and Kohler, W., "Exploring the Intensive and Extensive Margins of World Trade", *Review of World Economics*, 2006, 142 (4): 642–674.

[3] Feenstra, R. and Kee, H. L., "On the Measurement of Product Variety in Trade", *The American Economic Review*, 2004, 94 (2): 145–149.

[4] Dennis, A. and Shepherd, B., "Trade Facilitation and Export Diversification", *The World Economy* 2011 (34): 101–122.

[5] Habiyaremye, A. and Ziesemer, T., Absorptive Capacity and Export Diversification in Sub-SaharanAfrican Countries, UN University-Merit Working Papers, 2006.

[6] Pacheco, A. A. and Pierola, M. D., Patterns of Export Diversification in Developing Countries: Intensive and Extensive Margins, World Bank Policy Research Working Paper 4473, 2008.

[7] Parteka, A. and Tamberi, M., Export Diversification and Development-Empirical Assessment, Universita' Politecnica delle Marche, Quaderni di Ricercan, No. 359, 2011.

面探讨援助与出口多样化之间的传导途径和机制，为下文的实证研究奠定理论基础。其二，以援助额（及其分类援助）取代援助占比,[①]并引入援助的平方项，考虑援助对出口多样化可能存在的"门槛效应"。其三，在经济增长的不同阶段，GDP对出口多样化的影响效应可能存在差异，因而本章参照一些学者的研究，同时引入人均GDP及其平方项，以考察不同经济发展阶段援助对受援国出口多样化的不同效应。此外，以往研究选择的都是援助总额数据，既没有区分DAC援助国和其他援助国，也没有选择具体的援助类别，这也是本书要关注的问题。

基于上述关于援助与贸易成本、出口总额、出口多样化的文献综述，可以得知，研究援助与出口总额之间关系的文献相对丰富，而关于援助与贸易成本和出口多样化的研究几乎还是一片空白，这应当成为以后研究的重点。而且，即便是已有的理论和实证研究也或多或少存在一定的局限性和需要改进之处。更为重要的是，现有文献主要集中于研究援助与贸易之间的关系，几乎没有学者将援助、贸易与经济增长进一步联系起来，这就背离了援助的最终目的——经济增长和贫困消减。本章首先将尝试弥补已有援助与贸易之间关系研究的不足，之后再从国际贸易视角构建关于援助与经济增长的理论和实证模型，将三者有机结合起来。

三 援助的条件有效性

在上述4种机制发挥作用的时候，其效果常常会受到事前条件性或者事后条件性的影响和制约。事前条件性表现为援助国在选择受援国时会以受援国满足某些条件作为提供援助的前提，如援助国偏好援助制度好、民主程度高、政治稳定的国家。事前条件包括受援国的政策和制度两方面。在政策条件性方面，Burnside和Dollar构造了一个政策变量，并增加了援助与政策的交叉项检验，最后发现，国际援助对受援国经济增长的促进作用取决于受援国自身的政策环境：当受援国的货币政策、财政政策以及贸易政策等政策条件相对较好时，国际援助就可能促进其

[①] 由于GDP与出口多样化存在一定相关性，因而采用援助占GDP的比重作为解释变量，可能会扭曲援助本身对出口多样化的影响效应，而且会导致严重的多重共线性，因此本书选择援助变量自身而非援助占比作为解释变量。

◆ 第二部分 中国对外援助对非洲经济增长与减贫的影响

经济增长；否则，国际援助就不会对其经济增长产生影响。[①] 在利用世代交替模型进行理论论证后，Dalgaard、Hansen 和 Tarp 也进行了实证检验，他们证实，援助能够有效地促进经济增长，但影响程度取决于相关的政策。[②] 然而，Hansen 和 Tarp[③][④]、Tashrifov[⑤] 发现，国际援助在任何情况下都能促进受援国的经济增长（人均实际 GDP），并不受制于受援国经济政策的好坏。Easterly、Levine 和 Roodman 采用了与 Burnside、Dollar 完全相同的模型设定，只是将数据从 1970—1993 年扩展到了 1970—1997 年，但他们发现援助和政策的交叉项在统计上并不显著，说明 Burnside 和 Dollar 的结论——援助在好的政策环境中会有效——不一定成立。[⑥] 在 Burnside 和 Dollar 的实证模型的基础上，Dalgaard 等人引入了"热带面积占国土面积的比重"以及"热带面积占比与国际援助的交叉项"等关于受援国的地理位置的指标，研究发现，一旦控制了这两个指标，Burnside 和 Dollar 所定义的政策变量就变得不显著了。他们认为，国际援助是有效的，但只对那些远离赤道的受援国有效。[⑦] 由于殖民地渊源，很多受援国的制度和政策与它们的地理位置存在紧密的关系，我们认为 Burnside 和 Dollar 所定义的政策变量很可能是由某些与受援国的地理位置有关的因素内生决定的。Easterly 指出，Burnside 和 Dollar 的结论在很大程度上依赖于样本和变量的选择，当把新的数据加入他们的实证模型或者重新定义和构造变量时，他们得出的结论便不

[①] Burnside, C. and Dollar, D., "Aid, Policies, and Growth", *American Economic Review*, 2000, 90 (4): 847–868.

[②] Dalgaard, C. J., Hansen, H. and Tarp, F., "On the Empirics of Foreign Aid and Growth", *Economic Journal*, 2004 (114): 191–216.

[③] Hansen, H. and Tarp, F., "Aid Effectiveness Disputed", *Journal of International Development*, 2000 (12): 375–398.

[④] Hansen, H. and Tarp, F., "Aid and Growth Regressions", *Journal of Development Economics*, 2001 (64): 547–570.

[⑤] Tashrifov, Y., "Foreign Financial Aid, Government Policies and Economic Growth: Does the Policy Setting in Developing Countries Matter?" *Zagreb International Review of Economics & Business*, 2012, 15 (1): 1–22.

[⑥] Easterly, W., Levine, R. and Roodman, D., "Aid, Policies, and Growth: Comment", *American Economic Review*, 2004, 94 (3): 774–780.

[⑦] Dalgaard, C. J., Hansen, H. and Tarp, F., "On the Empirics of Foreign Aid and Growth", *Economic Journal*, 2004 (114): 191–216.

第三章 中国对外援助的经济增长效应

再成立;① Rajan 和 Subramanian 也发现,国际发展援助与受援国的经济增长之间的关系是很不稳定的,与受援国的经济政策以及地理位置等因素无关。② 甚至有学者指出,如果将好的政策与援助相捆绑,则援助可能会损害受援国的经济增长。Tan 利用 46 个受援国 1976—2004 年的面板数据误差修正模型对 Burnside 和 Dollar 等学者的观点进行了检验,认为援助和好的政策均能长期显著促进受援国的经济增长,但如果把好的政策附加到援助上,则援助会降低受援国的经济增长率。③ 尽管关于国际援助对受援国经济增长的影响效应是否取决于受援国良好的政策,目前尚无定论,但这却在极大程度上影响了多双边援助机构国际援助政策的制定和实施。④ 在制度条件方面,Svensson 和 Kosack 认为,相对于其他的制度变量,受援国的民主程度越高,国际援助对其经济的促进效果将会越好。⑤⑥ Hodler 也通过构建理论模型论证出,如果受援国拥有好的制度从而能够控制公共部门的寻租行为,则援助的积极效应将更加明显。⑦ Acemoglu 等人⑧、Collier 和 Dehn⑨、Easterly 等人⑩、Collier 和

---

① Easterly, W., Levine, R. and Roodman, D., "Aid, Policies, and Growth: Comment", *American Economic Review*, 2004, 94 (3): 774 – 780.

② Rajan, R. G. and Subramanian, A., Aid and Growth: What Does the Cross-Country Evidence Really Show? NBER Working Paper No. 11513, 2005.

③ Tan, K. Y., "A Pooled Mean Group Analysis on Aid and Growth", *Applied Economics Letters*, 2009 (16): 1597 – 1601.

④ Easterly, W., Levine, R. and Roodman, D., "Aid, Policies, and Growth: Comment", *American Economic Review*, 2004, 94 (3): 774 – 780.

⑤ Svensson, J., "Why Conditional Aid Does Not Work and What Can Be Done about It?" *Journal of Development Economics*, 2003 (70): 381 – 402.

⑥ Kosack S., "Effective aid: How democracy allows development aid to improve the quality of life", *World Development*, 2003, 31 (1): 1 – 22.

⑦ Hodler, R., "Rent Seeking and Aid Effectiveness", *Int Tax Public Finan*, 2007 (14): 525 – 541.

⑧ Acemoglu, D. and Zilibotti, F., "Was Prometheus Unbound by Chance? Risk, Diversification, and Growth", *Journal of Political Economy*, 1997, 105 (4): 709 – 751.

⑨ Collier, P., Dehn, J., Aid, Shocks and Growth, Working Paper 2688, World Bank, 2001.

⑩ Easterly, W., Levine, R. and Roodman, D., "Aid, Policies, and Growth: Comment", *American Economic Review*, 2004, 94 (3): 774 – 780.

◆ 第二部分 中国对外援助对非洲经济增长与减贫的影响

Dollar[①]以及 Rodrik 等[②]也都认为较好的制度可以强化国际援助对经济增长的积极作用。

事后条件性是指发达的援助国普遍认为,援助只有在一定的条件下才会有效,因而在提供对外援助时通常会限定援助的数额、使用条件、投入部门和具体项目等,以此达到促进经济增长的目的。事后条件性除了贸易领域的限制条件外,讨论最多的就是最优援助量的问题。最优援助量在模型设定方面,主要是同时引入援助及其平方项。Hansen 和 Tarp[③]、Jensen 和 Paldam[④]研究得出,最优的援助量应该是国际援助占受援国 GDP 的比重约为 20%—30%。但是,Hansen 和 Tarp[⑤]、Dalgaard 等[⑥]、Lensink 和 White[⑦]、Dalgaard[⑧]以及 Kourtellos、Tan 和 Zhang[⑨]的研究指出,没有证据证明国际援助的平方项与经济增长之间存在明确的关系,并认为 Hansen 等人的结论严重依赖于数据样本和模型设定。

此外,亦有不少学者讨论了附加条件的援助的效果,并将其与非附

---

① Collier, P., Dollar, D., "Development Effectiveness: What Have We Learnt?" *The Economic Journal*, 2004, 114 (496): F244 – F271.

② Rodrik, D., Subramanian, A. and Trebbi, F., "Institutions Rule: The Primacy of Institutions over Geography and Integration in Economic Development", *Journal of Economic Growth*, 2004 (9): 131 – 165.

③ Hansen, H. and Tarp, F., "Aid Effectiveness Disputed", *Journal of International Development*, 2000 (12): 375 – 398.

④ Jensen, P. S. and Paldam, M., "Can the Two New Aid-Growth Models Be Replicated?" *Public Choice*, 2006, 127 (1/2): 147 – 175.

⑤ Hansen, H. and Tarp, F., "Aid and Growth Regressions", *Journal of Development Economics*, 2001 (64): 547 – 570.

⑥ Dalgaard, C. J., Hansen, H. and Tarp, F., "On the Empirics of Foreign Aid and Growth", *Economic Journal*, 2004 (114): 191 – 216.

⑦ Lensink, R. and White, H., "Does the Revival of International Private Capital Flows Mean the End of Aid?" *World Development*, 1998a (26): 1221 – 1234.

⑧ Dalgaard, C. J., Hansen, H. and Tarp, F., "On the Empirics of Foreign Aid and Growth", *Economic Journal*, 2004 (114): 191 – 216.

⑨ Kourtellos, A., Tan, C. M. and Zhang, X. B., Is the Relationship between Aid and Economic Growth Nonlinear? International Food Policy Research Institute (IFPRI) Discussion Paper 00694, 2007.

加条件的援助的效果进行了对比分析。[①]

当然，条件援助历来备受争议，因为它存在侵犯受援国发展自主权之嫌，其有效性也尚无定论。条件援助在发达国家援助国之中较为常见，中国等新兴援助国则始终坚持不附加条件的援助，这也是双方对外援助最根本的区别。不过，发达国家条件援助的占比近年来逐渐降低，受援国在发展决策中的自主权越来越受到重视。

第二节　援助与贸易完全替代条件下的经济增长效应研究

作为"促贸援助"的积极支持者和实践者，中国在提供国际援助时非常注重援助与贸易、FDI之间的互动，希望借此帮助受援国走上自主发展的道路。中国的国际援助对受援国的经济增长能否起到积极的促进作用？国际贸易的渠道作用如何？为了解决这些问题，以下两节将探究中国国际援助的经济增长效应以及国际贸易的渠道作用。以下两节安排如下，首先，实证检验在援助与贸易完全替代的条件下，中国的国际援助对受援国经济增长的影响以及国际贸易的渠道作用；其次，基于理论分析，采用两步回归法，实证检验在援助与贸易不完全替代的条件下，中国的国际援助对受援国经济增长的影响以及国际贸易的渠道作用；最后，基于理论和实证检验的结论，提出一些政策建议。

本节在援助与贸易完全替代的前提下，考察中国的国际援助与受援国经济增长之间的关系，以及国际贸易在援助与经济增长之间所发挥的传导作用。

---

① Burnside, C. and Dollar, D., "Aid, Policies, and Growth", *American Economic Review*, 2000, 90 (4): 847–868; Easterly, W., Levine, R. and Roodman, D., "Aid, Policies, and Growth: Comment", *American Economic Review*, 2004, 94 (3): 774–780; Dalgaard, C. J., Hansen, H. and Tarp, F., "On the Empirics of Foreign Aid and Growth", *Economic Journal*, 2004 (114): 191–216; Collier, P., Dollar, D., "Development Effectiveness: What Have We Learnt?" *The Economic Journal*, 2004, 114 (496): F244–F271; Rajan, R. G. and Subramanian, A., Aid and Growth: What Does the Cross-Country Evidence Really Show? NBER Working Paper No. 11513, 2005.

◆ 第二部分 中国对外援助对非洲经济增长与减贫的影响

一 计量模型构建

（一）模型设定

本节的实证模型设定如下：

$$ln(GDP)_{it} = \alpha_i + \gamma_1 ln(Aid)_{it} + \beta_1 ln(Corr)_{it} + \beta_2 ln(Tele)_{it} \\ + \beta_3 ln(Popu)_{it} + \beta_4 ln(Capi)_{it} + \beta_5 ln(Land)_{it} + \varepsilon_{it} \quad (3.1)$$

其中，i 和 t 分别表示受援国和时间。GDP 为受援国的实际人均GDP，表示受援国的经济增长水平；Aid 表示受援国接受的中国国际援助的实际额；$Capi$ 为资本变量，仍然用资本占比表示；[①] $Corr$ 为受援国的腐败指数，表示其制度质量；$Popu$ 为受援国总人口；$Tele$ 为每百人拥有的电话数，表示受援国的基础设施质量；$Land$ 为受援国可耕地的数量，代表资源禀赋；α_i 代表不可观测的国家固定效应；ε_{it} 为随机误差项。

在援助对受援国的经济增长发挥作用的过程中，可能会存在一个"拐点"，在"拐点"两侧，援助与经济增长的关系可能是相反的。这就意味着，援助额只有在一定区间内才会对受援国的经济增长起到正向的促进作用，超过该区间则会起阻碍作用，本节将这种效应称为援助的"门槛效应"。为了检验这种效应，在回归中，本章将在（3.1）式中同时引入援助（对数）及其平方项，如果两者的系数均显著或者联合检验显著，则表示"门槛效应"存在。更重要的是，援助国希望通过国际援助促进受援国的国际贸易，进而由贸易促进其经济增长，因此本节将在（3.1）式的基础上引入受援国的出口，验证国际贸易渠道是否有效。

（二）数据描述

本章选择中国对非洲援助的 16 个受援国 2000—2011 年的面板数据。变量 GDP 为受援国的实际人均 GDP，由名义人均 GDP 经 GDP 平减指数折算得到，名义人均 GDP 和 GDP 平减指数数据均来自世界银行人类发展指数（WDI）。核心解释变量为中国的实际援助支付额，同样采用 GDP 平减指数折算得到，其名义值来自 AidData 数据库。国际援助可

[①] 本节也尝试了人均资本和资本总额，结果相差不大。

以通过很多途径作用于经济增长：其一，援助可以直接增加受援国居民的人均可支配收入，刺激其增加消费，从而促进其经济增长；其二，部分援助会投入受援国的生产部门（如生产部门援助），一方面可以增加企业的资本积累，另一方面还会通过技术援助提高企业的生产效率和产品质量，这些都会刺激企业的生产和销售，增加整个国家的产出总值；其三，援助会增加政府的收入，从而可能增加其公共支出，如基础设施、教育等，进而刺激其经济增长；最后，援助中的"促贸援助"能够促进受援国国际贸易的发展，国际贸易是任何国家发展不可或缺的外在动力，因而援助可以通过国际贸易带动一国的经济发展。

受援国的实际出口总额数据来自 UNCTAD，人口、基础设施、可耕地占比数据均取自 WDI。人口过快增长会带来资源消耗的快速增加、储蓄率的降低、投资的减少和政府提供基本公共品难度的增加，从而阻碍经济增长；但它同时也会带来劳动投入的增加、技术进步速度加快和潜在的规模效应。因此，人口增长的净影响取决于具体的人口增长速度及各种外部因素，无法做出定论。腐败指数取值为 [1, 10]，取值愈大，公共部门的腐败程度越低，执行效率越高，对经济增长的促进作用越大，该数据来自透明国际（Transparent International，TI）。表 3-1 显示了主要变量的统计特征。

表 3-1　　　　　　　　　　　　主要变量的统计特征

	均值	标准差	最小值	最大值	样本	来源
$ln(GDP)$	1.77	1.16	-0.60	4.24	192	WDI
$ln(Aid)$	9.14	5.87	0	17.46	192	OECD CRS
$ln(Export)$	12.71	2.78	0	18.19	192	UNCTAD
$ln(Corr)$	1.07	0.32	0	1.70	192	TI
$ln(Tele)$	0.61	1.49	-1.57	3.40	192	WDI
$ln(Popu)$	16.84	1.10	13.99	18.91	192	WDI
$ln(Capi)$	0.54	0.51	-1.14	1.76	192	WDI
$ln(Land)$	2.30	1.04	0.36	3.80	192	WDI
$Libe$	3.84	1.14	1	6	192	Freedom House
$ln(Life)$	4.09	0.16	3.85	4.34	192	WDI
$ln(Die)$	4.17	0.76	2.70	5.30	192	WDI

二 回归结果分析

考虑到受援国之间的异质性,本章采用固定效应模型进行回归,豪斯曼检验(Hausman test)结果也支持固定效应模型。似然比检验(Vuong,1989)发现回归模型存在明显的异方差问题,因此本章在所有回归中均采用稳健标准差解决该问题。

(一)基本模型回归结果

1. 不考虑出口的渠道作用

表3-2第(1)列和(2)列为不考虑出口渠道的回归结果。可以看出,当不考虑"门槛效应"时,援助的估计系数虽然是负的,但并未通过至少10%的显著性检验,表明中国的国际援助对非洲地区受援国的经济增长没有显著的影响。然而,在引入援助的平方项以后,援助对经济增长的效果出现了很大的变动,回归结果见表3-2第(2)列。可以明显看出,援助及其平方项的估计系数在10%水平下都是显著的,而且估计系数由正转为负,这充分表明中国的国际援助存在明显的倒U形"门槛效应",即援助在起初一段时间内会促进非洲地区的经济增长,过了"拐点"后则会阻碍其经济增长。通过具体的计算可得,该临界值为约为97448.03(准确为e^{23}),这就意味着,当中国对非洲各国的平均援助不超过974.48百万美元时将会促进各国的人均收入水平的提高;当超过974.48百万美元后,就会阻碍各国的经济增长。由于中国对非洲受援国的平均援助尚未达到该"拐点"的水平,因此目前中国的国际援助仍然能够显著促进这些受援国的经济增长。

需要说明的是,在引入援助的平方项后,援助变量的估计系数由不显著变为显著,原因可能有两个:其一,线性模型出现了严重的多重共线性;其二,引入平方项之后的模型才是正确的模型,前一个模型可能遗漏了重要的变量,造成了序列相关或内生性而导致估计有偏或非有效。为此,本节首先检验了线性模型的共线性,即采用逐步回归法依次引入各变量,估计结果显示变量之间并未出现明显的共线性,因此笔者推测可能非线性模型才是更适合中国的国际援助效果检验的模型。为了验证这一推测的合理性,此处需要利用Ramsey检验考察计量模型形式的合理性。检验结果的F值远远大于95%置信区间的临界值,则拒绝

"两种模型形式同样有效"的原假设，表明非线性模型更为合适。鉴于此，本章主要以非线性模型为准展开分析。

实际上，除了核心的援助变量外，其他变量的影响与不考虑"门槛效应"的结果大致相同。从表3-2第（2）列可以看到，受援国人口的增加将显著促进其经济增长，具体而言，人口每增加1个百分点，人均GDP将上升1.03个百分点，远高于援助及其他影响因素的作用。这是因为，对于大部分非洲国家来讲，它们的产业结构仍然以第二产业甚至第一产业为主，劳动力依然是它们最主要的要素投入，也是它们经济增长最重要的驱动力，在技术水平低下的条件下，人口的增长无疑是劳动力的主要来源，因而对经济增长的促进作用非常明显。由于产业结构偏向于劳动密集型，使得资本占GDP的比重越高，资本过剩问题越严重，资本与劳动比例的不协调最终导致经济增长受阻，这就是为什么

表3-2　　　　　　　　　　　初步回归结果

	（1）	（2）	（3）	（4）
$ln(Aid)$	-0.001 (-0.17)	0.07* (1.80)	-0.001 (-0.03)	0.06 (0.64)
$ln^2(Aid)$		-0.003* (-1.78)		-0.002 (-0.63)
$ln(Export)$			0.04*** (2.63)	0.04** (2.60)
$ln(Corr)$	-0.03 (-0.28)	-0.03 (-0.24)	-0.02 (-0.15)	-0.02 (-0.14)
$ln(Tele)$	0.09** (2.04)	0.10** (2.08)	0.11** (2.56)	0.12** (2.57)
$ln(Popu)$	1.03*** (3.40)	1.04*** (3.42)	0.61* (1.75)	0.63* (1.85)
$ln(Capi)$	-0.24*** (-4.42)	-0.25*** (-4.50)	-0.29*** (-5.21)	-0.29*** (-5.38)
$ln(Land)$	-0.95*** (-3.77)	-0.96*** (-3.82)	-1.02*** (-4.25)	-1.03*** (-4.30)
F值	1466.35	1436.19	1331.69	1355.85
R^2 ①	0.99	0.99	0.99	0.99
样本量	192	192	192	192

注：*、**、***分别表示通过10%、5%、1%的显著性水平检验，括号内为估计参数的t值或z值。所有回归都是采用了稳健标准差解决异方差后的结果。

---

① 出于统一格式的目的，只保留了小数点后两位，所以这里的拟合优度为约数，实际上，各列的R^2分别为0.988、0.989、0.990和0.991，这种差别虽然微小，但对于Ramsey检验至关重要。

资本占比的估计系数显著为负的原因。受援国的基础设施质量与人均GDP的关系是正向的,且在10%水平下显著,说明基础设施质量的改善能够促进受援国的经济发展。与人口和基础设施对经济增长的正向促进作用不同,可耕地占比与经济增长之间则呈反向关系。具体而言,可耕地占比的估计系数在1%的水平下显著为负,表明丰富的资源禀赋反而成为受援国经济增长的阻碍因素,即出现了"资源诅咒"现象;而且,这种阻碍作用仅次于人口,资源禀赋每增加1%,会引起人均GDP下降高达0.95%。此外,受援国的制度质量对经济增长的影响是不显著的。

2. 考虑出口的渠道作用

表3-2后两列显示了引入出口渠道后的检验结果,这里以第(4)列的回归结果为依据。对比第(2)列和第(4)列可以看出,引入出口渠道后,援助变量及其平方项的估计系数在绝对值上略有下降,而且均变得不再显著,同时,出口的估计系数本身则是显著为正的,这充分说明,中国的国际援助在一定程度上确实是通过国际贸易作用于受援国的经济增长的,这就意味着中国等新兴援助国倡导的"促贸援助"方式对于这些援助国而言是可行的,这与发达国家的研究结论是相一致的,也再次验证了"促贸援助"方式的有效性。

人口变量的估计系数与第(2)列相比有了小幅下降,这说明人口对经济增长的作用一部分是通过出口来实现的。实际上,一国人口丰富往往意味着该国的劳动力资源丰裕,在劳动密集型产品的生产和出口方面具有比较优势,出口的快速发展最终会带动其经济发展。出口渠道没有缓和或改变资源禀赋所导致的"资源诅咒"问题,也未影响资本占比对经济增长的阻碍作用,其他变量的估计结果也基本上没有变化。

(二)援助的内生性问题

Burnside 和 Dollar 曾证实,援助会更多地投向相对较为贫穷的国家。[①] 这就意味着援助额与受援国的经济发展水平会相互影响。这种双

---

① Burnside, C. and Dollar, D., "Aid, Policies, and Growth", *American Economic Review*, 2000, 90 (4): 847-868.

向因果的存在会引致援助的内生性问题，从而导致最小二乘估计的结果出现偏误和不一致。因此，必须采取方法解决援助的内生性。内生性问题的解决目前主要采用两种方法：其一，采用内生变量的滞后项替代其当期值，前提是不存在序列相关性问题；其二，采用工具变量法，其关键是寻找合适的工具变量。

本章选择后一种方法即工具变量法，且仍采用稳健标准差解决异方差问题。工具变量方法的前提是模型存在内生性，所以在回归之前，本节首先采用异方差条件下的DWH方法检验援助变量的内生性。如果随机误差项没有太强的时间序列相关性，可以使用内生解释变量的滞后项作为工具变量。[①]本节尝试了援助的滞后项、受援国的民主自由程度、受援国与中国的外交亲密关系等作为外生的工具变量，但与国际贸易的检验结果相似，DWH值均无法在10%的显著性水平下拒绝"所有解释变量均为外生"的原假设，说明在采用上述工具变量时援助变量确实是外生的，再次证明了中国的国际援助并不以受援国的政治制度和两国的亲密关系为前提，是不附加任何政治条件的正当援助。[②]

三 结论及政策建议

本节采用中国对非洲16个受援国2000—2011年援助的面板数据，在援助与贸易完全替代的前提假设下，检验了中国的国际援助对受援国经济增长的影响，以及出口渠道在其中发挥的作用。研究结果显示：中国的国际援助会显著促进非洲地区受援国的经济增长，但该促进作用会产生"门槛效应"；出口渠道的作用是非常显著的，即中国的国际援助确实是通过国际贸易渠道作用于受援国的经济增长的，"促贸援助"模式是适用于中国的国际援助的；受援国基础设施质量的改善和人口的增加能够明显促进受援国的经济发展，但丰富的资源禀赋反而会阻碍其经济增长，即存在"资源诅咒"问题，受援国资本占比的增加也会阻碍受援国的经济增长。

---

① 本章采用Wooldridge的方法检验发现，本章的模型并不存在序列相关。
② 实际上，本章尝试了很多工具变量，如受援国的人均寿命、婴儿死亡率、女子参政比例、难民数、卫生条件等，这些指标要么没有通过内生性检验，要么无法满足外生性或相关性检验。

◆ 第二部分 中国对外援助对非洲经济增长与减贫的影响

上述研究结果蕴含着相应的政策含义。其一，鉴于中国的国际援助能够显著促进受援国的经济增长，因而中国应该随其综合国力的提升进一步增加国际援助，应尽早设立符合自身实际的援助数额目标，逐步承担更多的国际责任；与此同时，为了避免援助过程中可能出现的"拐点"问题，中国在增加援助数额的同时，需要把握合适的援助额，根据受援国自身的发展现实和需求，提供最优的援助额，以更好地发挥国际援助的积极作用。其二，中国应该进一步坚持和宣扬"促贸援助"的援助模式。中国等新兴援助国一直提倡和支持"促贸援助"方式，中国对非援助对受援国经济增长显著的促进作用得到了切实的验证。因此，中国应当进一步增加"促贸援助"数额，并与发达国家一道倡导和推广该援助模式，以获得更多援助国的支持和接受。其三，受援国应该进一步推进当地的基础设施建设，充分发挥本国劳动力丰富的比较优势，稳定市场价格，尽力扭转"资源诅咒"现象以发挥资源禀赋的积极作用，从而促进本国的经济发展和收入水平的提高，并最终实现自主发展。

第三节 援助与贸易不完全替代条件下的经济增长效应研究

本节放宽援助与贸易完全替代的假设，在不完全替代的前提条件下检验中国的国际援助对受援国经济增长的影响以及国际贸易的渠道作用。

一 计量模型构建

本节将采用资本总量予以分析，[①]参照上节的设定，仍然构造包含物质资本和人力资本的不变规模报酬的 C-D 生产函数，并带入人力资本函数，得到下式：

$$Y = AK^{\alpha} [e^{\Phi(S)}]^{1-\alpha} L^{1-\alpha} \tag{3.2}$$

---

① 本节也尝试了人均资本和资本占比，人均资本与资本总额的回归结果大致相同，而资本占比引入后，导致援助变得不显著。

其中，Y 为总产出，K 是物质资本存量，L 表示劳动力，$\Phi(S)$ 是人力资本影响因素，$\alpha \in [0,1]$，A 表示技术、制度等其他影响因素。

将上式（3.2）变为人均产出和资本总额，得到下式：

$$\frac{Y}{L} = AK^{\alpha}L^{-\alpha}[e^{\Phi(S)}]^{1-\alpha} \qquad (3.3)$$

（3.3）式两边同时对数化，并简化可得：

$$lny = lnA + \alpha lnK - \alpha lnL + (1-\alpha)\Phi(S) \qquad (3.4)$$

假设 A 可以表示为如下函数：

$$A = F(基础设施, 地理位置, 制度, 出口, FDI, \cdots\cdots) \qquad (3.5)$$

为了探讨出口在援助与人均产出之间所发挥的渠道作用，合并（3.4）和（3.5），可以得到：

$$lny = \ln Export + \alpha lnK - \alpha lnL + (1-\alpha)\Phi(S) + \varepsilon \qquad (3.6)$$

（3.6）式表明，受援国的人均产出受到（"促贸援助"引发的）出口、物质资本、劳动力、人力资源等因素的制约。国际援助对受援国经济增长影响的贸易渠道的路径仍然如下：

国际援助→完善基础设施、改善经济环境→削减贸易成本、优化贸易结构→促进受援国出口→刺激技术创新和技术外溢、人力资本积累、市场竞争以及资源有效配置→受援国经济增长。

将上述理论机制用两个联立方程来表示，并采用两步回归法进行回归。本节的实证模型设定如下：

$$ln(GDP)_{it} = \alpha_i + \beta_1 ln(GDP)_{it-1} + \beta_2 ln(Aid)_{it} + \beta_3 ln(Export)_{it} + \varepsilon_{it} \qquad (3.7)$$

$$\begin{aligned} ln(Export)_{it} = & \lambda_i + \delta_1 ln(Aid)_{it} + \delta_2 ln(Capital)_{it} + \delta_3 ln(Corr)_{it} \\ & + \delta_4 ln(Tele)_{it} + \delta_5 ln(Popu)_{it} + \delta_4 ln(Land)_{it} + \mu_{it} \end{aligned}$$

$$(3.8)$$

这两个方程表明了国际援助通过出口渠道影响受援国的经济增长。式中各变量的含义及其来源均与前文相一致，在此不再赘述。

二 回归结果分析

本节仍然利用前文的似然比方法检验回归模型的异方差，并在回归

◆ 第二部分 中国对外援助对非洲经济增长与减贫的影响

中采用稳健标准差解决异方差问题。对（3.7）和（3.8）式分别回归，得到结果见表3-3，其中第（2）列为式（3.8）即国际援助对受援国出口总额影响的回归结果，第（1）列为式（3.7）即出口对受援国经济增长影响的回归结果。

表3-3第（1）列显示，AR（1）和AR（2）的值明显表明扰动项的差分存在一阶自相关，但不存在二阶自相关，故接受原假设"扰动项无自相关"，可以使用差分/系统GMM进行回归；同时，Hansen J值无法拒绝原假设"所有工具变量都有效"，因而工具变量不存在过度识别问题。因此，下表中的回归结果是有效的。

表3-3　　　　　　　　　援助与经济增长的估计结果

	（1）GDP	（2）Export
$ln(Aid)$	-0.01*** （-2.92）	0.03** （1.91）
$ln(Export)$	0.12** （2.36）	
$ln(GDP)$	0.77*** （10.36）	
$ln(Capital)$		2.46*** （3.87）
$ln(Corr)$		3.91*** （2.61）
$ln(Tele)$		-0.42 （-1.36）
$ln(Popu)$		1.15*** （3.28）
$ln(Land)$		5.10** （2.33）
AR（1）	-1.88*	-
AR（2）	0.10	-
Hansen J	0.93	-
F值	1930.36	89.21
R^2	0.99	0.79
样本量	192	192

注：*、**、***分别表示通过10%、5%、1%的显著性水平检验，括号内为估计参数的t值或z值。

从回归结果可以看出，援助对出口总额的回归系数是正的，且在5%水平下显著，出口的回归系数也通过了5%显著性水平检验，说明中国的国际援助能够显著促进受援国的出口,而出口总额的增加又显著提高了受援国的人均GDP。这表明,中国的国际援助凭借出口渠道的传导作用能够显著促进受援国的经济增长,中国提倡和践行的"促贸援助"方式是非常合理的。不仅如此,可以看到,第(1)列中援助的估计系数是显著为负的,表明与"促贸援助"相比,直接作用于经济增长的那部分援助可能会阻碍受援国的经济增长,这也许就是中国等新兴援助国强调把援助、贸易、投资等相结合的原因之一。

实际人均GDP滞后项的估计系数是负的,且通过了1%显著性水平的检验,表明受援国的经济增长明显地受到其之前的经济条件的制约,也再次证明了国际发展援助存在的必要性,即帮助贫困国家跳过"贫困陷阱",实现自主发展。而且,实际资本总额对受援国出口的影响是显著为正的,表明资本投入的增加会明显促进受援国出口的增加,这与中国国际援助的样本有一定关联。中国援助的主要是非洲地区贫困甚至极端贫困的发展中国家,资本短缺非常严重,因而资本增加能够产生明显的促进作用。此外,受援国自身人口的增加、公用部门效率的提高以及可耕地占比的增加都会对其经济增长起到积极的促进作用,尤其是可耕地占比的正向作用更是表明这些非洲国家没有出现"资源诅咒"现象,丰富的资源禀赋是经济增长的正向促进因素。

三 结论及政策建议

本节基于中国对非洲16个受援国2000—2011年援助的面板数据,采用两步回归法,在援助与贸易不完全替代的条件下,研究了中国的国际援助对受援国经济增长的影响效应,并检验了出口渠道在其中的传导作用。研究结果表明:(1)中国的国际援助能够增加受援国的出口总额,进而通过出口总额渠道促进受援国的经济增长,即中国的国际援助确实能够通过国际贸易渠道促进受援国的经济增长;但是,不通过出口渠道发挥作用的国际援助则会阻碍受援国的经济增长。(2)受援国起初的经济状况会影响其现在的经济增长。(3)与人口的促进作用类似,受援国自身的资本积累水平的提高会显著促进其出口的增加。

上述结论具有明显的政策含义。为了更好地发挥援助对受援国经济增长的促进作用,中国应该进一步增加国际援助数额,弥补受援国自身

◆ 第二部分 中国对外援助对非洲经济增长与减贫的影响

发展资源的不足,克服长期累积的不利的发展环境,帮助其走出"贫困陷阱",实现自我发展及其减贫目标;更重要的是,应着重增加"促贸援助"的比重,继续坚持援助、贸易、FDI 等战略的协调与互动,适当缩减其他类别的援助,尤其是那些援助效果不佳的援助。这就需要中国援助部门加强对援助活动的评估和监督,详细考察和分析具体的援助类别和项目,找出最佳的援助实践和方式。

综合上述两种贸易渠道的分析方法可以得知,援助与贸易无论是完全替代还是部分替代,国际贸易渠道都能发挥积极的作用,中国的国际援助确实能够通过出口渠道的作用显著促进受援国的经济增长。因此,中国应该进一步宣传和扩大实施"促贸援助"的方式,借此提高援助效果,帮助贫困的发展中国家实现经济增长和减贫。

在经验分析的过程中,本章的研究也存在一些不足:首先,由于中国的国际援助数据极为缺乏,不仅使得笔者无法全面和详细考察中国国际援助的实际效果,而且导致实证结果存在或多或少的偏差;其次,由于研究中国的援助问题,非常缺乏参考文献,因而在解决内生性问题时,选用的工具变量无法很好的解决潜在的内生性问题。

第四章　中国对外援助对非洲减贫的影响

改革开放以来，中国积累了丰富的减贫经验，形成了独特的经济和社会发展模式。从1981年至2011年，中国成为世界减贫的最重要来源方。其间，中国的广大居民收入普遍上升，生活质量显著改善。从"千年发展目标"的各指标实现情况看，中国的减贫效果同样显著。中国减贫的成功得益于不断推进改革与开放，并有一个强有力的政府，也得益于一贯重视农民、农村和农业问题。中国特有的历史文化、发展与减贫经验使得中国社会形成了独特的关于援助与减贫关系的理解。中国认为自身的努力才是减贫的根本动力，而外界援助只能起到辅助的作用。中国主张对广大发展中国家应提供力所能及的援助，倡导"授人以鱼不如授人以渔"的援助理念。中国认为政府、企业和个人在实现援助帮助减贫的目标中，都发挥着十分关键的作用。

中国的援助对促进受援国发展和减贫产生了积极影响。从宏观角度看，中国的援助对受援国经济和社会发展提供了直接的物资帮助，中国自身的减贫和发展经验对广大受援国具有很好的借鉴作用，中国的援助模式也为受援国提供了另外一种选择。从各援助领域看，中国的对外援助对受援国的减贫发挥了不同的作用。在医疗卫生、教育培训、人道主义援助、公共设施等"社会救助"领域，提高了受援国贫困人群的福利水平。而在农业、经济基础设施、工业、贸易等"发展"领域，援建经济基础设施、培养受援国的能力建设，为促进经济增长打下良好基础，有利于长效减贫。此外，从微观援助项目看，中国所提供的援助对受援国减贫产生了明显效果，但也存在一些深层次的问题。总之，中国的援助对非洲的发展和减贫是积极的，也受到非洲国家的肯定和欢迎。

◆ 第二部分 中国对外援助对非洲经济增长与减贫的影响

中国在长期的援非实践中,形成了自身所独有的经验和特点,这些特点主要包括:不附加任何政治条件、坚持援助与经贸合作相结合和推广中国发展经验。

第一节 中国的减贫经验及对援助与减贫关系的理解

中国成功的发展和减贫经验,以及深厚的文化深深影响着中国对援助与减贫关系的理解,也极大影响了中国的对外援助减贫政策。

一 中国的减贫成就与减贫经验

(一)中国的减贫成就

自改革开放以来,中国的减贫事业取得了伟大的成就。中国实现大规模的减贫始于1978年的改革开放。

1. 人均GDP、人均可支配收入和恩格尔系数

30多年来,中国的居民收入普遍上升,生活质量显著改善。从改革开放前的温饱尚未解决到整体步入小康社会,到正迈入全面小康社会。按照2005年不变价格计算,全国人均GDP从1978年的189美元增长至2013年的3583美元,增长18.96倍。而按照现价美元计算,人均GDP从1978年的155美元增长至2013年的6807美元,增长43.91倍。按照不变价本币计算,人均GDP从1978年的1326元人民币增长至2013年25090元人民币,增长约18.92倍。出生时的寿命预期从1978年的66.5岁增长至2012年的75.2岁;从1978—2012年,我国城镇居民家庭人均可支配收入从343.4元增长至24564.7元,农村居民家庭人均可支配收入从133.6元增长至7916.6元。家庭消费结构进一步合理,城乡居民恩格尔系数显著下降,城镇居民从1978年的0.575下降至0.362,而农村居民恩格尔系数从0.677下降至0.393。[①]

2. 贫困人口及贫困率

根据世界银行资料,按照1.25美元每天的贫困标准,中国1981年

---

① 数据来自《中国统计年鉴2013》。

的贫困人口为 8.38 亿，贫困率为 84.27%。到 2011 年中国的贫困人口和贫困率分别下降至 8414 万和 6.26%。① 而同期世界贫困人口减少约 9.49 亿，中国对世界减贫的贡献度约为 79%。根据中国 2300 元的扶贫标准，2010—2012 年中国的贫困人口从 16567 万减少到 9899 万，② 减贫成效显著。

3. 其他主要经济社会指标

人类发展指数能够更加全面地衡量一国的教育、健康和经济发展水平的综合变化。中国的人类发展指数也稳步增长，从 1980 年的 0.407 增长至 2012 年的 0.699。③ 虽然从人均 GDP 角度看，截至 2013 年，中国还未达到世界平均水平，然而按照人类发展指数衡量，中国在 2011 年就已经超出世界平均水平（具体参见图 4-1）。

此外，中国在学龄儿童入学率、初中升学率、小学女生比重、妇女参政程度、农村社会医疗保障水平、儿童死亡率、孕产妇死亡率、艾滋病传播控制和疟疾发病率等方面都取得了巨大成就。相关经济社会指标的最新进展参见《中国统计年鉴 2013》，数据显示从 1990 年至 2012 年中国主要的社会发展指标取得了长足进步（参见表 4-1）。

4. MDG 的执行情况

若从 MDGs 的执行情况看，中国的减贫效果同样显著。截至 2012 年，中国已经提前完成了 MDGs 的七个发展指标，分别是贫困人口减半、饥饿人数减半、初等教育、各级教育中消除性别差距、五岁以下儿童死亡率、安全饮用水、艾滋病治疗，到 2015 年在降低孕产妇死亡率、生殖保健、扭转艾滋病蔓延和疟疾防治等方面很可能实现预期目标。④

---

① 数据来自世界银行 PovcalNet 和 WDI（世界发展指数）数据库。
② 《中国实施千年发展目标进展情况报告》（2013），中华人民共和国外交部，2013：8。
③ 联合国人类发展指数，http://data.un.org/Explorer.aspx? d=15，2014-5-10。
④ 《中国实施千年发展目标进展情况报告》（2013），中华人民共和国外交部，2013：47—48。

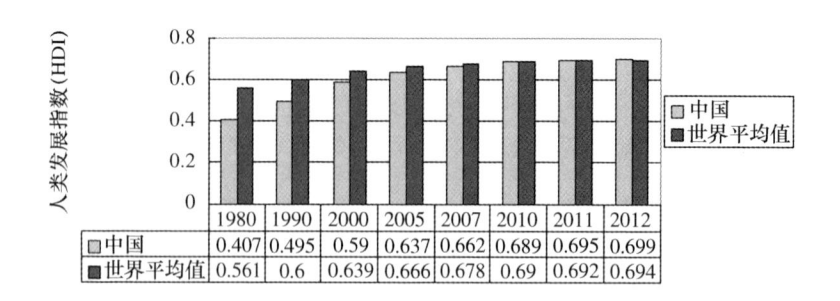

◆ 第二部分 中国对外援助对非洲经济增长与减贫的影响

图 4-1 中国与世界平均人类发展指数变化趋势（1980—2012 年）

年份	1980	1990	2000	2005	2007	2010	2011	2012
中国	0.407	0.495	0.59	0.637	0.662	0.689	0.695	0.699
世界平均值	0.561	0.6	0.639	0.666	0.678	0.69	0.692	0.694

资料来源：联合国。

表 4-1 中国主要社会发展指标变化情况（1990，2012 年）

指标	1990 年	2012 年
贫困人口数量（1.25 美元每天，百万）	689.4	84.14（2011 年数据）
实际人均国内生产总值（当年价格，元）	1644	38420
城镇居民人均可支配收入（元）	1510	24565
农村居民人均纯收入（元）	686	7917
小学学龄儿童净入学率（%）	97.8	99.9
初中升学率（%）	40.6	88.4
初等教育中女生比重（%）	—	46.37
全国人大女代表比重（%）	21.3（1988 年数据）	23.4（2013 年数据）
新型农村合作医疗人均筹资（元）	52.1（2006 年数据）	308.5
5 岁以下儿童死亡率（‰）	61.0（1991 年数据）	13.2
孕产妇死亡率（1/10 万）	80.0（1991 年数据）	24.5
艾滋病发病率（1/10 万）	—	2.93
艾滋病病人人数/死亡人数	—	39515/11575
疟疾发病率（1/10 万）	—	0.16

资料来源：贫困人口数据来自世界银行，其他数据来自《中国统计年鉴 2013》。

（二）中国减贫模式与经验

新中国成立以来，尤其是改革开放以来，中国的减贫成效显著，并开创了一套独特的减贫模式，积累了大量的减贫经验。总体来看，中国能够快速且大规模实现减贫的主要成功经验有：以发展（增长）路径为主，坚持通过发展经济来减贫；以社会救济路径为辅，开发式扶贫及与社会保障相结合。

1. 推行以发展（增长）路径为主，社会救济路径为辅的减贫模式

第一，坚持通过发展经济进行减贫，并始终进行一系列的改革与创新。中国持续且强劲的增长为减贫打下坚实基础。经济的增长为广大贫困人群创造了大量的就业岗位，而就业能够提供稳定的收入来源。1978年以来，中国持续地进行改革和创新，为经济增长和减贫提供了动力与保障。比如，改革初期在农村推广的土地家庭承包制，提高了农民生产的积极性，释放出巨大的农业生产能力，使得长期困扰中国的温饱问题得到根本解决。而随后开展的企业承包制、开办乡镇企业、引进外资和国企改革，都释放出了巨大的生产力，推动了经济的高速增长。

第二，坚持对外开放，通过外部力量推动经济增长，并实现广泛的减贫。在改革开放初期，中国就集中全国力量创办经济特区，并在全国各地设立各种工业园区、出口加工园区和经济开发区等。积极吸引外商投资，从事加工贸易，引进国际先进管理经验和技术，开拓国际市场，弥补国内资金、技术、市场和管理的短板，持续推动出口贸易，大量创造就业机会，吸纳农村剩余劳动力转移，为持续减贫打下了坚实基础。

2. 经济增长增强了国家财力，使得大规模向贫困人群进行转移支付成为可能

第一，通过政府主导，有组织、有计划地开展开发式扶贫。[①] 中国中央政府通过各级地方政府以及设立专门的扶贫机构（比如国务院扶贫开发领导小组办公室），因时制宜地制定扶贫政策和计划，以推进全国减贫目标的实现。比如，1984年9月，发布了《中共中央、国务院关于帮助贫困地区尽快改变落后面貌的通知》，划定贫困区域，倡导开发式扶贫模式。[②] 1994年4月，中央政府制定了《八七扶贫攻坚计划》，

---

① 所谓开发式扶贫是指通过改善基本的生活生产条件，促进经济增长，增加收入，提高贫困地区和贫困人群的自我积累和自我发展能力，从根本上消除贫困。
② 《中共中央、国务院关于帮助贫困地区尽快改变落后面貌的通知》，http://wenku.baidu.com/view/769737395727a5e9856a61e4.html，2014-11-19。

◆ 第二部分 中国对外援助对非洲经济增长与减贫的影响

强调解决贫困人口的温饱问题为努力方向。① 2001 年实施《中国农村扶贫开发纲要（2001—2010）》，制定扶贫重点是贫困人口集中的老少边穷地区，强调扶贫工作以县为基本单元，以贫困村为基础。② 进入 21 世纪后，中国又开始进行大规模的社会保障体系建设，通过城市对农村的反哺，鼓励民营经济发展，持续深入推进新农村和城镇化建设，这一系列改革措施将进一步推动减贫事业的发展。

第二，重视农民、农村和农业问题。由于历史原因，中国的贫困人口主要集中于农村地区和老少边穷地区。改革开放以来，中国政府持续向农村地区进行转移支付，引进先进农业技术，加强农村的基础设施建设，普及农村基础教育，转移农村剩余劳动力，特别是 21 世纪以来一系列的惠农政策，比如取消农业税、农业生产补贴、家电下乡、农村合作医疗、村村通路、农村低保、危房改造和新农村建设等政策的实施使得农村的落后与贫困面貌得到有效的缓解。

2007 年，中国政府在全国农村推广建立最低生活保障制度。2011 年 12 月，中国政府颁布《中国农村扶贫开发纲要（2011—2020）》，着重解决增加贫困人口收入和提高贫困人口能力问题。③ 2014 年 10 月在首届"10·17 论坛"上，精准扶贫的理念被提上议事日程，强调扶贫对象的精准，措施的精准。④ 正是政府的统一规划和强有力的组织领导，使得中国的减贫工作能够强有力地得以推进。

二 中国对援助与减贫关系的理解

中国对援助与减贫关系的理解深受中国文化或国家精神的影响，同时也受自身发展和援助实践的影响。

---

① 《国务院关于印发国家八七扶贫攻坚计划的通知》，http://www.people.com.cn/item/flfgk/gwyfg/1994/112103199402.html，2014-11-19。
② 《中国农村扶贫开发纲要（2001—2010）》，http://wenku.baidu.com/view/00ff360090c69ec3d5bb754d.html，2014-11-19。
③ 同上。
④ 刘永富：《打好扶贫攻坚战，全面建成小康社会——在首届"10·17 论坛"上的主旨演讲》，http://www.cpad.gov.cn/publicfiles/business/htmlfiles/FPB/s7009/201410/201768.html，2014-11-19。

第四章 中国对外援助对非洲减贫的影响

中国文化中素有"己预立而立人,己预达而达人""和而不同""授人以鱼不如授人以渔""自力更生"的理念,这些文化理念或国家精神深深影响着中国对待援助与减贫的看法,也影响着中国对外的援助减贫政策。比如,中国即便自身还处于有大量贫困人口的发展中阶段,仍然坚持向广大发展中国家提供大量援助,正是"己预立而立人,己预达而达人"兼济天下苍生的写照;中国在援助中坚持不附加任何政治条件,因地制宜地提供援助也体现了中国文化中"和而不同"的理念;中国在援助中非常重视提高受援国能力建设,也是"授人以鱼不如授人以渔""自力更生"理念在援助中的反映。中国在自身的发展以及长期的对外援助实践中,深深懂得自身的努力是发展或减贫的主要途径,而外界帮助只能起到辅助的作用。中国成功的发展减贫经验本身就是一部艰苦奋斗和自力更生的发展史。虽然中国在改革开放后,也大量接受发达国家的援助,然而中国始终坚持自力更生、自我为主的发展道路。

首先,发挥政府在减贫中的规划者、指挥者和动员者的作用。中国减贫的成功,得益于有一个强有力的政府。中国政府在制定全国性和地区性的减贫规划、调动社会资源上都发挥着不可替代的作用。一方面,政府能够统筹各方利益,合理制定各种经济战略规划,比如产业规划、扶贫规划和教育规划等。这些规划能够号召、动员社会集中力量发展经济,通过促进经济发展的思路来减少贫困。另一方面,政府能够通过税收、转移支付和社会保障等制度来实施对贫困群体的社会救助,从而达成扶贫的目标。因此,要很好地实现援助的减贫效果,受援国应该有一个强有力的政府,能够动员社会力量推动经济发展,并能对贫困人群进行转移支付。

其次,援助要实现逐步消除人的贫困,主要有两条路径。一条是能力建设路径,即帮助贫困人群提升能力、增加收入、参与社会发展进程,依赖人的发展来解决贫困问题。提升能力的方法多种多样,比如提高教育水平、提供就业机会和进行人员技术培训等。另一条就是社会救助路径,就是直接对穷人进行社会救助。社会救助形式包括直接的物资资金援助和社会保障体系的完善等。在帮助人的减贫中,中国社会比较认可能力建设路径为主、社会救助路径为辅的方式。中国在对外援助实

◆ 第二部分　中国对外援助对非洲经济增长与减贫的影响

践中,大量提供技术培训、留学生援助计划等援助项目,就是旨在帮助提升受援国的人力发展水平,提升人的能力,属于能力建设路径。此外,中国通过外派援外医疗队、提供人道主义援助和援建公共福利设施等方式提供援助就是旨在直接提升受援国贫困人群的福利水平,属于社会救助路径的范畴。

第三,现代企业在援助减贫中的作用也至关重要。现代市场经济需要以现代企业为主体的组织参与竞争、抢占市场,并促使快速提升社会生产效率。另外,企业也是吸纳就业的主力军,能够为贫困人群创造大量就业机会。根据中国的经验,中国自身减贫的成功,得益于农业社会向工业社会转型,在转型过程中涌现了大量的现代企业,这些企业在提升生产效率和解决就业方面发挥了关键作用。在现实世界中,贫困程度大的国家往往是农业国家,缺乏工业基础,现代意义的企业更是稀缺,导致社会生产效率低、竞争力弱,社会就业不足,无法有效提高收入,从而无法根除贫困。西方对非洲的援助并没有产生预期的减贫效果,一个重要原因是没能帮助非洲建立现代企业群或产业群,从而无法有效帮助受援国内生自我发展能力。因此,援助要实现较好的减贫效果,帮助受援国建立现代企业或产业体系是至关重要的。正因如此,中国非常重视对受援国的经济基础设施建设的投入,大量提供技术和管理培训,为受援国企业的成长和发展创造良好的条件,以帮助快速提升受援国的能力建设,为减贫打下坚实的发展基础。

总之,中国社会认为帮助其他国家发展是一种美德,主张援助应着力培养受援国的能力建设,也始终认为援助对发展中国家的减贫只能起到辅助作用,而受援方内部的发展才是根除贫困的最主要力量。

第二节　中国对外援助对受援国减贫的影响

新中国几乎从1949年就开始对外提供援助,其最初的援助动机并不是帮助受援国减少贫困,而主要是基于政治和国家关系的考量。随着国际社会对国际发展和减贫的关注,以及中国自身对外战略的需要,中国的对外援助逐渐更多关注受援国的发展和减贫议题。无论是出于国际关系的政治动机、互利双赢的经济动机以及更多关注受援国减贫需要的发展动机，中国对外援助在帮助受援国发展经济和减少贫困方面的贡献是客观存在的。

一 中国对外援助对国际减贫的总体贡献

从国际援助的总规模看，中国的对外援助只占极小部分。显然，从援助资金的规模看，中国在帮助国际减贫方面还有较大的潜力。然而，中国的对外援助具有独特的优势，在帮助受援国减贫方面能够发挥事半功倍的效能。从宏观角度看，中国的对外援助对受援国的减贫贡献体现在以下几个方面：

（一）中国的援助对受援国经济和社会发展提供直接的物资帮助

虽然中国所提供的援助资金规模相对发达国家非常有限，然而由于集中使用，对受援地区的减贫和发展的帮助是客观存在的。

从社会救济角度看，中国的援助通过提高教育水平、改善卫生医疗水平、建设公益设施和提供人道主义救援等方式改善了受援国的民生。中国极其重视教育领域的援助，常常通过援建校舍、提供教学器材和资助留学生等形式对受援国的教育事业给予援助；中国通过援建医院、派出医疗队和培训医护人员等形式帮助受援国的医疗卫生事业发展；中国同时也在受援国大量援建社会公益设施，使广大当地居民直接受惠；中国提供了大量的人道主义援助，对受援国因自然灾害、政治动荡、疾病或战争等原因造成的灾民或难民提供帮助。

从发展角度来看，中国的援助有利于帮助受援国改善基础设施条件、提升人力资源水平、促进贸易发展、提升农业发展水平和保护环境。中国通过援建大量交通、通信和电力等基础设施，帮助受援国改善基础设施条件；中国通过培训或合作方式，帮助受援国培养人才，增强受援国的发展能力；中国通过提供优惠的贸易条件、培训经贸人员和援助换能源等形式帮助受援国扩大出口；由于贫困人口大量集中于农村，对农村地区的援助一直是中国对外援助的重点，中国通过各种农业援助项目帮助受援国发展农业，促进农村的发展和减贫；中国也通过援建清洁能源工程、提供环保设备等形式帮助受援国发展环保产业，提高当地的环保水平。

(二) 中国自身的减贫和发展经验对广大受援国具有很好的借鉴作用

中国自身的减贫成就举世公认，所积累的减贫经验非常丰富，比如，发展权置于优先地位、授人以鱼不如授人以渔、坚持自力更生原则、开发式扶贫、工业现代化带动农业现代化、充分利用劳动力资源优势、基础设施先行、提高农业技术水平、政府主导集中开发扶贫和工业反哺农业等，这些成功的减贫经验本身对广大受援国具有积极的启示作用。中国在开展对外援助活动中也积极融入这些减贫经验，比如中国坚持不附加政治条件的原则，其实就是对发展权置于优先地位的延伸。中国的援助资源大量投入到道路、港口、电力、码头和通信等工程建设中，也源于国内对基础设施作用的认识。中国出资为广大受援国的政府官员、科技人员、学生举办各种培训、参观和观摩等活动，就是直接推广中国的发展模式，让受援方能够感受和学习中国的发展经验。

(三) 中国的援助模式为受援国提供了另外一种选择

中国的援助与西方发达国家的援助模式具有很大不同，广大受援国长期被置于西方的援助模式下，往往需按照西方的模式去规划自身的发展道路，然而这些规划并不完全符合各国的实际情况。一方面，由于发展阶段的相似性，中国在对外援助中更能了解受援国的实际需要，也能提供更符合实际的援助。另一方面，中国模式能够促使西方发达国家重新审视自己的援助模式，并不断弥补自身的不足。此外，对广大受援国而言，中国的援助拓宽了援助来源渠道，使得自身的选择权扩大，提升了与西方国家打交道的话语权。

二 中国对外援助在主要领域的减贫表现

观察和分析中国对外援助对减贫的贡献也可从各个不同援助领域进行。中国的对外援助主要分布在医疗卫生、教育培训、人道主义、公共设施、农业、经济基础设施、工业和国际贸易等领域。这些领域可归纳为"社会救助"和"发展"两个大的领域。下文将从细分的援助领域，来分析中国的对外援助在不同领域的减贫表现。

(一)"社会救助"领域

1. 医疗卫生领域

中国长期对外进行医疗卫生援助。中国采用外派医疗队、援建医院、提供医疗设备和药物等形式进行援助。其中,中国援外医疗队发挥了最为重要的作用。自 1963 年开始,中国派出了大量的援外医疗人员,他们中 95% 以上具备中、高级职称。到 2013 年止,中国共向 69 个国家或地区派遣了医疗队,其中向非洲派遣了约 2.3 万名医疗队员。[①] 截至 2009 年,中国已援建 180 所医疗机构,同时也提供了大量包括药品等在内的医疗用品援助。

中国在医疗卫生方面对受援国的贡献表现在以下几点:

第一,援外医疗队大量接诊病人,为病人解除了病痛。中国医疗队一般在缺医少药的落后地区工作,受援地一般物资短缺、医疗条件落后,并且许多贫困家庭无力支付医疗费用。中国医疗队在援助资金的帮助下,在当地治愈了大量病人,至 2012 年底,累计接诊 2.7 亿人次。中国也常提供紧急医疗援助,例如,2014 年为应对埃博拉疫情,中国连续派出 500 多[②](最终可能派出上千名医护人员和专家)名医护人员和专家,对帮助控制疫情起到很重要的作用。中国援外医疗队帮助贫困地区居民解除病痛,改善身体状况,减少病人家庭因病致贫、因病返贫的情况发生,使许多贫困家庭重燃脱贫解困的希望。

第二,培训当地医护人员,提高了受援地区的医疗水平。首先,援外医疗队在接诊过程中与当地医护人员一道工作,通过手把手培训,使当地医护人员的医疗水平迅速提高。其次,中国医疗队经常开展讲座、短期和长期培训班,为受援国培训了大量医疗骨干,深受当地人民的欢迎。另外,中国积极提供援助,吸收受援国留学生来华学习医疗卫生等相关专业。

第三,输出我国传统医术,为当地百姓排忧解难。中国许多传统医术,比如针灸、推拿对治疗某些疾病有独特功效。中国在治疗伤寒和疟

[①] 左耘:《中国援外医疗队的贡献及面临的挑战》,《国际经济合作》2013 年第 11 期,第 8 页。

[②] 《中国商务部回应对非援助新殖民主义论:毫无根据、不负责任》,新华网,http://news.cnr.cn/native/gd/201412/t20141209_517031953.shtml,2014 - 12 - 11。

疾方面也具有丰富的经验。此外，中国开发的青蒿素等药物，对防治疟疾做出重大贡献。例如，2007年，中国利用疾病防控的技术优势，帮助科摩罗莫埃利岛的疟疾发病率大幅下降。①

2. 援外教育培训领域

援外教育培训，也即援外人力资源开发合作，旨在帮助受援国提高人力资源水平和提升自我发展能力。

中国的对外人力资源培训合作始于1953年。早期的援外培训分散在农业、工业和医疗卫生等援助领域，主要承担项目援助中对受援国的设备使用、技能操作培训，医疗培训和项目管理等方面的培训。自1981年开始，中国举办各种实用技术培训班。后来，培训领域逐渐拓展至政府治理等领域，其中官员研修项目也从1998年开始实施。截至2009年底，中国在国内举办各类培训班4000多期，培训人员12万人次。②源于中国经济发展的成功经验，近年来越来越多受援国青睐来华取经。例如，2010年至2012年，4万名官员来华研修，其间举办技术人员培训班357期，培训技术人员近万名。③

此外，中国也广泛开展技术合作。通过外派专家及技术人员，转让适用技术，提高受援国技术管理水平。再有，中国大量通过援外志愿者形式外派语言、计算机培训、中医诊治、农业科技和艺术培训类教师。目前的孔子学院、技术援外培训基地和部分高校发挥着重要的援外培训职能。

总体来看，中国的援外教育培训有利于促进受援国人力资源水平的提高，传播了实用技术，传授了中国的发展经验，对受援国的经济发展和减贫有长远的影响。

3. 人道主义援助领域

多年来，中国广泛参与对外紧急人道援助，在有关国家遭遇自然和

---

① 中华人民共和国国务院新闻办公室：《中国的对外援助》（2014）白皮书，人民出版社2014年版。
② 中华人民共和国国务院新闻办公室：《中国的对外援助》（2011）白皮书，人民出版社2011年版，第12页。
③ 资料来自中华人民共和国国务院新闻办公室《中国的对外援助》（2014）白皮书，人民出版社2014年版。

人道灾难时，积极提供物资、现汇和人员等进行救助。

首先，中国为受灾地区提供大量物资和现汇援助，帮助灾后重建与恢复生产。2004年9月，中国建立了国际紧急救灾应急机制，并积极投入国际救援事业当中。仅2005—2009年，中国就向国际社会提供紧急援助近200次。2010—2012年，中国政府向遭遇地震、洪灾、飓风和战乱破坏的地区，提供了近50批紧急救灾物资，价值约12亿元人民币。其间中国政府通过举办各类救灾培训班等形式，与受援国分享中国自身的防灾减灾经验。

此外，中国还提供大量紧急粮食援助。近些年，中国先后向多个国家提供粮食援助，帮助受援国应对粮食危机。例如，2011年和2012年，中国分别向非洲之角和萨赫勒地区提供粮食援助，援助金额分别为4.4亿和0.7亿元。[①]

中国政府提供的紧急人道主义援助，对缓解受援地区的人道主义灾难、恢复重建和摆脱贫困发挥了重要作用。

4. 公共设施领域

中国通过向受援地区援建公共设施，来改善当地贫困人群的生活条件。中国在非洲等干旱地区实施打井供水项目，帮助居民解决用水困难。例如，中国在多哥和苏丹等多个国家帮助打井，并修建配套潜水泵和发电机组。中国通过援建民用住宅，为受援地区居民改善居住条件。中国还援建文化场所和体育场馆等公共设施，为丰富当地民众文化体育生活做出了贡献。

（二）"发展（增长）"领域

1. 农业援助领域

农业一直是中国对外援助的重点领域。中国通过各种农业援助项目，提高了当地的农业产量，促进了农业发展，为受援国农村的减贫提供了动力。

在农业基础设施方面，中国政府通过援建农场、农业示范中心、技术站和农业灌溉系统等形式来帮助受援国发展农业。截止到2013年10

[①] 资料来自中华人民共和国国务院新闻办公室《中国的对外援助》（2014）白皮书，人民出版社2014年版。

◆ 第二部分 中国对外援助对非洲经济增长与减贫的影响

月,中国已经建成了230个农业项目,[1] 这些项目大大推动了受援国的农业生产。例如,20世纪80年代中国在突尼斯援建的"麦热尔德—崩角"水利工程,为当地的农业发展奠定了基础。[2] 2011年在卢旺达建成的农业技术示范中心,已经成为当地最大、设备最好的农业技术培训机构,为卢旺达的农业发展做出了有力贡献。

多年以来,中国派出了大量的农业技术人员,向受援国传播适用技术,并给予现场指导,对受援国农业技术水平的提升产生了积极影响。近10年来,中国已经举办了600多场农业培训班,总学员超过15000名。[3] 这些培训班课程涉及广泛,包括杂交水稻栽培、油料作物种植和菌类培植技术等。例如,中国与东帝汶开展的杂交水稻合作项目,帮助培训1000多人,从2008年开始推广至2000公顷,为东帝汶实现粮食自给做出了贡献。中国在萨摩亚援建的农业技术合作中心项目到2013年已经培训1300多名当地农民。[4] 同时,中国为其他受援国提供了大量的农业机器、工具、农业加工设备以及其他农业设备,致力于满足受援国农业生产的需要。中国也通过多边机制提供农业合作。

2. 经济基础设施领域

在资金有限的情况下,中国帮助受援国援建交通、通信和能源等设施,为受援国经济发展奠定了一定的基础。截至2012年底,中国共援建经济基础设施成套项目546个,其中交通运输项目273个,广播电信项目154个,电力项目119个。[5]

中国援建的道路、桥梁和港口等工程,促进了受援国交通产业发

---

[1] China's Assistance to Other Developing Countries on Agriculture,商务部对外援助司,http://big5.mofcom.gov.cn/gate/big5/yws.mofcom.gov.cn/article/ztxx/201401/20140100469602.shtml,2014-9-18。

[2] 中华人民共和国国务院新闻办公室:《中国的对外援助》(2011)白皮书,人民出版社2011年版,第20页。

[3] China's Assistance to Other Developing Countries on Agriculture,商务部对外援助司,http://big5.mofcom.gov.cn/gate/big5/yws.mofcom.gov.cn/article/ztxx/201401/20140100469602.shtml,2014-9-18。

[4] 同上。

[5] 资料来自2011年和2014年《中国的对外援助》白皮书。

展，有利于物资流通并降低物流成本。其中较著名的有坦赞铁路、瓜达尔港、马耳他干船坞和博茨瓦纳铁路改造等。这些交通基础设施的援建为受援国的经济发展和减贫做出了重要贡献。

中国通过援建水电站和电网等工程，帮助提升受援国的能源自给能力，有利于缓解当地能源不足，满足居民对能源供应的基本需要，并为工农业发展提供基本的能源保障。例如，中国援建的加纳布维水电站、塞内加尔输变电和配电网[1]等项目，为缓解当地能源不足发挥了建设性的作用。

中国通过援建各种通信工程项目，帮助受援国提升信息化发展水平。中国在受援国援建的通信网络、发射台以及办公网站等项目，促进了当地广播通信事业发展，提升了当地的信息化水平和政府的管理能力。例如，中国在喀麦隆和土库曼斯坦等国援建的电信项目为受援国通信事业的发展做出了贡献。[2]

3. 工业领域

在中国对外援助的初期，帮助受援国建立关系国计民生的工业企业曾占据较重要的地位。中国援建的工业项目涉及纺织、机械、轻工、冶金和化工等行业。20世纪50—70年代，中国援建的工业项目为部分亚非国家的经济和民族独立做出了贡献。在80年代，由于世界范围内私有化和市场化浪潮，中国逐渐减少对工业领域的援助。截至2009年底，中国共援建688个工业项目。2010—2012年，中国又援建了15个工业项目，包括轻工纺织、建材化工、机械电子。这些项目为当地居民提供了大量的生产和生活物资，有利于帮助受援国经济发展。

此外，中国在环保和新能源等领域，积极提供技术和资金支持，帮助广大受援国应对气候变化，发展可再生能源。例如，2010—2012年，中国为58个国家援建了64个可再生能源项目，并向13个国家提供环保设备和物资援助。[3]这些环保项目的援助提升了受援国相关工业生产水平，对提升其可持续发展能力有一定帮助。

---

[1] 资料来自中华人民共和国国务院新闻办公室《中国的对外援助》（2014）白皮书，人民出版社2014年版。
[2] 同上。
[3] 同上。

4. 贸易领域

第一,通过各种援助措施,促进对华产品出口。为了鼓励向受援国进口商品,提高其商品的竞争力,中国政府一直给予受援国优惠的贸易条件。比如,给予受援国进口商品关税优惠待遇,逐渐扩大进口商品零关税待遇范围,促进受援国向中国扩大出口。到2012年底,最不发达国家对华出口近5000个税目商品已享受零关税待遇。[1] 这些措施的实施有力地促进了受援国对华商品出口。有资料表明,中国逐渐成为包括最不发达国家在内的受援国商品的最重要出口市场。[2] 另外,中国更加重视将资源的进口与对外援助结合起来。比如,中国运用"资源换贷款"模式,与受援国开展互利合作,向受援国提供优惠贷款,帮助受援国进行资源开发,利用资源出口偿还贷款。"资源换贷款"模式一方面帮助了受援国的经济发展和出口贸易,另一方面也使中国获得了宝贵的资源。此外,中国将对外援助与产业转移相结合起来,积极帮助中国的部分产业向受援国地区转移,帮助受援国进行加工园区建设,这一模式也得到了广大受援国的积极响应。中国政府利用援助资金扶植中国企业落户受援国的加工园区,鼓励在加工园区生产的商品出口至中国,扩大了受援国的出口。

第二,提高与贸易有关的生产能力,积极帮助受援国出口产业的发展和建设。例如,2011年,中国与贝宁等四国达成合作,通过提供优良棉种和支持企业技术升级等方式,促进四国棉花产业发展。[3] 中国通过提供资金和贸易人才培训,以支持最不发达国家参与多边贸易体制,增加国际话语权。此外,中国也帮助受援国改善与贸易有关的基础设施,帮助受援国改善通关条件,提升其出口能力。

三 中国对外援助促进减贫的案例分析

除了从宏观上考察中国对外援助的减贫效果外,还可以从项目层面

---

[1] 资料来自中华人民共和国国务院新闻办公室《中国的对外援助》(2014)白皮书,人民出版社2014年版。

[2] 周宝根:《援外带动互利合作的六大效应》,《国际经济合作》2010年第9期,第51—54页。

[3] 资料来自中华人民共和国国务院新闻办公室《中国的对外援助》(2014)白皮书,人民出版社2014年版。

的微观角度来观察中国援助的减贫效果。下文分别从对外援助的社会救助效应和促增长效应出发，选取典型的援助案例，从微观援助项目视角观察中国的对外援助对受援国减贫的影响。这些案例涉及的领域包括水供应、医疗卫生、粮食援助、农业、基础设施、教育培训等方面，时间涵盖中国对外援助的各个历史阶段，地域遍及非洲、亚洲和拉美等地区。

（一）社会救助效应

案例1：坦桑尼亚 Chalinze 乡村水供应项目[①]

中国分两个阶段（2001—2003 年、2007—2015 年）对坦桑尼亚的 Chalinze 地区水供给提供援助。Chalinze 地区是一个半干旱地区，地下水不适合饮用，在干旱季节地下水下降严重。从 Chalinze 水处理中心到乡村的整个输送管线长度为126公里，分配管线长34公里。中国海南国际合作机构管理该项目，项目组包括50个中国人和500个当地人。根据坦桑尼亚水利部的估计，第一阶段项目费用为230亿先令（约1460万美元）。2007年4月和5月，中国大使馆又签署了两项协议，旨在继续支持维护和扩大 Chalinze 地区水供应项目。

第一个阶段始于2001年，结束于2003年，共向20个村大约62961名居民提供管道饮用水。而第二阶段的水供给项目使10万居民受益。该项目的实施有力缓解了当地居民的生活和生产用水的紧张，为当地的居民带来实实在在的好处。

案例2：中国对卢旺达的医疗援助[②]

卢旺达是西方援助比较集中的国家，卢旺达也是高度依赖外国援助的国家，截至2010年底，卢旺达的外国援助占其国家预算的50%。1971年中国与卢旺达建交后，中国对卢旺达提供了多种援助。

自1982年起，中国向卢旺达多次派出医疗队。1994年卢旺达战乱至2004年，中国在卢援建齐邦戈医院（1997年完工并移交），援建齐

[①] 案例来自：Bräutigam Deborah, Tang Xiaoyang, An Overview of Chinese Agricultural and Rural Engagement in Tanzania, International Food Policy Research Institute (IFPRI) Discussion Paper 01214, October 2012.

[②] 张永蓬：《国际发展合作与非洲——中国与西方援助非洲比较研究》，社会科学文献出版社2012年版，第194—217页。

邦戈卫校（2002年移交）。在2006年中非合作论坛下，新援建一所医院。此外，中国还援助了部分医疗设备。

中国医疗队依托齐邦戈医院治病救人，在当地产生了良好的工作效果。位于卢旺达东方省恩格马地区（Ngoma）的齐邦戈医院是中国医疗队的主要工作地点。1997年，在中国的援助下该医院扩大了面积，现有约200张床位。总体上，该医院医疗设施落后，工作环境恶劣。当地患者贫民居多，卫生生活条件很差，后期梅毒、艾滋病等猖獗，职业风险非常大。来自中国的医疗队包括外科、内科、儿科、妇科、牙科、整形外科和中医针灸等专家，成为该院的绝对主力。据介绍，患者来自卢旺达不同地区，基本都冲着中国医生而来。中国医生精湛的医术救治了大量的病人，得到了患者的一致肯定，也获得了当地社会的广泛赞誉。

中国援建的齐邦戈卫生学校，在培养医护人员方面也取得了良好的效果。2002年援建的齐邦戈卫生学校，其建筑和设备都由中国援助，2004年由卢旺达教育部和卫生部共同管理。多年来，该学校教学成绩一直良好。2007年有33位学生成为注册护士和注册助产士。2007年学生考试通过率达到92.8%，使齐邦戈卫生学校成为卢旺达同行业高等级学校。该学校后续的使用效果一直良好，为卢旺达持续输送医疗卫生人才。

不过援助中也遇到一些问题。比如，当地人很少愿意学习医疗技术，即便少数人学到了医疗技术，也会很快离开所在医院，转去待遇好的其他医院，使得改善贫困地区医疗状况的愿景无法实现。结果是一直在培训当地人才，却无当地人才能够使用，当地对援助的依赖也越陷越深。中国医疗队被绑定在齐邦戈医院实质就是当地产生了援助依赖。这种援助依赖在卢旺达甚至整个非洲都有普遍性，使得援助的长效作用很难发挥出来。

案例3：对几内亚的粮食援助[①]

1958年10月几内亚宣布独立，独立之初几内亚在经济上严重依赖法国。独立前，几内亚的出口67%输往法国，由于不等价交换，其贸易逆差惊人。1956年进口800万美元，出口仅80万美元。当时，几内

[①] 周弘等主编：《中国援外60年》，社会科学文献出版社2013年版，第104—139页。

亚的财政入不敷出，每年依赖法国拨款。几内亚独立后，法国立即停止各种经济援助，导致几内亚的经济严重困难。

当时，几内亚的粮食严重依赖法国，在宣布独立后，法国切断了对几内亚的粮食供应。几内亚在独立之初，农业又遭遇灾荒，每年缺粮四五万吨，国内面临严重饥荒问题。基于政治上的考量，在几内亚独立之初遭遇口粮短缺的几年，中国及时提供大米援助，分别于1959年和1960年向几内亚提供5000吨和1万吨大米援助。中国援助的大米对缓解几内亚独立之初的饥荒发挥了重要作用，对维护几内亚的经济和政治稳定做出了重要贡献。

实事求是地讲，虽然中国当时是出于"政治挂帅"的目的，然而中国的援助却实实在在地帮助几内亚克服了粮食困难、减少饥饿，为几内亚今后的经济发展和进一步减贫打下了一定的基础。

（二）促增长效应

案例4：对布基纳法索的农业垦区援助[①]

1973年中国与布基纳法索建交，同年11月中国大陆派出农业专家接替台湾地区的农耕队。农业专家先后在三个地区扩建和新建水稻农业垦区，面积达2034公顷。垦区建成后，中国于1981年将其移交给布基纳法索政府，中国专家撤离回国。由于布方缺乏农田水利管理经验，导致水稻产量下降。1985年中国再次派出农业专家，帮助上述三个垦区完善农耕系统，并建立一套调动农民积极性的经营方式。由于当地农民自古就没有在固定土地上耕种的习惯，导致没有保养土地的积极性。中国专家采用承包形式分田到户，建立农业合作社，并提供技术指导。

在一系列经营管理改进后，到20世纪80年代后期，三个水稻垦区成为布基纳法索全国闻名的富庶农业区。1987年，三个垦区水稻单产达到每公顷10.5吨（双季稻），每个农户纯收入达到40万—80万非洲法郎（约合1300—2600美元）。垦区农民温饱有了保障，纷纷添置各种交通工具，不少农民也盖起了新房。农业的发展也推动农产品加工、农具维修和商业的发展，逐渐开始出现农贸市场和小镇，并带动其他地

---

① 周弘等主编：《中国援外60年》，社会科学文献出版社2013年版，第168—170页。

◆ 第二部分 中国对外援助对非洲经济增长与减贫的影响

区农民来垦区安家落户。其中,发展最好的班若垦区原本只是一个700人的小村落,到80年代末发展成为8000多人的乡镇。尽管后来中国与布基纳法索的政治关系忽冷忽热,但中国援建的农业垦区却得到了布方的高度认可。

案例 5:中国—南太平洋岛国农业"南南合作"①

2007年,中国政府、联合国粮农组织(简称FAO)与南太平洋七国②签署了"粮食安全特别计划"框架下的《"南南合作"三方协议》。2004年至2007年,中国先后派出28名农业专家与技术人员奔赴上述七国,为当地提供技术支持和援助。

中国项目组的工作获得FAO、受援国政府和农民的普遍欢迎和肯定,项目组在扶贫和减贫方面的合作成果主要有:

改良农牧措施、传授实用技术。为当地引进63项农作物栽培技术,延长了蔬菜生产期,使得产量大幅提高。引进畜牧实用技术57项,开展了6项技术试验,改变了当地传统的养殖方法,提高了畜牧生产效率和产品质量。引进尼罗罗非鱼等水产养殖技术15项,推广了单性养殖、轮放轮捕等多项养殖技术。

引进动植物新品种,帮助驯化野生品种。成功引进热带绵羊、贪食沼虾、蔬菜和水果等新品种,使得萨摩亚和汤加的热带绵羊和贪食沼虾产量迅猛增加。

帮助改进农业水利建设,提高农业生产水平。帮助设计大田分块和排水系统,节约了灌溉成本。在当地推广节水技术,指导整修喷、滴灌系统。为当地农民寻找地下水源、安装滴灌系统。

积极组织技术培训,加强能力建设。中国技术专家通过各种形式累计培训当地农业人员2000多人次,有力地促进了当地人员的能力建设。

案例 6:中国—蒙古国的农业合作③

2010年1月,中国、蒙古国和FAO签署了一个三方协议,以帮助

---

① 《农业"南南合作"风采录与成果集》,中华人民共和国农业部国际合作司,2012年。
② 七国是:库克群岛、斐济、密克罗尼西亚联邦、纽埃、汤加、瓦努阿图和萨摩亚。
③ 《农业"南南合作"风采录与成果集》,中华人民共和国农业部国际合作司,2012年。

提高蒙古国的农业生产能力。该项目资金来源于中国捐赠的 3000 万美元信托基金。中方从当年 5 月开始，就派出技术人员，为蒙方提供技术援助。该项目的合作成果是多方面的，体现在畜牧业、种植业、食品安全和贸易、人力培训等方面：

畜牧业技术推广方面。中国专家引进 42 种饲草新品种，种植面积达 193 公顷。成功引进 80 天短日期饲料玉米，填补了蒙古国不能生产饲料玉米的空白。中国专家在蒙古国肯特省指导建立高产饲草料基地，解决了项目单位饲料不足的问题。针对蒙古国农业病虫害及鼠害严重问题，中国专家示范防治病虫害及鼠害 100 公顷，杀灭率达 90% 以上，控制面积各达 5000 公顷。中国专家参与选出配种羊 17000 多只，进行同期发情试验 78 只，示范驱虫药浴 935 只次，完成胚胎移植 149 次，制作冻精 1200 支，参与指导 6000 余头家畜人工授精工作，为蒙古国畜牧业技术普及打下良好基础。

种植业方面。中国专家测量水渠 25000 米、测量平地约 4000 公顷，安装小型喷灌机 4 处，新建水仓 3 处、提水站 3 处，为项目区发展农业奠定了基础。指导温室蔬菜种植 15100 多平方米，露地种植 25000 多平方米，收获蔬菜约 70 吨；推广蔬菜品种 32 个，引进十余种树苗和花卉；推广无土栽培技术；指导建设冬季温室，延长蔬菜生产时间，为蒙古国蔬菜自给做出了贡献。中国专家指导建造了一座储藏量 200 吨的储藏窖，投入使用后即储藏了 120 吨马铃薯、30 吨胡萝卜，取得了良好的示范效果。中国专家还指导培训了一批掌握维修中国农业机械的技术人员。

食品安全和贸易领域。针对蒙古国的食品安全状况，中国专家组成立了 HACCP 食品安全认证体系工作小组，按要求建成了"额尔德尼"屠宰加工厂，在牛羊加工各环节提供示范性技术。在一个企业安装了一套面粉加工设备，并编制了面粉厂 HACCP 食品安全管理体系。中国专家还参与蒙古国商交所、农副产品交易所、农业产业链建设，面粉销售网络建设等方面的讨论和规划，为蒙古国农业市场化建设奠定一定基础。

人力培训方面。中国专家举办各类技术和管理培训 13 期，参与各类培训活动 15 期，直接培训 400 多人次。2010 年和 2011 年，组织蒙古

◆ 第二部分　中国对外援助对非洲经济增长与减贫的影响

国技术管理人员到中国考察培训 9 批次，为蒙古国的农牧业发展提供人力支持。此外，中国为微型示范项目购置物资设备 54 件套，价值 30 万美元。

项目实施两年来（2010—2011 年），中国援助的项目提高了蒙古国国家规划人员、研究人员、农业官员和农民的能力，扩大了农业生产规模，帮助进行反季节生产，确保全年市场供应，为提高蒙古国农业生产水平和保障粮食安全做出了巨大贡献。该项目得到了蒙古国政府和当地农民的高度评价。

案例 7：中埃苏伊士经贸合作区

经贸合作区是中国与东道国开展经贸深度合作的一种新尝试，经贸合作区集合了援助、投资、贸易和产业转移的要素。中国政府对经贸合作区提供一定的财政援助，金额约 2 亿—3 亿人民币，并最多提供 20 亿人民币的中长期贷款。[1] 本质上，经贸合作区是在中国政府大力推动下的对外投资行为，但也带有很深的援助烙印，体现了促进受援国经济发展、推广中国经验、促进中国企业"走出去"的愿望。

中埃苏伊士经贸合作区规划面积 7 平方公里，于 2007 年设立。截至 2012 年底，第一期工程已完工，建成面积 1.34 平方公里，园区累计投资 7 千万美元，吸引 45 家大企业入驻，吸引投资近 6 亿美元，为当地提供就业岗位 2 万多个。[2] 苏伊士经贸合作区的运营为当地带来了新的技术、知识和管理经验，也为当地政府创造了税收和就业，有利于当地的能力建设和减贫。[3]

不过，经贸合作区在经过几年的经营后，暴露出一些深层次的问题。第一，产业配套不够完善，企业生产所需要的配套产业还不够完善，不利于经营。第二，由于园区的长期投入巨大，而中国政府资金支持有限，园区后续开发缺乏资金支撑。第三，外部协调困难。由于援助

---

[1] 《中国将建 50 个境外经济贸易合作区，欲解决贸易摩擦》，人民网，http://finance.people.com.cn/GB/4505340.html，2014-9-15。
[2] 张菲：《中非经贸合作区建设模式与可持续发展问题研究》，《国际贸易》2013 年第 3 期，第 36 页。
[3] 安春英：《浅析中国埃及苏伊士经贸合作区》，《亚非纵横》2012 年第 4 期，第 1—6 页。

的运营主体是企业，而在与埃及政府部门打交道时，常受到腐败、行政效率低下等干扰，导致协调难度较大，优惠政策难以落实。[1]

（三）社会救助与促增长并存效应

案例8：对拉美地区的能源援助[2]

在20世纪80—90年代，中国就向拉美地区援建小型水电项目，当时在圭亚那等地区援建的项目就发挥了较好的作用。进入21世纪后，中国继续在拉美地区援建电力项目。比如，2004年至2006年，中国在古巴援建的两个发电项目缓解了古巴局部电力供应紧张的难题。玻利维亚波多西省处于高原地带，居民生活用电长期无法解决。2006年至2008年，中国援建波多西省的农村电气化项目，为此共修建48公里电力线路。该援建项目的竣工有效解决了当地数十个村镇的用电问题，受到当地政府和居民的高度赞扬。2004年至2007年，中国援建圭亚那糖厂联合发电项目，有效地降低了制糖成本，并提高了能源使用效率。2008年6月，为缓解安提瓜和巴布达电力供应紧张问题，中国提供3亿人民币优惠贷款，援助两国建设新电厂，总装机容量为30兆瓦。

这些能源项目的援助，有效地改善了受援国的能源使用条件，改善了居民的生活条件，为当地经济发展提供了能源支持，为深入减贫奠定了较好的基础。

（四）案例分析小结

案例分析表明，从援助项目看，援助的减贫效应是明显的，当然其中也存在一些深层次的问题。案例表明：第一，从社会救助效应看，援助能够有效改善受援国的福利水平。案例1、2、3、8分别从改善受援地区饮用水条件、提高医疗卫生水平、缓解粮食饥荒、提供家庭电力的角度证明了援助的减贫效应。第二，从促增长效应看，援助可以帮助受援方提升农业生产能力（案例4、5、6）、创建经贸合作园区（案例7）、进行基础设施建设（案例8的能源项目援建）等方式帮助当地发展经济与促进减贫。第三，可以发现有的援助项目同时兼有改善民生和

---

[1] 张菲：《中非经贸合作区建设模式与可持续发展问题研究》，《国际贸易》2013年第3期，第34—39页。

[2] 周弘等主编：《中国援外60年》，社会科学文献出版社2013年版，第305页。

◆ 第二部分 中国对外援助对非洲经济增长与减贫的影响

提升增长能力的作用（案例 8）。第四，在开展对外援助时，也存在一些深层次难题，这些难题对提升援助效果存在一定阻碍作用。比如案例 2 中医护人员的流失，案例 7 中的受援国产业配套、援助资金不足等问题。

当然，以上所列举的 8 个案例肯定不能完全代表中国所有的对外援助活动，但是我们大致可以认为中国对外援助在微观援助项目层面上是有利于减贫的。

第三节 中国对非援助对非洲减贫的作用

中国对外援助遍及亚非拉等地区，虽然存在援助地域的差异，但对非洲援助中所积累的经验和教训具有普遍意义。同时，由于非洲在中国对外援助中的重要性，本节以非洲为例，考察中国对外援助中所取得的经验和教训。

一 中国对非援助的成功经验

相比于西方庞大的援助规模，虽然中国援非规模远远不及，但所取得的成效却是有目共睹的。其中原因是中国坚持了正确的援助理念和指导方针。这些援助理念的形成充分反映了中国自身发展和减贫的经验和记忆，比如发展权优先、坚持自力更生、不干涉内政等。这些在国内建设中所形成的理念逐渐演变成了对外援助中所坚持的基本原则，目前看这些原则是成功的，一定意义上，这些原则也成为指导援非事业获得成功的宝贵经验，这些经验归纳起来主要有如下几点：

（一）坚持发展优先原则，不附加任何政治条件

各国对发展权与人权和民主的关系的认识存在较大差异，西方一贯主张人权和民主高于发展权。而对于落后的贫穷国家，饿着肚子谈论民主与自由是无价值的，这也是中国在发展和受援过程中所积累的与西方不同的理念。同样对于非洲而言，目前根本任务是发展经济和改善民生。中国对非洲的援助，坚持不附加政治条件，体现了中国不干涉他国内政的外交原则。事实上，不附加政治条件，可以有效维护受援国家自主选择发展道路。

(二）坚持援助与经贸合作相结合

诸多的经验表明，国际援助只是发展的一个催化剂，而开展国际贸易和吸引外部投资对促进经济发展的作用更大。在援非过程中，中国也积极将援助与投资和贸易等形式相结合，推动在南南合作机制下与非洲的共同发展。比较著名的例子有"中非经贸合作区"，类似于非洲的经济特区，就是将援助和投资、贸易相结合的典型案例。这种经贸合作区可以将中方的技术、资金和产业优势，与非洲的市场和资源优势结合起来，将有助于非洲脱贫致富、加速工业化进程、将资源优势转化为发展优势以及帮助非洲自我能力建设。另外，在资源开发领域，比如著名的"安哥拉模式"，就是以"石油换贷款"，利用中国的援助贷款，帮助安哥拉进行油气开发和基础设施建设。

与经贸合作相结合的援助方式，将传统西方的单向"赐予"转向"双向合作"，它实质上包含了平等、参与和共同发展的特征。从中国对外援助的历史事实看，对于经济援助，单纯的赠予对援助双方都不利，尤其对于一个经济发展水平还相对落后的中国更是如此。双向平等的援助合作关系，有利于平等关系的建立，保证受援国能够平等参与援助进程，真正体现了建立援助合作伙伴关系的要求。另外，互利共赢的援助关系有利于援助的持续进行，符合中国经济发展水平的要求。

（三）借鉴中国发展经验

中国的发展经验表明：要实现长效且快速的减贫，应坚持自我发展为主、国际救济为辅的道路。中国的发展实践表明，在没有大量外部援助的基础上，充分利用国际经济环境能够实现较快的发展和减贫。中国的发展经验表明贫穷国家可以通过参与国际分工、鼓励贸易出口和吸引投资来促进本国的发展。自改革开放以来，中国在实现自身的发展和减贫过程中，积累了丰富的发展经验。比如，更加重视经济基础设施建设，积极推广经济特区建设，政府主导大规模基础设施建设。在对非援助中，中国应将自身的发展经验推广至非洲。实际上，中国对非援助也自觉继承了国内的发展经验。比如在援助实践中，较之西方对社会部门的重视，中国却将援助的重点放在经济基础设施建设上。自2006年中非论坛北京峰会后，中国将国内的经济特区、产业园区和工业园区等发展经验推广至对非援助领域，寄希望将中国的成功发展经验引入非洲。

◆ 第二部分　中国对外援助对非洲经济增长与减贫的影响

目前为止，中国在赞比亚等国家的经贸合作区①建设初见成效。这些经贸合作区的建设实质上是将中国发展经验与对非援助、投资和贸易结合起来，是一种独特的援助形式。此外，中国在改革开放中，政府主导的大型工程投资建设对经济拉动作用显著，对大型工程的援建也是对非援助的重点内容。

从非洲接受援助的历史看，西方国家曾经提供过数以万亿美元的援助，而非洲的发展并不令人满意。非洲已经开始认识到自我发展的重要性，尤其是来自发展水平相接近的中国的发展经验尤为弥足珍贵。众多的非洲领导人也呼吁学习和借鉴中国的发展经验和模式。比如，南非总统祖马认为非洲国家应借鉴中国经验加快发展步伐；博茨瓦纳银行行长利纳·莫霍霍认为，中国的发展模式能够启发非洲国家如何从低收入国家成为中等收入国家。②

二　中国对非援助对非洲减贫的影响

中国对非洲援助对非洲减贫的影响是多方面的。不过，如果从援助对减贫影响的路径看，中国的援助同样通过"社会救助"路径和"发展（增长）"路径两条路径影响非洲的减贫。具体来看，中国援非对非洲减贫的影响表现在：

（一）社会救助路径

1. 中国在民生领域的援助对穷人的救助功效显而易见

在医疗卫生、教育等民生领域，中国对非洲投入了大量援助力量。针对非洲地区医疗卫生落后、传染疾病多发的状况，中国政府为非洲援建大量医院、提供医疗设备和药品、外派医疗专家、培训当地医护人员。中国在非洲国家援建了近30所医院和30个疟疾防治中心。③ 从1963—

---

① 截至2013年8月，中国已经在非洲设立了7个国家级境外经贸合作区，分别是：赞比亚中国经贸合作区、尼日利亚广东经济贸易合作区、毛里求斯经贸合作区、尼日利亚莱基自由贸易区—中尼经贸合作区、埃塞俄比亚东方工业园、中埃苏伊士经贸合作区、阿尔及利亚中国江铃经贸合作区。资料引自《中国境外经贸合作区版图》，《国际商务财会》2013年第8期，第66—67页。

② 《"中国发展模式"成为非洲发展借鉴良方》，人民网，http://www.022net.com/2011/5-6/481732162620651.html，2015-02-24。

③ 钟和：《中国晒出对外援助成绩单，非洲占比过半》，《中华建筑报》2014年7月18日（12）。

· 118 ·

2014年，中国援外医疗队在非洲51个国家和地区救治了数以亿计的患者。① 中国向数十个非洲国家提供青蒿素抗疟疾药品，为当地居民解除疾病的困扰。中国在非洲援建学校，为留学生提供奖学金，并外派志愿者服务当地教育事业。中国在非洲共援建了150所中小学校，② 目前每年向非洲提供5000个左右奖学金名额，③ 以促进非洲教育事业的发展。中国还在非洲援建清洁能源和供水项目，以改善当地居民的生活条件。

2. 中国的粮食及紧急人道主义援助对非洲各国发挥了积极作用

中国在非洲遭受自然灾害、疾病、政治动荡的情况下，所提供的各种粮食和紧急人道主义援助，对帮助非洲国家人民渡过难关、恢复生产发挥了积极作用。例如，2003年，向阿尔及利亚地震灾区提供救灾援助总计536万美元。④ 2011年，中国向突尼斯和埃及提供5000万元人道主义援助，同年中国向非洲之角国家提供4亿多元粮食援助。⑤

这些与民生紧密相关的援助项目，对受援地区消除贫困无疑会产生积极效果。

（二）发展（增长）路径

1. 中国在农业领域对非洲的援助有力地缓解了非洲的饥饿和贫困

中国通过援建农场、农业示范中心、技术推广站等形式，帮助非洲提高农业生产能力，应对粮食安全问题。中国还派遣农业管理和技术专家，指导当地农业生产，传授适用技术，培训农业科技人员。至2012年6月中国已派出50个农业技术组，为非洲国家培训了2000名农业技术人员，帮助提高非洲实现粮食安全的能力。⑥ 中国还通过联合国粮农组织、世界贸易组织等多边机构向非洲提供资金、人员和技术，帮助非洲实现农业发展。中国的各种农业援助项目，有利于调动受援国农民的

---

① 陈海波：《51年中国医疗队在非洲》，《光明日报》2014年8月24日。
② 钟和：《中国晒出对外援助成绩单，非洲占比过半》，《中华建筑报》2014年7月18日（12）。
③ 中华人民共和国国务院新闻办公室：《中国与非洲的经贸合作》（2010）白皮书，人民出版社2010年版。
④ 同上。
⑤ 中华人民共和国国务院新闻办公室：《中国与非洲的经贸合作》（2013）白皮书，人民出版社2013年版。
⑥ 武芳：《"雪中送炭"与"授人以渔"——谈中国对非洲农业援助》，《国际商报》2012年7月19日。

◆ 第二部分 中国对外援助对非洲经济增长与减贫的影响

积极性,提高农业生产技术水平,促进农业增产、农民增收,还能辐射周边地区,带动邻近区域农业经济发展。

2. 中国对非洲基础设施领域的援助,有助于受援国实现经济增长和减少贫困

薄弱的基础设施是制约非洲经济发展和摆脱贫困的重要因素,世界银行估计破败的基础设施导致非洲人均 GDP 增长率至少下降 1%,[①] 增加基础设施投资成为非洲发展的重要途径。即便在挖掘潜能的基础上,非洲基础设施每年缺口仍达 310 亿美元,[②] 而随着经济增长的需要,非洲在基础设施方面的缺口还会扩大。中国在非洲的基础设施领域长期投入大量资金,特别自中非合作论坛创立以来对非优惠贷款明显增加,2006 年、2009 年和 2012 年中国分别宣布向非洲提供优惠贷款 50 亿、100 亿和 200 亿美元,其中基础设施领域是优惠贷款的主要受惠领域。据统计,中国已是非洲大陆基础设施领域最大的双边投资方,仅 2013 年对非融资就高达 134 亿美元。[③] 中国在能源、交通运输、水和通信等基础设施领域对非洲的大量援助,弥补了非洲在该领域的不足,对促进非洲经济发展发挥了建设性作用。此外,中国在基础设施建设方面比西方和非洲有价格上的优势,中国企业通过援助方式所承建的工程项目有利于降低非洲的基础设施服务价格,减少企业的经营成本,增加对外商投资非洲的吸引力。

3. 中国通过援助项目所带动的双边合作极大地促进了非洲的减贫

中国通过对非洲的援助,加深了双边交流的深度,极大地促进了双边经贸领域的合作。中国对非洲的援助,极大地扩大了双边贸易额,促进了中国企业对非洲的投资。2013 年中国与非洲的贸易额就突破 2000 亿美元大关,2014 年中非贸易额达 2221.37 亿美元,中国对非出口 1061.68 亿美元,自非进口 1159.69 亿美元。[④] 中国对非投资也大幅增

---

① Foster, V. and Cecilia, B. G. (Eds), *Africa's Infrastructure: A Time for Transformation*, World Bank Publications, 2010: 43.

② Ibid.

③ ICA (The Infrastructure Consortium for Africa), Infrastructure Financing Trends in Africa-2013 Report, December 2014.

④ 《2013 年中国与非洲贸易额首次突破 2000 亿美元》,环球网,http://china.huanqiu.com/News/mofcom/2014-01/4797330.html,2015-02-28。

长，截至 2014 年中国对非投资存量超过 323.5 亿美元。① 贸易和投资的增加，对经济增长和消除贫困的促进作用更为深远。援助活动的增加，增进了非洲对中国的认识和好感，使得中国的经济发展和减贫成就愈加引起非洲国家的兴趣和关注，尤其在减贫领域，中国的成功经验对非洲的影响是巨大的。近些年来，非洲国家纷纷派出官员和科技人员来华学习中国的管理和技术，仅 2010 年至 2012 年，中国就对非培训了 27318 人次官员和技术人员。②

三 教训与应对

多年的援助实践表明，无论有意或无意，中国的援非或多或少会被部分西方人士横加猜忌、质疑和指责。遭受西方的质疑俨然成为中国对非洲援助的一部分，中国唯一要做的就是坦然面对。面对指责，中国在援非过程中，应该本着真诚对待，努力消除援助中的负面影响，着实帮助非洲实现经济的发展和民生的改进。

（一）援非的教训

中国对非援助取得了显著的成效，其间也积累了不少经验，逐渐形成了自己独特的援助模式和特色。与此同时，中国在援助过程中，由于自身或外部的因素，也得到了不少教训，受到了不少挑战，科学认识这些教训或挑战有利于未来援助工作的开展。中国援非过程中所遭受的挑战或质疑主要体现为：

1. 中国援外管理方法存在的问题招致国际的质疑，同时也导致国内的批评

首先，援助信息不够透明。由于援助概念和统计口径的差异、援助管理的不足、国内外压力的考量，以及中国文化和哲学方面的因素，中国在援助金额的分配和使用上，资料公布还不够翔实和透明，这也遭到西方社会对中国援助的质疑和指责。③ Grimm 等学者建议中国政府提升援助的透明度，建立专门的援助监测机构，开展统计数据的收集、监测

---

① 《2015 年度中国对外直接投资统计公报》。
② 国务院新闻办公室：《中国与非洲的经贸合作》（2013）白皮书，人民出版社 2013 年版。
③ Lancaster, C., The Chinese Aid System, Centre for Global Development, 2007.

◆ 第二部分　中国对外援助对非洲经济增长与减贫的影响

和公布，以降低外界的质疑。[①] Dreher 和 Fuchs 则进一步指出提高援助的透明度对中国自身是有利的。[②]

其次，对非援助宣传不够到位。长期以来，中国对非援助一直是做得多说得少，未能进行有效的宣传，导致国际社会对中国的援助政策缺乏了解，容易产生误解或质疑。

近些年来，中国对非援助也成为网民所关注的议题。其中也不乏质疑和批评，认为中国当前还存在大量的贫困人口，国内还有诸多民生问题没有得到妥善解决，认为对非援助是"打肿脸皮充胖子"。可见，加强援外工作的宣传，创造良好的国内外舆论环境，获取国际社会和国内民众的更多支持，是对非援助面临的重要挑战。

2. 中国援助与经贸合作相结合的援助方式饱受"新殖民主义"的指责

21 世纪以来，随着中国对非援助蓬勃发展，中国对非洲的援助和合作已经对西方在非洲的传统优势地位构成挑战，也引起了西方的警觉和担忧，纷纷指责中国的援助是对非洲的掠夺，中国在非洲开展的经济合作是控制非洲经济的手段，目的是抢占非洲的资源和市场，是经济上的"殖民主义"。部分西方人士往往喜欢将互惠的经济行为与"殖民主义"挂钩，比如，中国在向安哥拉提供"石油换援助"的合作中，被西方指责为中方提供的贷款是捆绑援助，是掠夺安哥拉资源的敲门砖。事实上，中国历史上饱受殖民主义的迫害，中国现在和将来都不会将殖民主义强加给其他国家。

3. 中国不附加政治条件的援助被指责忽视良治和民主建设，容易纵容腐败和暴政，是不负责任的行为

概括来说，西方的指责主要有：第一，中国的援助实质上置受援国改革和良治不顾，是机会主义。第二，中国的援助会助长腐败和劣政，

---

① Grimm, S., Rank, R., Schickerling, E., et al., Transparency of Chinese aid: An Analysis of the Published Information on Chinese External Financial Flows, Centre for Chinese Studies University of Stellenbosh, 2011.

② Dreher, A., Fuchs, A., Rogue aid? The Determinants of China's Aid Allocation, The Determinants of China's Aid Allocation (September 6, 2011), Courant Research Centre Discussion Paper, 2011 (93).

有损非洲的可持续发展。总之,西方对中国不附加条件的援助总体上是持质疑和指责的态度。

(二) 教训产生的原因

1. 中国的援助与各方的利益冲突客观存在

对非援助原本是一件有利于非洲发展的好事,然而随着援助的开展,也带来了诸多利益冲突。

首先,中国对非援助逐渐形成了自身的特色和模式,对西方主导的援助模式已构成了挑战。在附加政治条件、援助与经贸合作、援助领域选择、数据的透明度等方面,中西方存在较大的理念差异。在争夺非洲的市场、资源和话语权方面不可否认地存在利益冲突,如何与现有西方援助体系良好共处是一个有待解决的课题。

其次,受援国自我保护意识日益增强。随着援助的深入发展,广大非洲国家在接受援助的同时,也十分重视避免援助中的负面影响,对援助的质量和水平提出了更高的要求。许多援助项目中,环境破坏、就业外移、企业竞争加剧、贸易逆差等问题客观上损害了受援国的利益。

再有,长期大量的对非援助,必然影响到国内贫困人群的感受,易招致批评和质疑。虽然对非援助与经贸合作相结合,有利于中国的经济发展,然而,这种合作的好处并不一定直接惠及国内贫困人群。

2. 与西方缺乏有效沟通,对援助认知差异显著

比如,西方将援助更多地视为单边的给予,而中国现阶段更愿意将援助视为双方平等合作的机会,是互惠互利的行为。可以说,西方对中国援助理念的形成缺乏深刻的认识和理解,也没能真正体会发展与合作对于中国的意义,往往忽视了中国依然是一个发展中国家的事实。虽然部分指责是毫无根据的,但同时不可忽视的是,由于双方的发展阶段和援助历史不同,对待援助的认知也存在显著的差异,显然这些都需要加强了解和沟通。国内学者金玲对中西方的援助认知差异进行了梳理,发现这些认知的差异是很多质疑和指责的来源。[①] 可见,在援助中如何与西方进行有效沟通,缩小认知差异将是当前乃至将来很长时间内需要解

---

① 金玲:《对非援助:中国与欧盟能否经验共享》,《国际问题研究》2010 年第 1 期,第 55—60 页。

决的问题之一。

（三）中国的应对

要减少或消除国际社会对中国援非的指责、质疑和非议等问题，可从以下几个方面入手：

1. 扎实做好对外援助工作，使援助真正惠及广大非洲人民

树立正确的援非观念，牢固树立帮助非洲共同发展的援助理念，急非洲之所急、想非洲之所想，切实帮助非洲提升建设能力，促进当地经济发展、减缓贫困。实际操作中，合理安排援助项目，满足非洲的实际需要，减少"面子工程"，使援助能够接地气，直接面向受援国贫困家庭，争取做到精准援助，使广大受援地区群众得到实实在在的好处，帮助其实现发展和脱贫。

2. 抓好援助宣传工作，争取话语主动权，消除误解

在国际社会多宣传中国的援助理念、援助主张和援助成绩，加强与媒体的沟通，最大程度地减少误会。利用好中非合作论坛的平台，加强与受援国磋商，促进合作水平的不断提升。在受援国加强与当地居民的沟通，真心实意帮助当地居民，吸纳当地居民参与援助项目，向居民展示援助的效果，以实际行动打消受援国群众的疑虑。在国内应加强宣传对外援助工作的重要性和意义，对外援助应量力而行，及时了解国内民众的心声，争取国内群众的理解和支持。

3. 提高援助透明度

提高援助透明度，对不涉及国家秘密的数据、资料等要及时公布，要及时说明援助资金的去向、分布、援助目标、项目进展和效果等情况，减少国际猜疑；加强援助的过程监管，提高援助效率，减少浪费，防止渎职和腐败现象的发生。

4. 对某些无端的质疑、指责要及时澄清、反驳和斗争

对于国际上某些不怀好意的指责应及时利用事实进行澄清，并给予严正的反驳。用事实说明我国援助的目标、动机、做法以及成就，揭穿某些不负责言论虚伪的本质。

第三部分
中国对非贸易与投资对非洲经济增长和减贫的影响

第五章　中国对非贸易、对非投资的特征事实

本章是对中国对非贸易、对非投资特征事实的分析,为后续的实证部分做必要的铺垫。通过具体数据分析得出中非贸易和中国对非投资都从整体上呈现不断增长的趋势。从贸易方面看,2009 年开始,中国已经是非洲最大的贸易伙伴,虽然中国对非洲投资流量在中国对非投资总量以及非洲吸收外资中的比重都还不高,但是近年来中国对非洲投资高速增长,中国对非洲的投资存量不断上升,在非洲引进外资的比重也不断提高,投资行业主要是符合非洲各国比较优势的资源行业和劳动密集型的轻工业。

第一节　中国对非洲贸易的特征事实

最早一批同新中国建交的国家中很大一部分来自于非洲大陆。改革开放,特别是 20 世纪 90 年代之后,中国进入高速发展阶段,同非洲的贸易往来更是日新月异。非洲大陆丰富的矿石、木材、石油等自然资源是中国发展所急需的;身为"世界工厂"的中国也能提供与非洲国家发展阶段相适应的物美价廉的日用品、电器、汽车等。

一　贸易规模快速增长

从图 5-1 我们可以看出,中非贸易总额呈现出一个长期的增长趋势,除 2009 年受金融危机影响出现下滑外,每年都有较大幅度的增长。但增长趋势又很明显地分成两个阶段,第一阶段是 1993 年至 2000 年,中非贸易总额由 1993 年的 23.51 亿美元增长到 2000 年的 105.98 亿美元,年均增长率为 24%;第二阶段为 2001 年到 2014 年,由 2001 年的 108.16 亿

◆ 第三部分 中国对非贸易与投资对非洲经济增长和减贫的影响

美元增长到 2014 年的 2221.37 亿美元,年均增长率为 26.17%,贸易额分别于 2008 年和 2013 年突破 1000 亿美元和 2000 亿美元。2009 年中国成为非洲最大的贸易伙伴,中非贸易上了一个新台阶。

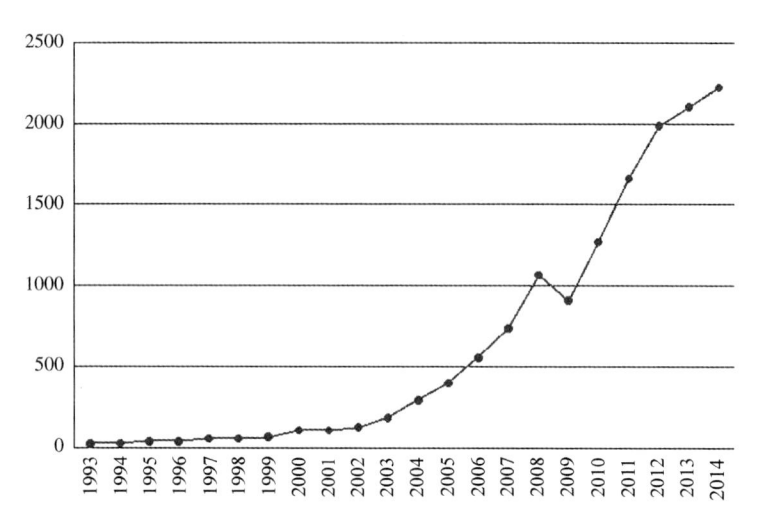

图 5-1 中非贸易总额(1993—2014 年)(单位:亿美元)
资料来源:中国海关总署数据库。

二 近年中国对非贸易持续顺差

从中国对非出口额和进口额来看,也呈现出逐年递增和分段明显的特点。中国对非出口分为两个阶段,第一阶段为 1993 年到 2005 年,出口额由 1993 年的 14.64 亿美元增长到 2005 年的 186.88 亿美元,年均增长率为 23.64%,于 2003 年突破 100 亿美元;第二阶段为 2006 年到 2014 年,由 2006 年的 267.06 亿美元增加到 2014 年的 1061.68 亿美元,年均增长率为 18.83%,出口额分别于 2008 年和 2014 年突破 500 亿美元和 1000 亿美元。中国对非进口也分为两个阶段,第一阶段为 1993 年到 2003 年,进口额由 1993 年的 8.87 亿美元增加到 2003 年的 83.65 亿美元,年均增长率为 25.16%;第二阶段为 2004 年到 2014 年,由 2004 年的 156.41 亿美元增加到 2014 年的 1159.69 亿美元,年均增长率为 22.18%,进口额分别于 2004 年、2008 年和 2012 年突破 100 亿美元、500 亿美元和 1000 亿美元。

2004 年之前,中国长期对非洲保持贸易顺差(2000 年除外,逆差为 4.83 亿美元），但顺差没有进一步扩大的趋势，均值为 11.61 亿美元。从 2004 年开始，中国开始出现对非洲的贸易逆差，且逐渐呈现出不断扩大的趋势，由 2004 年的 18.25 亿美元增加到 2012 年的历史最大值，276.93 亿美元。

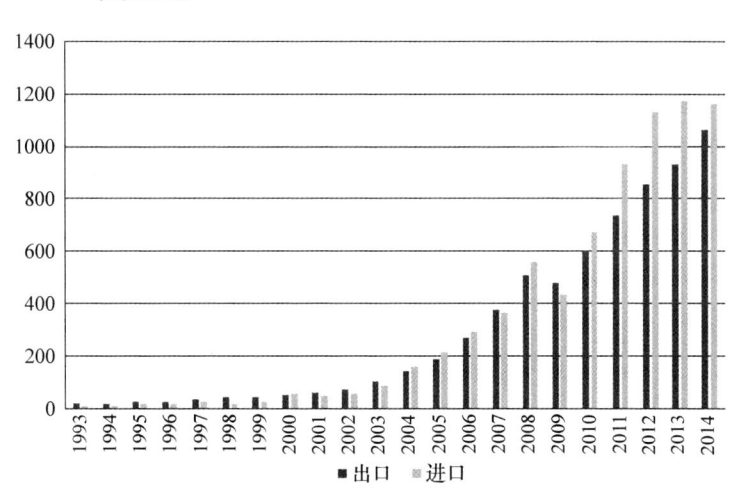

图 5-2 中国对非进口额和出口额（1993—2014 年）（单位：亿美元）
资料来源：中国海关总署数据库。

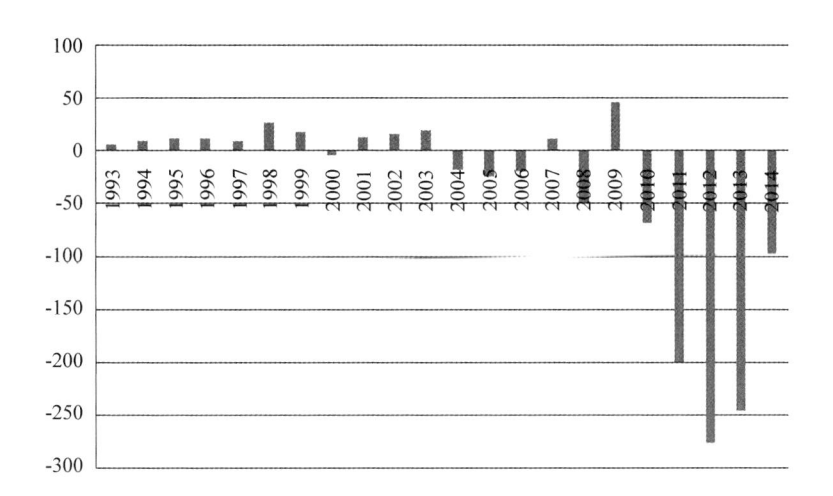

图 5-3 中非贸易差额（1993—2014 年）（单位：亿美元）
资料来源：中国海关总署数据库。

◆ 第三部分 中国对非贸易与投资对非洲经济增长和减贫的影响

三 进出口商品结构呈互补状态

从表5-1可以看出，21世纪以来，中国对非进口主要集中在资源类商品，其中最主要的是"矿物燃料、矿物油及其蒸馏产品"，占到了中国对非进口商品总额的一半以上，在2006年至2008年[①]更是达到了70%以上。"矿砂、矿渣及矿灰"也是中国对非的主要进口商品，占中国对非进口商品总额的比重常年保持在10%左右。"矿物燃料、矿物油及其蒸馏产品""矿砂、矿渣及矿灰""木及木制品、木炭""天然或养殖珍珠、宝石或半宝石、贵金属、包贵金属及其制品""铜及其制品""烟草、烟草及烟草代用品的制品""钢铁""棉花""盐、硫磺、泥土及石料、石膏料、石灰及水泥""未列明的商品"是中国对非进口的十大商品，占到了众多对非进口商品总额的90%以上，并呈现逐年递增的形式，可见中国对非进口商品结构相当稳定。

从表5-2可以看出，21世纪以来，中国对非洲主要出口工业制成品。其中，"电机、电气设备及其零件"是最主要的出口商品，占中国对非出口商品总额的比重常年保持在15%左右。"核反应堆、锅炉、机器、机械器具及其零件""车辆及其零件、附件"是近几年来中国对非出口逐渐增多的商品。以上三类商品为机械制成品，占中国对非出口商品总额的三分之一左右。中国对非出口的另外一大类商品为生活制成品，以"针织或钩编的服装及衣着附件""家具、寝具、褥垫、弹簧床垫、软坐垫及类似的填充制品""鞋靴、护腿和类似品及其零件""非针织或非钩编的服装及衣着附件""其他纺织制成品、成套物品、旧衣着及旧纺织品、碎织物"为主，该5类商品占到中国对非出口商品总额的15%左右。还有一类中国对非主要出口产品为化工产品，以"塑料及其制品""橡胶及其制品""陶瓷产品""化学纤维长丝"为主，该4类占到中国对非出口商品总额的10%左右。再加上"棉花""钢铁""船舶及浮动结构体"这3类商品，以上商品占中国对非出口商品总额比重越来越大，由2001年的60.23%上升到2013年的73.07%。中国对非洲出口的商品越来越集中，但主要出口商品却越来越平均。

---

① 表格大小有限，只显示了奇数年数据。

第五章 中国对非贸易、对非投资的特征事实

表5-1 中国从非洲进口商品结构(2001—2013年)

单位:亿美元

年份	2001	2003	2005	2007	2009	2011	2013
所有商品	47.9305	83.5998	210.6212	363.6036	433.3007	932.3817	1174.5444
	100.00%	100.00%	100.00%	100.00%	100.00%	100.00%	100.00%
矿物燃料、矿物油及其蒸馏产品	26.9208	49.4082	146.2242	260.9854	278.8916	491.7059	540.3443
	56.17%	59.10%	69.43%	71.78%	64.36%	52.74%	46.00%
未列名的商品	3.2529	2.8597	4.6377	5.7836	9.0188	159.2717	307.2454
	6.79%	3.42%	2.20%	1.59%	2.08%	17.08%	26.16%
矿砂、矿渣及矿灰	4.3429	4.7703	15.7673	33.1477	61.0888	126.3892	138.2453
	9.06%	5.71%	7.49%	9.12%	14.10%	13.56%	11.77%
天然或养殖珍珠、宝石或半宝石、贵金属、包贵金属及其制品	1.3751	3.7340	9.6570	13.5824	17.9709	34.7184	56.1036
	2.87%	4.47%	4.59%	3.74%	4.15%	3.72%	4.78%
铜及其制品	0.7002	1.1893	3.2390	7.2287	16.3528	45.0862	44.3425
	1.46%	1.42%	1.54%	1.99%	3.77%	4.84%	3.78%
木及木制品、木炭	3.9003	5.3206	5.2810	9.1536	7.9474	11.5178	15.5524
	8.14%	6.36%	2.51%	2.52%	1.83%	1.24%	1.32%
钢铁	0.9901	4.3073	4.7549	8.4757	10.4565	14.1745	10.8033
	2.07%	5.15%	2.26%	2.33%	2.41%	1.52%	0.92%

· 131 ·

◆ 第三部分 中国对非贸易与投资对非洲经济增长和减贫的影响

续表

年份	2001	2003	2005	2007	2009	2011	2013
棉花	0.0809	2.3545	6.7695	4.3329	3.3932	8.1741	8.8703
	0.17%	2.82%	3.21%	1.19%	0.78%	0.88%	0.76%
烟草、烟草及烟草代用品的制品	1.0812	1.6665	1.2980	1.3163	1.4491	3.3324	6.0986
	2.26%	1.92%	0.62%	0.36%	0.33%	0.36%	0.52%
盐、硫磺、泥土及石料、石膏料、石灰及水泥	0.7780	0.9076	0.9979	1.3963	1.6140	2.6518	3.4442
	1.62%	1.05%	0.47%	0.38%	0.37%	0.28%	0.29%
合计	43.4224	76.4580	198.6265	345.4026	408.1831	897.0220	1131.0499
	90.59%	91.45%	94.31%	94.99%	94.20%	96.21%	96.30%

资料来源：International Trade Centre (ITC)[①]。

[①] ITC 是 WTO 和联合国的下设组织，其数据库基于联合国贸发会数据。

第五章 中国对非贸易、对非投资的特征事实

表 5-2　中国从非洲出口商品结构（2001—2013 年）

单位：亿美元

年份	2001	2003	2005	2007	2009	2011	2013
所有商品	59.6271	101.2706	186.0547	373.8602	476.4128	729.2656	925.8446
	100.00%	100.00%	100.00%	100.00%	100.00%	100.00%	100.00%
电机、电气设备及其零件	7.5601	14.3275	27.9487	58.0217	77.7429	103.4141	122.2583
	12.68%	14.15%	15.02%	15.52%	16.32%	14.18%	13.21%
核反应堆、锅炉、机器、机械器具及其零件	5.0841	9.0154	21.3528	44.9676	64.1712	86.8587	116.3412
	8.53%	8.90%	11.48%	12.03%	13.47%	11.91%	12.57%
车辆及其零件、附件	2.5873	7.0804	14.4617	31.6015	37.6814	53.4283	67.4957
	4.34%	6.99%	7.77%	8.45%	7.91%	7.33%	7.29%
钢铁制品	2.1970	4.2248	9.0024	19.2532	34.3867	36.6475	46.7220
	3.68%	4.17%	4.84%	5.15%	7.22%	5.03%	5.05%
针织或钩编的服装及衣着附件	2.1953	5.6245	9.2932	29.7007	18.2903	30.3179	42.2853
	3.68%	5.55%	4.99%	7.94%	3.84%	4.16%	4.57%
家具、寝具、褥垫、弹簧床垫、软坐垫及类似的填充制品	0.7376	1.3488	3.1700	7.5270	11.2313	19.0324	40.4672
	1.24%	1.33%	1.70%	2.01%	2.36%	2.61%	4.37%
鞋靴、护腿和类似品及其零件	3.2833	5.2119	7.6991	11.0844	14.3244	23.2924	34.4015
	5.51%	5.15%	4.14%	2.96%	3.01%	3.19%	3.72%

· 133 ·

第三部分 中国对非贸易与投资对非洲经济增长和减贫的影响

续表

年份	2001	2003	2005	2007	2009	2011	2013
塑料及其制品	1.0831	1.8298	4.3871	9.2726	11.6202	21.5108	33.9573
	1.82%	1.81%	2.36%	2.48%	2.44%	2.95%	3.67%
棉花	3.2023	7.6114	9.6594	15.5116	18.1944	26.4130	28.3993
	5.37%	7.52%	5.19%	4.15%	3.82%	3.62%	3.07%
橡胶及其制品	1.1425	1.8259	4.0866	8.1116	10.9435	18.8992	24.6494
	1.92%	1.8%	2.20%	2.17%	2.30%	2.59%	2.66%
钢铁	0.2525	0.4633	1.3726	8.7329	7.8971	15.9432	23.6835
	0.42%	0.46%	0.74%	2.34%	1.66%	2.19%	2.56%
船舶及浮动结构体	1.2132	0.6949	0.9928	7.0067	16.2372	43.1755	21.7951
	2.03%	0.69%	0.53%	1.87%	3.41%	5.92%	2.35%
非针织或非钩编的服装及衣着附件	2.3666	4.8512	8.0295	11.5640	11.1448	15.9840	20.8877
	3.97%	4.83%	4.32%	3.09%	2.34%	2.19%	2.26%
陶瓷产品	0.7530	1.3388	2.5530	4.0090	6.3010	9.9772	19.4273
	1.26%	1.32%	1.37%	1.07%	1.32%	1.37%	2.10%
化学纤维长丝	1.5895	3.0798	5.9504	7.2588	9.0891	16.9864	18.6881
	2.67%	3.04%	3.20%	1.94%	1.91%	2.33%	2.02%

续表

年份	2001	2003	2005	2007	2009	2011	2013
其他纺织制成品、成套物品、旧衣着及旧纺织品、碎织物	0.6665	1.1809	2.1720	4.6647	7.4206	9.6535	15.0495
	1.12%	1.17%	1.17%	1.25%	1.56%	1.32%	1.63%
合计	35.9139	69.7293	132.1313	278.2880	356.6761	531.5341	676.5084
	60.23%	68.85%	71.02%	74.44%	74.87%	72.89%	73.07%

资料来源：International Trade Centre (ITC)。

◆ 第三部分 中国对非贸易与投资对非洲经济增长和减贫的影响

综上我们可以得出结论,中非贸易额一直在不断扩大,从 2009 年开始,中国已经是非洲最大的贸易伙伴,中国对非的贸易顺差从 2000 年之后逐渐转变为贸易逆差,且差额越来越大,中国与非洲之间的贸易结构呈现出高度互补的特点,中国主要从非洲进口资源类商品,出口工业制成品。

第二节 中国对非洲投资的特征事实

近年来,中国对非直接投资规模快速扩大,对非洲大陆国家的投资覆盖率也在逐年上升,投资行业日趋多样化,对非承包工程持续增长。

一 投资规模快速扩大

随着中国鼓励本国企业"走出去"战略的实施,中国对非直接投资规模也扩大迅速,并已成为非洲主要的外资来源国之一。一方面,如图 5-4 所示,中国在非洲地区直接投资的流量规模在 2003 年为 0.75 亿美元,仅在 5 年间就增长了 73 倍多,2008 年高达 54.91 亿美元。随后,受全球金融危机的影响,2009 年中国对非直接投资流量规模下降为 14.39 亿美元,接着又迅速反弹,在 2011 年恢复至 31.73 亿美元,2014 年上升至 32.02 亿美元。另一方面,中国对非直接投资存量规模增幅也很迅速,从 2003 年的 4.9 亿美元增加至 2014 年 323.5 亿美元。

与此同时,由图 5-5 可知,从非洲每年吸引外资流量总额来看,中资所占的比重上升也很快,从 2003 年的 0.41% 迅速上升为 2008 年 9.49%,受世界金融危机的冲击该数值 2009 年大幅下降,但在 2011 年又迅速回升至 7.44%,并成为非洲排名前三(法国、美国、中国)的外资主要来源国之一,之后受国际市场大宗商品价格波动以及非洲埃博拉疫情的影响,2014 年中资所占比重为 5.49%,有所下降,但整体仍呈现上升的趋势;从非洲吸引外资存量来看,中国的占比一直呈现上升的趋势,从 2003 年占比不到 0.3%,到 2014 年占比为 4.54%。

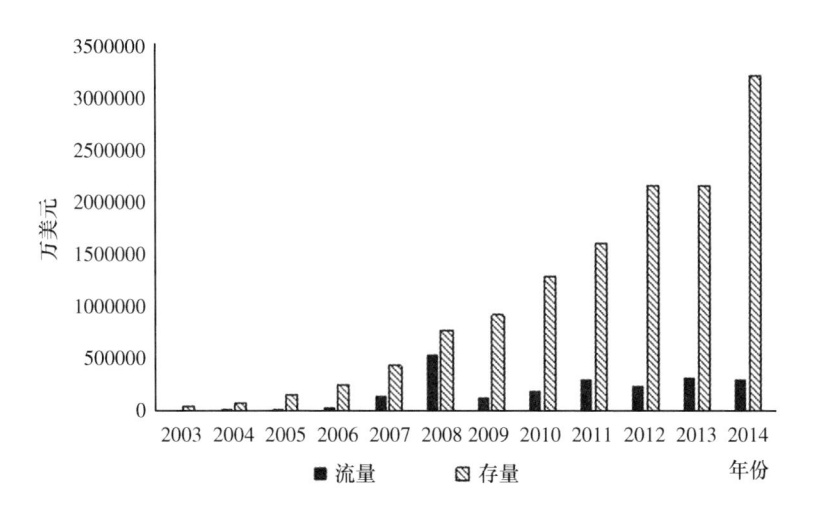

第五章 中国对非贸易、对非投资的特征事实

图 5-4 中国对非直接投资流量和存量规模（2003—2014 年）

资料来源：《2010 年度中国对外直接投资统计公报》，第 37—44 页；《2014 年度中国对外直接投资统计公报》，第 44—50 页。

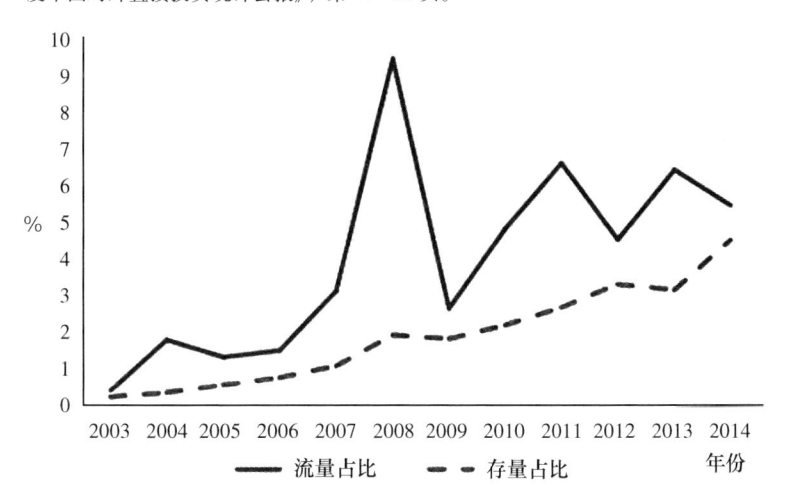

图 5-5 中国对非投资占非洲吸引外资的比重（2003—2014 年）

资料来源：联合国贸易与发展会议数据库；《2010 年度中国对外直接投资统计公报》，第 37—44 页；《2014 年度中国对外直接投资统计公报》，第 44—50 页。

二 投资的地域覆盖率高，但地区不平衡

由 2014 年的中国对外直接投资统计公报可知，截至 2014 年底，中

· 137 ·

◆ 第三部分 中国对非贸易与投资对非洲经济增长和减贫的影响

国对非洲地区的投资已经遍布非洲大陆52个国家,中国在非洲地区投资的境外企业覆盖率为86.7%,并且相比于亚洲、欧洲、北美洲、拉丁美洲和大洋洲,非洲覆盖率排名第二,仅次于亚洲(97.9%),中国企业"走出去",共在非洲设立了3152家境外企业,占同期中国投资的境外企业总数的10.6%。

但中国对非直接投资仍主要集中在少数几个国家,具有很强的地区不平衡性。一方面,中国对非的直接投资主要集中在阿尔及利亚、南非、苏丹、尼日利亚、赞比亚等国。从流量规模来看,由表5-3可知,2003年吸引中国外资流入的前10个非洲国家占比为87.84%,2007年进一步上升为91.59%,2014年吸引中国外资流入的前10个非洲国家共计吸引投资26.51亿美元,占非洲吸引中国外资总额的82.8%;从存量规模来看,由表5-4可知,截止到2014年末,吸引中国外资流入的前10个非洲国家依次为南非、阿尔及利亚、尼日利亚、赞比亚、刚果(金)、苏丹、津巴布韦、安哥拉、加纳和刚果(布),共计吸引投资218.71亿美元,占非洲吸引中国外资存量总额的67.6%。另一方面,从中国投资企业的国家分布来看,截至2011年底,国有企业投资前10位的非洲东道国主要为赞比亚(67家)、尼日利亚(62家)、埃塞俄比亚(47家)、苏丹(43家)、坦桑尼亚(39家)、阿尔及利亚(38家)、安哥拉(35家)、南非(35家)、肯尼亚(33家)和津巴布韦(32家);民营企业投资前10位的非洲东道国主要为尼日利亚(155家)、南非(101家)、埃及(65家)、埃塞俄比亚(60家)、加纳(51家)、赞比亚(50家)、刚果(金)(49家)、安哥拉(41家)、坦桑尼亚(39家)、肯尼亚(32家)。[1] 因此无论从中国对非直接投资流量和存量的分布来看,还是从中国企业对非投资的东道国选择来看,中国对非直接投资的国家分布依旧不平衡。

---

[1] 张娟、刘钻石:《中国民营企业在非洲的市场进入与直接投资的决定因素》,《世界经济研究》2013年第2期,第74—79、89页。

第五章 中国对非贸易、对非投资的特征事实

表5-3 中国对非直接投资流量前10位国家（2003、2007、2014年）

单位：百万美元，%

国家	2003年 规模	2003年 占比	国家	2007年 规模	2007年 占比	国家	2014年 规模	2014年 占比
尼日利亚	24.4	32.62	南非	454.41	28.86	阿尔及利亚	665.71	20.79
毛里求斯	10.27	13.73	尼日利亚	390.35	24.80	赞比亚	424.85	13.27
南非	8.86	11.84	阿尔及利亚	145.92	9.27	肯尼亚	278.39	8.69
赞比亚	5.53	7.39	赞比亚	119.34	7.58	刚果（布）	238.60	7.45
马里	5.41	7.23	尼日尔	100.83	6.40	尼日利亚	199.77	6.24
加纳	2.89	3.86	苏丹	65.4	4.15	中非	182.24	5.69
阿尔及利亚	2.47	3.30	刚果（金）	57.27	3.64	苏丹	174.07	5.44
埃及	2.1	2.81	利比亚	42.26	2.68	坦桑尼亚	166.61	5.20
贝宁	2.09	2.79	安哥拉	41.19	2.62	埃及	162.87	5.09
毛里塔尼亚	1.7	2.27	埃及	24.98	1.59	刚果（金）	157.56	4.92
合计	65.72	87.84	合计	1441.95	91.59	合计	2650.67	82.78

资料来源：《2010年度中国对外直接投资统计公报》，第37—44页；《2014年度中国对外直接投资统计公报》，第44—50页。

表5-4 中国对非直接投资存量前10位国家（截至2014年）

单位：百万美元，%

国家	存量	占比
南非	5954.02	18.40
阿尔及利亚	2451.57	7.58
尼日利亚	2323.01	7.18
赞比亚	2271.99	7.02
刚果（金）	2168.67	6.70
苏丹	1747.12	5.40
津巴布韦	1695.58	5.24
安哥拉	1214.04	3.75
加纳	1056.69	3.27
刚果（布）	988.76	3.06
合计	21875.41	67.6

资料来源：《2014年度中国对外直接投资统计公报》，第44—50页。

三 投资行业日趋多元化

中国对非直接投资行业也日趋多元化，投资的行业领域不断拓宽，逐步从能源领域扩展到建筑业、制造业、商品贸易业、农业等，几乎涵盖所有行业部门。由图5-6可知，2014年中国对非投资行业分布较广，前8位的行业及其所占份额依次为建筑业，所占份额为23.7%；交通运输、仓储和邮政业，所占份额为17.6%；制造业，所占份额为15.7%；采矿业，所占份额为13.1%；金融业，所占份额为8.6%；租赁和商务服务业，所占份额为4.4%；农/林/牧/渔业，所占份额为4.1%；房地产业，所占份额为3.9%。国际上一些媒体声称中国对非洲的投资带有"掠夺资源"的性质，这是与事实不符的。实际上从行业分布来看，由2014年中国对外直接投资统计公报数据可知，流量方面，2014年非洲建筑业吸引的中国外资流入份额为23.7%，制造业吸引的中国外资流入份额为15.7%，这两个行业的外资流入份额均高于采矿业（份额为13.1%）；存量方面，截止到2014年，非洲建筑业吸引的中国外资流入存量份额为24.7%，也略高于采矿业（份额为24.5%）。

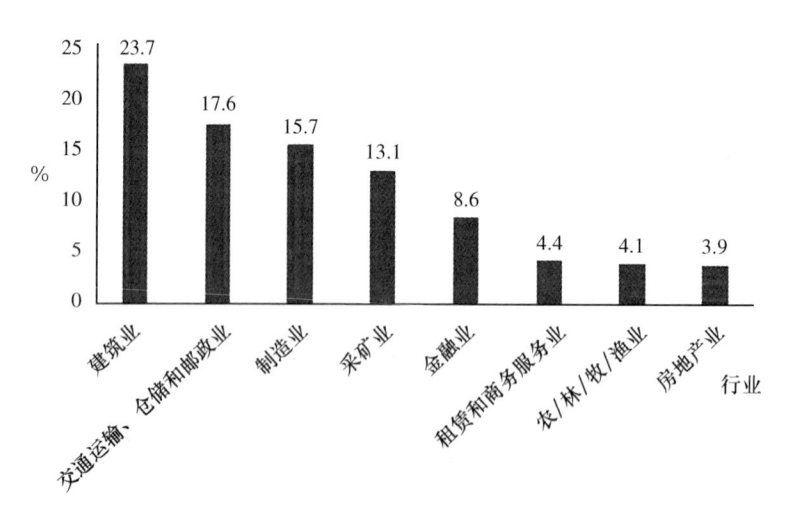

图5-6 中国对非直接投资流量分布前八位行业（2014年）

资料来源：《2014年度中国对外直接投资统计公报》，第15页。

四 对外承包工程持续增长

非洲一直是中国对外承包工程的重要市场。由图5-7可知，2003年以来中国对非承包工程快速发展，中国对非洲承包工程新签合同额由2003年的38.7亿美元上升到2014年的754.9亿美元，年均增长速度为31%；同期完成营业额由26亿美元上升到529.7亿美元，年均增长速度为31.5%。另据2015年中国对外投资合作发展报告可知，2014年非洲地区新签合同额和完成营业额分别占中国对外承包工程新签合同总额和完成营业总额的39.4%和37.2%。

从行业分布来看，新签合同额行业分布中，交通运输行业所占份额为46.5%，房屋建筑行业所占份额为23.1%，电力行业所占份额为11.6%。

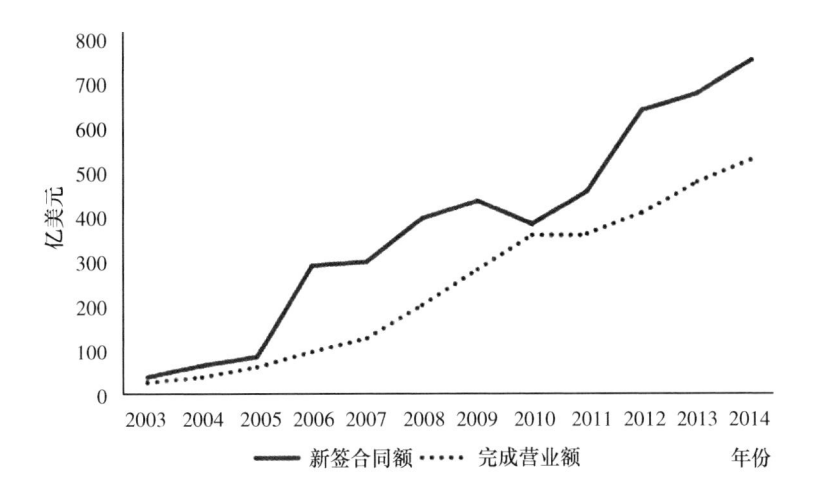

图5-7 中国对非承包工程额（2003—2014年）

资料来源：中国对外承包工程商会。

由图5-8和5-9可知，2014年中国对非承包工程新签合同额前5位非洲国家依次为尼日利亚（占比23.46%）、阿尔及利亚（占比12.92%）、肯尼亚（占比7.09%）、埃塞俄比亚（占比6.73%）和安哥拉（占比4.6%），这5个非洲国家新签合同总额为413.6亿美元，占同期非洲新签合同总额的54.8%；同期中国对非承包工程完成营业

◆ 第三部分 中国对非贸易与投资对非洲经济增长和减贫的影响

额前 5 位的非洲国家依次为埃塞俄比亚（占比 12.89%）、安哥拉（占比 12.08%）、阿尔及利亚（占比 11.95%）、尼日利亚（占比 8.55%）和刚果（布）（占比 4.78%），这 5 个非洲国家完成营业总额为 266.2 亿美元，占同期非洲完成营业总额的 50.25%。

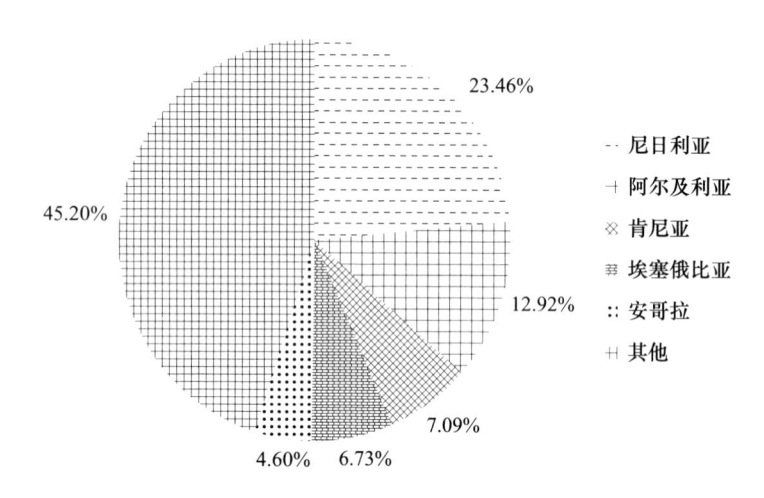

图 5-8 中国对非承包工程新签合同额前五位国家（2014 年）
资料来源：《中国对外投资合作发展报告》（2015），第 59 页。

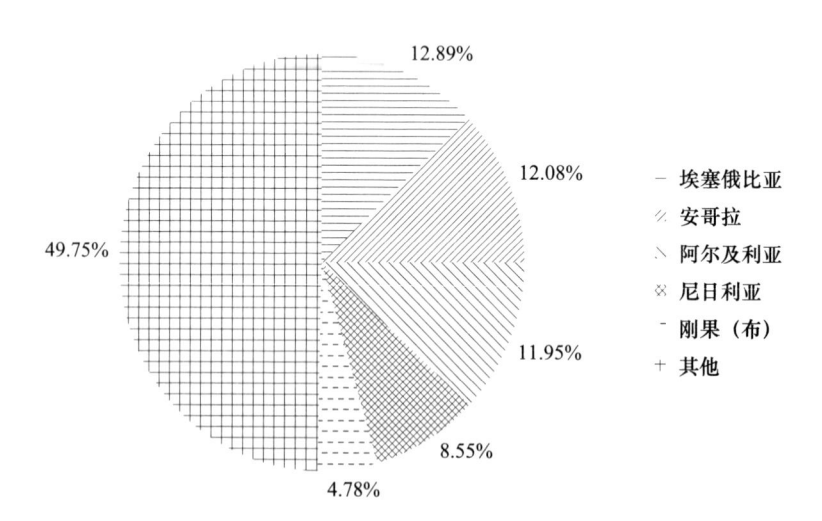

图 5-9 中国对非承包工程完成营业额前五位国家（2014 年）
资料来源：《中国对外投资合作发展报告》（2015），第 59 页。

综上所述，中国对非直接投资在一直增加（剔除金融危机影响），中国对非洲大陆国家的投资覆盖率也在逐年上升，中国对非投资企业数量也在高速增长，中国对非洲的投资处于不断增长的态势。

第六章 中国对非贸易和投资的经济增长效应
——基于结构经济学视角

本章首先在新结构经济学框架下提出贸易与投资对经济增长的作用机制；然后建立回归模型对中国对非贸易与投资对非洲经济增长影响进行实证分析；最后得出相关结论及政策建议。

第一节 新结构经济学框架下的贸易与投资的经济增长效应：理论分析

本节主要对新结构经济学框架下的贸易与投资对经济增长的关系进行理论分析，重点介绍新结构经济学的分析框架，FDI 和贸易对经济增长的作用机制，技术选择指数（TCI）的构建与计算。

一 新结构经济学的分析框架[①]

第一章文献综述已简要提到了新结构经济学的三个要点，本章将这三个要点进行展开，详细阐述新结构经济学的分析框架。本章将应用的新结构经济学建立在三条关键定理的基础之上。

（一）经济结构会随要素禀赋结构的变化而不断调整

经济体的禀赋是新结构经济学分析经济发展的核心。经济学家一般

[①] 本部分根据林毅夫《新结构经济学——重构发展经济学框架》[载《经济学》（季刊）2011 年第 1 期]、林毅夫《新结构经济学——反思经济发展与政策的理论框架》（北京大学出版社 2013 年版）、林毅夫《发展战略、自身能力和经济收敛》[载《经济学》（季刊）2002 年第 2 期] 三种文献整理转述而成。

第六章 中国对非贸易和投资的经济增长效应

认为，一个经济体的禀赋由土地（或自然资源）、劳动力和资本（包括物质和人力资本）构成，这些便是经济中的企业用于生产的要素禀赋。新结构经济学将分析经济发展影响因素中常受忽略的基础设施引入分析框架，并认为基础设施是经济发展中一个重要的禀赋。[①] 基础设施包括硬性（有形的）基础设施和软性（无形的）基础设施。硬性基础设施包括高速公路、港口、机场、电信系统、电力设施和其他公共设施等；而软性基础设施包括制度、规范、社会资本、价值观体系以及其他社会和经济安排等。基础设施对于一个经济体企业的生存能力至关重要，因为它能影响每个企业的交易费用、投资边际回报和生产可能性边界。企业为了盈利，必须在市场上进行诸如雇用劳动力、购买原材料、进行生产并最终卖出产品等一系列经济活动。硬性基础设施将决定企业开展经济活动的交易费用和市场范围；而软性基础设施也有类似的作用，例如金融制度与体系将决定企业获得外部融资的难度，法律系统决定合约签订和履行所需的费用，而社会网络决定企业与信息、金融和市场之间的互动范围和程度，等等。因此，给定任意时刻，基础设施禀赋决定着该时刻企业的交易费用和边际回报率，也决定着经济离生产可能性边界究竟有多远。虽然基础设施对于单个企业来说极其重要，但绝大多数硬性基础设施和几乎所有的软性基础设施都是外生供给的，无法被企业自身决策所内化。

经济体的禀赋在任何既定时间点是给定的，但会随着时间推移而变化，故经济体的禀赋结构就形成了经济发展中的一条连续谱。经济处于不同发展阶段的国家，由于禀赋结构不同，相应地会有不同的经济结构。处于初级发展阶段的国家，其要素禀赋结构一般会呈现出劳动力或自然资源相对丰富，同时资本相对稀缺的特点，因而生产也多集中于劳动力或资源密集型产业，这些产业主要集中于维持生存水平的农业、畜牧业、渔业和采矿业，采用相对传统的、成熟的技术，同时所生产的产品也拥有较为成熟的市场。除采矿业外，这些生产活动很少形成规模经

[①] 林毅夫认为用于生产的要素禀赋和基础设施禀赋的差异在于，前者的供给和需求由家户、企业的个别决策所决定的；而后者则由共同体或政府供给，而且因为需要集体行动，这种供给过程无法内化到家户或企业的个别决策之中。

济，且这些国家的企业规模一般而言相对较小，对进行生产和交易所需的硬性和软性基础设施不仅有限，而且要求相对简单。在这种情况下，在非熟练劳动力和自然资源相对充裕但物质和人力资本相对稀缺的发展中国家，只有劳动力密集型产业和资源密集型产业才会在开放的竞争性市场中具有比较优势。经济发展是人均收入水平持续增加的过程，这个过程不仅要求现有产业必须持续引入新的、更好的技术，还要求现有产业必须持续从劳动力（或自然资源）密集型产业向新的、资本密集型的产业进行升级，否则人均收入水平就会像Solow新古典增长模型所预测的那样陷入停滞。产业升级比技术升级更重要，这是因为虽然现有产业不断引入新的、更好的技术，是现代经济增长的一个重要方面（例如初级阶段的发展中国家的民众普遍都以农业为生，因而农业技术创新是提高农民收入和减少贫困的关键），但是，没有产业差异化或产业升级（从已有产业向新的、资本更密集的产业进行升级）的过程，人均收入的持续增长将受到限制。而对于已经完成工业化的国家和发达国家来说，其禀赋结构则完全不同，其相对丰裕的要素不是劳动力也不是自然资源，而是资本和技术，所以发达国家在具有规模经济的资本和技术密集型产业中具备比较优势。[1]

（二）产业机构的升级取决于要素禀赋结构的升级

经济发展是一个连续过程，既不能像Rostow那样将其划分为刚性的或特定的"阶段"[2]，也不是经济学文献历来所假设的那样，仅为高收入国家和低收入国家所组成的两点分布，而是一个自低收入传统农业开始，历经各种中等收入的工业化过程，最终达到高收入的后工业化现代社会的发展过程。

由于产业升级的过程是一个从经济发展水平由低到高的连续变化谱，经济在发展过程中就会面临各种各样的产业结构，而拥有后发优势的发展中国家会面临资本密集度不同的一系列产业可供选择，在这种情况下，发展中国家应选择符合自身禀赋结构的产业。在任意给定时点，

---

[1] Lin, J., "Development Strategy, Viability and Economic Convergence", *Economic Development and Cultural Change*, 2003, 53 (2): 277–308.

[2] Rostow, W., *The Stages of Economic Growth: A Non-Communist Manifesto*, 3rd ed., New York: Cambridge University Press, 1990.

一个国家的最优产业结构内生决定于该时点上劳动力、资本和自然资源的相对丰裕程度，即要素禀赋。

要实现向资本更密集产业的升级，发展中国家需要首先升级其要素禀赋结构，而这就要求资本积累速度高于劳动力增长速度。[①] 产业升级和发展的速度不仅取决于要素禀赋结构提升的速度，还取决于基础设施是否与每个发展阶段相适应。以金融体系为例，在经济发展过程中，由于资本设备的不可分性，生产的规模效应会不断扩大，企业也变得更大，需要更大的市场。由于金融交易中的规模经济特性，企业规模大小往往是影响企业融资决策的重要因素，较小的企业所需资本较少，因而融通单位资金所需的金融交易费用要高于大企业。此外，经验证据表明，不同融资方式具有不同的规模经济特性：大企业在向银行融资时具备显著的规模经济特性，但在公开市场发行股票或企业债券来融资时规模经济特性却要小得多；小企业通常缺乏规范的金融报表，金融历史也较短，因而比大企业更不透明，有更严重的信息不对称问题，这些都阻碍着小企业在金融市场上融资。当资本积累或人口增长时，经济体的要素禀赋就发生了变化，这就使其最优产业结构偏离之前的要素禀赋所决定的情况。而在经济发展的任何一个阶段，产业结构、金融、法律、交通和电信等一系列基础设施都会与在其他发展阶段的情况不同，故产业结构的偏离要求新的基础设施服务以减少交易费用，使经济重返生产可能性边界，从而通过产业结构和基础设施的提升维持经济结构的最优性。

当企业所选择的技术和产业都与经济体要素禀赋所决定的比较优势相符时（基础设施视为外生），经济将会最有竞争力。随着具有竞争力的企业和产业不断成长，它们将占有更大的国内、国际市场份额，同时也将以工资和利润的形式创造出最多的经济剩余。与此同时，由于拥有要素禀赋结构所决定的最优产业结构，这些经济剩余的投资回报也将最大。在这种发展战略下，经济体将不断积累物质资本和人力资本，不断

[①] Lin, J., and H. Chang, "DPR Debate: Should Industrial Policy in Developing Countries Conform to Comparative Advantage or Defy It?" *Development Policy Review*, 2009, 27 (5): 483 – 502.

◆ 第三部分 中国对非贸易与投资对非洲经济增长和减贫的影响

提升自身的要素禀赋结构和产业结构，并且使得企业在资本和技术密集型产业中越来越有竞争力。

（三）市场是实现有效资源配置的根本机制，但政府应在基础设施供给的协调和改进中发挥积极的、因势利导的作用。

要想使企业进入符合经济体要素禀赋结构所决定的比较优势的产业，就需要一个能反映经济体要素相对丰裕程度的价格体系，而这只有竞争性的自由市场才能做到。① 因此，市场就成为经济体在每个发展阶段所依赖的基础性的资源配置机制。这种遵循比较优势的发展战略是积累资本和提升要素禀赋结构的最快方法，不仅因为经济体在发展的每个阶段都能发挥自身的比较优势，还因为这些发展中国家能充分发挥其后发优势，它们可以在每个发展阶段都选择应用发达国家已经发明出来的技术和进入那些相对成熟的产业，而不需要自己重新研发技术，使得其产业结构升级进一步加速。但随着经济体不断向上的产业升级，企业离世界科技前沿越来越近，也就越来越难以从发达国家引进成熟技术，因而也就越来越需要自主研发新技术和新产品。

经济体除了要解决升级技术的问题之外，还面临资本需求、生产和市场规模越来越大，远距离市场交易越来越多等问题，这也就要求政府在硬性和软性的基础设施上做出相应的改进，满足产业升级新的需要。这是因为单个企业无法在成本上有效地将金融、法律、教育、交通、电力等一系列基础设施改进完全内化，多个企业之间自发为做出这些改进而进行协调也是很困难的，这种基础设施的改进需要基础设施的供给方和产业中的企业集体行动，或至少它们之间达成协议。因此，即使政府不自己改进这些基础设施，它也需积极帮助进行必要的协调。在供给、协调并改进基础设施的过程中，政府起到相应的作用，避免基础设施成为经济发展的瓶颈。以技术升级为例，需要进行技术研发的企业需要承担巨额的研发成本和风险，而研发活动所创造出来的公共知识和相关技术却由于外部性可能使经济中的其他企业受益。② 为弥补研发企业因外

---

① Lin, J., "Beyond Keynesianism", *Harvard International Review*, 2009, 31 (2).

② Jones, C., and P. Romer, "The New Kaldor Facts: Ideas, Institutions, Population, and HumanCapital", NBER Working Paper No. 15094, 2009.

部性造成的损失,政府可以通过资助大学里的基础研究、对新发明授予专利,以及提供税收优惠和其他好处,补贴单个企业的研发活动。

二 贸易和外商直接投资对经济增长的作用机制

许多学者的经验研究表明:更为开放的经济体的经济增长效率和速度都比更为封闭的国家要好。新结构经济学也不例外,其认为在开放的环境下,贸易和外商直接投资(FDI)能更好地推动经济增长。

(一)贸易和投资能够有效地促进经济增长

首先,新结构经济学认为一国的进出口内生取决于该国要素禀赋结构所决定的比较优势,而且进出口商品结构的变化是产业升级过程的重要特征,因为进出口结构的变化反映了比较优势的变化。选择符合比较优势发展战略的国家将进口不具备比较优势的产品,同时出口具有比较优势的产品。如果发展中国家选择了违背比较优势的发展战略,施行"进口替代战略",即试图以国内生产替代资本密集型产品的进口,那么它的进出口贸易都将受损。进口贸易受损是因为本国要生产资本密集型产品,可能需要进口一些大型机械设备,这往往会消耗更多的外汇储备;出口贸易受损是因为资源会被从具有比较优势的产业转移出去发展不具比较优势的产业,而且为了促进不具比较优势产业的发展,本币价值会被高估,所造成的扭曲会进一步阻碍出口。另外一种情况是发展中国家选择违背比较优势的发展战略,同时鼓励优先发展的资本密集型产业扩大出口。这种情况下,即使该国企业的产品拥有较高的出口比率并且技术进步速度很快,出口往往也是没有利润的。因为此时企业的生存需要依靠银行的优惠贷款、国内市场的保护和其他的政策支持。[①] 这会导致这个国家积累很多外债、外汇储备大幅降低,进而使得该国容易受到外部冲击,不利于其宏观经济的稳定,并最终影响经济增长的效率和速度。

其次,新结构经济学认为外商直接投资(FDI)是一种对发展中国家最为有利的外国资本流动形式,因为 FDI 选择进入发展中国家的目的

---

① 林毅夫:《发展战略、自身能力和经济收敛》,载《经济学》(季刊)2002 年第 2 期,第 281 页。

就是通过发展与这些国家比较优势相一致的产业而从中获利。相较于投机资本而言，FDI较少受到突发危机的影响，而且也不会像投机资本一样因突然进出而导致金融危机。除此之外，FDI一般都会带来发展中国家经济发展最为需要的技术、管理、市场渠道和社会网络等一系列资源，这些资源会更好地帮助发展中国家进行产业升级。因此，发展中国家应鼓励FDI，并使其成为推动自身经济发展的重要力量。相反，投机资本较少流入生产性部门，而主要流入股市和房地产等适合套利的部门和产业，原因有二：第一，在已有产业大幅增加投资会使得资本边际收益递减，这不符合投机资本逐利的本质；第二，在基础设施有限的情况下，大量投机资本的进入也会使得产业升级过程难以快速全面地进行，从而不利于利润的产生。[1] 投机资本流动迅速，容易引起经济泡沫和经济波动，因此发展中国家不应鼓励投机资本的过度存在。

通过上面的分析我们可以得出结论，在开放条件下，贸易和FDI能在一国所选择的符合其自身比较优势的发展战略中发挥重要作用。而新结构经济学以新古典方法来研究经济发展过程中经济结构及其变迁过程的本质和决定因素。[2]

(二) 贸易和FDI作用于经济增长的理论机制

1. 贸易和FDI可以增加一国的要素供给

生产要素是经济发展的关键。生产要素主要包括劳动力、土地、矿产资源、资本等。生产要素禀赋在各个国家是不尽相同的，例如劳动力在较为落后的发展中国家是比较丰裕的生产要素，而资本在发达国家是比较丰裕的生产要素。即使对同一个国家而言，在不同的发展阶段，其生产要素禀赋也会差别很大。通过贸易和FDI，一国可以获得其自身稀缺的生产要素，对发达国家而言，在其经济起飞过程中，无一例外都曾从自然资源丰富的欠发达国家进口稳定而便宜的工业原材料，例如日本经济起飞时曾大量从中东进口石油；对发展中国家而言，则需要通过从发达国家进口先进的机器设备，例如韩国的汽车工业发展初期就从发达

---

[1] 林毅夫：《新结构经济学——重构发展经济学框架》，载《经济学》（季刊）2011年第1期，第23页。

[2] 同上书，第19页。

国家进口了汽车生产的机器设备。除此之外，发展中国家还需要吸引FDI来弥补发展初期资本相对短缺的问题。这些生产要素的大量进口，一方面弥补了国内相关要素的供给不足，另一方面也大大提高了生产企业的利润率，这对维持国内的投资水平进而促进经济增长起到了明显的推动作用。

2. 贸易和FDI可以创造更多的就业机会

即使发展中国家选择了符合其比较优势的发展战略，在封闭环境下，受需求、除劳动力以外的其他生产要素的有限性等的影响，国内的劳动力不能充分发挥其作用。通过出口，为产品寻找到新的市场与销路，就会促进国内生产的扩大与发展，也就能为各行各业带来大量新的就业机会；通过进口，不仅会直接增加进口部门的就业，还会通过作用于国内消费和加工行业来间接促进就业；通过FDI，不仅可以解决由于资本短缺而造成的就业不足问题，外国企业还可以直接进入生产部门增加就业。通过发展进出口贸易和引进FDI，可以缓解多种限制性因素来创造更多的就业机会，促进该国符合比较优势的发展战略的有效实施。

3. 贸易和FDI可以促进劳动生产率的提高，优化资源配置

在各国的对外贸易交往过程中，各国会根据自身的比较优势进行国际分工，不应试图去生产本国所需要的一切产品，而应集中本国的生产资源，努力生产本国最具优势的产品，并去和别国交换那些在国内生产不具优势的产品。即使在同一产业内，也会因为各国的资源禀赋不同造成同一产品的不同工序在不同国家生产，例如美国的波音客机的各个部件由于所需的资本/劳动力比不同而由不同的国家生产，最终再由波音公司组装而成。国际分工可以通过节约社会劳动时间来增加生产总量，推动劳动生产率的提高，增加产品的附加值，获取最佳经济效益。通过贸易可使一国的经济范围扩大到整个世界，突破了国内市场狭小的限制，增加了优化配置本国资源的深度和广度，使各国的各种不同生产要素都能得到充分开发和利用，而通过FDI，外国的资本可以进入一国最富有竞争力的产业中，改善一国的资本和劳动力的比率，最终达到优化资源配置的效果，对经济增长起到推动作用。

4. 贸易和FDI可以促进企业实现规模经济

在一国选择实行的符合自身比较优势的发展战略中，最重要的一点

◆ 第三部分 中国对非贸易与投资对非洲经济增长和减贫的影响

就是在其拥有比较优势的行业实现规模经济,因为这能使产品的生产投入量小,产出量大,使得成本最低而竞争力最强。贸易和FDI就是实现规模经济的重要途径,一方面,通过贸易和FDI可以获得廉价的资本、原料、燃料、机器设备、设备,从而降低生产成本,满足扩大生产规模的需要;另一方面,通过贸易可以拓宽产品销售市场,使生产摆脱国内市场的局限,刺激本国产业规模的扩大,使生产能够获得规模效益,进一步降低生产成本,提高劳动生产效益,推动经济的增长与发展。

5. 贸易和FDI可以促进一国人力资本积累和技术进步

人力资本和技术对一国经济增长的作用,在内生增长理论中有着详细证明。由于贸易和FDI的外部性,两者都会对人力资本积累和技术进步产生积极作用,从而促进经济增长。贸易和FDI是一国获得先进技术的重要渠道,哪怕是最发达的国家都不可能完全依靠自身研究和发明来获取满足本国产业升级所需的大量技术,对于自主研发能力较低的国家而言,技术引进更是其实现技术进步和产业升级的主要途径,通过进口先进的技术设备和产品,一国可以节约大量研究与发明费用,避免许多重复劳动,迅速提升本国技术水平,同时在使用先进的设备和产品时,该国技术工人也会通过"干中学"消化吸收专业知识,从而完成人力资本积累。

6. 贸易和FDI可以推动产业演进

需求结构的状况和变化趋势,对产业结构有着最为直接和重要的影响,一国可以通过贸易和FDI发现自身的比较优势,为该国产业结构的演进提供信号和方向。出口获益最大的产业一般都是比较优势较为集中的产业,而FDI的逐利性使得FDI选择进入符合一国比较优势的产业,该国围绕其比较优势进行专业化生产和资源的优化配置,促进优势产业的发展,随着经济的发展,比较优势发生变化,产业结构也就不断趋于高级化。而通过OFDI可以把在一国已处于成熟期或衰退期的产业输出到其他相对落后的国家,不仅能获得那些国家的相对成本优势,而且还有助于输出国产业结构的进一步完善和升级;再者,贸易会加剧各国企业间的竞争,为了获取更丰厚的利润,企业也会将资本投入到研发部门以保持其技术领先和研发差异化产品,这样,贸易也会作用于企业并成为推进企业研发的动力。

三 技术选择指数的构建与计算①

新结构经济学认为,一国经济增长的关键在于是否实行了符合其比较优势的发展战略,要进行实证分析,如何衡量一国发挥禀赋比较优势和依据这种优势实行生产的程度就显得尤为关键。基于此,林毅夫提出了技术选择指数(Technology Choice Index,TCI指数)来衡量一国的发展战略。

在构建TCI之前,林毅夫先用一个开放、自由和竞争性市场中的企业预期利润率定义了自生能力:如果一个企业通过正常的经营管理,预期能够在自由、开放和竞争性的市场中赚取社会可接受的正常利润,那么这个企业就是有自生能力的。在一个竞争的市场里,企业的经营管理将影响其盈利能力,这是一个公认的命题。然而,一个企业的预期获利能力也取决于其产业和技术选择。

在一个自由、开放、具有竞争性的市场中,企业的自生能力取决于其技术选择是否位于经济的相对要素禀赋结构所决定的最低成本线上。在图6-1中,等产量线上的点代表生产一定数量的某一种产品的各种可能的生产技术,表现为不同的资本和劳动力组合。A点代表的技术比B点更为劳动力密集。C、C_1、D、D_1是等成本线,等成本线的斜率代表资本和劳动力的相对价格。在一个资本相对昂贵而劳动力相对便宜的经济里(如等成本线C和C_1所表示的那样),生产既定数量的产品采用A点所代表的技术成本最低。当劳动力的相对价格上升的时候(如等成本线D和D_1所表示的那样),采用B点所代表的技术成本最低。在一个自由、开放、具有竞争性的市场中,资本和劳动力的相对价格决定于该经济的要素禀赋结构,即资本和劳动力的相对丰裕程度。当劳动力相对丰裕而资本相对稀缺时,等成本线类似于图6-1中的C和C_1线,当资本相对丰裕而劳动力相对稀缺时,等成本线则类似于图6-1中的D和D_1线。企业只有在生产中采用最低成本的技术时才是有自生能力

---

① 本部分根据北京大学中国经济研究中心发展战略研究组《关于技术选择指数的测量与计算》(北京大学中国经济研究中心讨论稿,No. C2002003,2002年)、林毅夫《发展战略、自身能力和经济收敛》[载《经济学》(季刊)2002年第2期]整理转述而成。

◆ 第三部分　中国对非贸易与投资对非洲经济增长和减贫的影响

的，当一国要素禀赋决定的资本和劳动力相对价格为 C 线时，企业应选择位于 A 点的技术进行生产，因为选择其他技术进行生产都会增加成本。

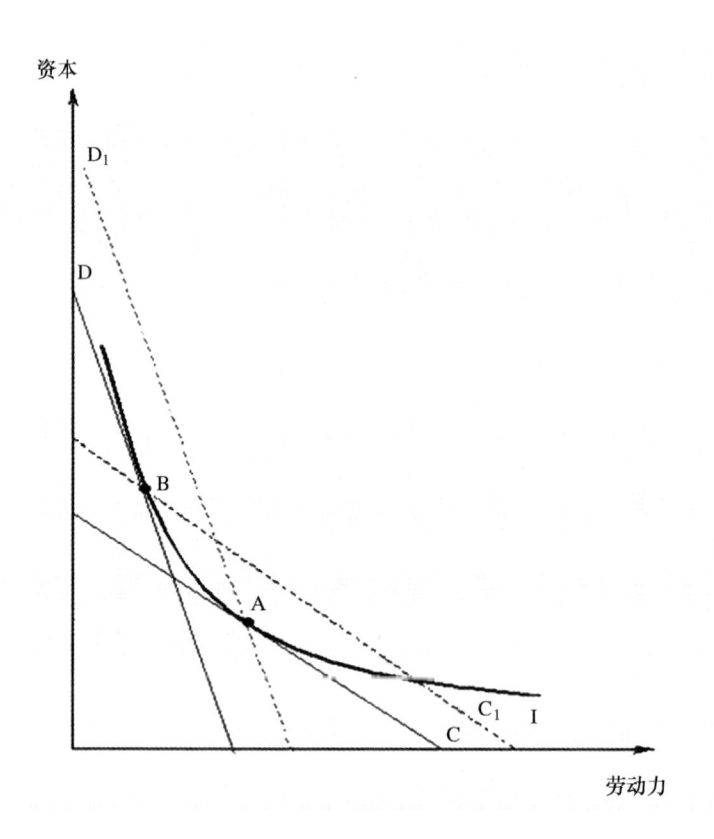

图 6-1　生产要素的相对价格和技术选择

将生产拓展到生产不同产品的一个产业中。如图 6-2 所示，I_1、I_2、I_3 分别代表产业 I 中具有相同产出价值的三种不同产品的等产量线，三个产品的平均相对资本密集度从 I_1 到 I_3 递增。如果一国的要素禀赋决定了劳动力和资本的相对价格为 C_1 线，则该国应选择相应的技术生产产业 I 中的 I_1 产品，因为此时的成本是最低的，企业具有自生能力。

再将生产拓展到具有不同产业的经济中。一个产业可由其所有不同产品的等产值曲线的包络线来代表，一个产业的等产值线上的每一个点

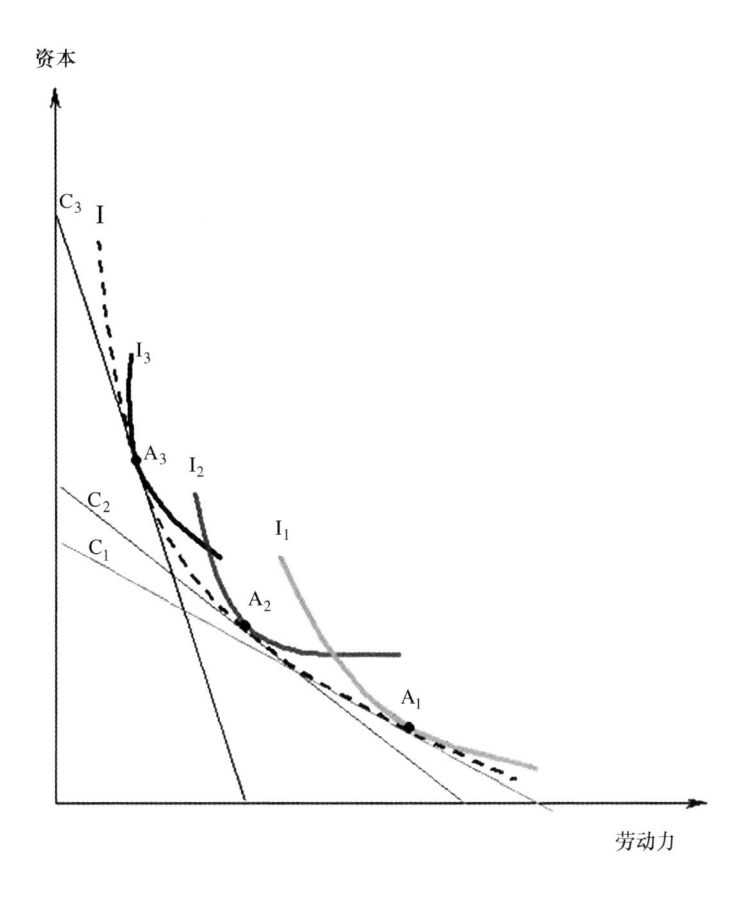

图 6-2 产业中的产品选择

都代表该产业中以一个特定技术生产的某一特定产品，同一个等产值线上的所有产品都有相同的价值。如图 6-3 所示，用 I、J 和 K 三条等值线来表示经济中的三个产业。如果一国的要素禀赋决定了劳动力和资本的相对价格为 C 线，则该国在产业 I 和 J 上具有比较优势，且应选择相应的技术来生产产品 I_1 或者 J_1，此时的企业具有自生能力。随着经济的发展，该国经济中资本的相对丰裕程度上升而劳动力相对丰裕程度下降，则资本和劳动力的相对价格变为 D 线，该国的比较优势也随之变化，在产业 J 和 K 上具有比较优势，此时该国应选择相应的技术来生产产品 J_2 和 K_1，这样该国企业才能保持自生能力，若继续生产产品 I_1 或

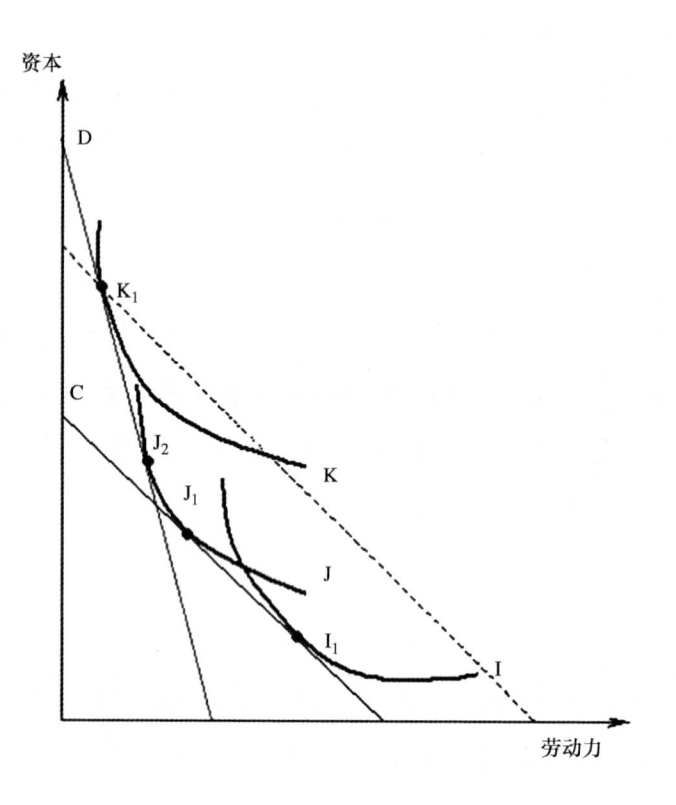

◆ 第三部分 中国对非贸易与投资对非洲经济增长和减贫的影响

图6-3 经济中的产业和产品选择

者 J_1 则会丧失自生能力。

通过上述的讨论可以得出，一个经济体中的政府如果推行符合自身比较优势的发展战略，那么每个企业、每个产业从而整个制造业的资本和劳动力的比率都是内生决定于这个经济体的要素的相对价格，而后者又内生决定于该经济体的要素禀赋结构。林毅夫把这个关系以函数式表示如下：

$$\left(\frac{K_m}{L_m}\right)^* = F\left(\frac{r}{W}\right) = G\left(\frac{K}{L}\right) \quad \cdots\cdots\cdots\cdots\cdots\cdots\cdots\cdots\cdots\cdots (1)$$

其中 K_m 和 L_m 分别表示整个制造业的资本和劳动力，r 和 W 分别表示一国经济中的利率和工资水平，F 表示生产函数，K 和 L 则分别表示一国经济中的资本和劳动力的数量，G 表示政府政策函数。

若在该国的要素禀赋结构决定下的等成本线是 C 线，而该国政府为了赶超，实行违背比较优势的发展战略，鼓励企业去生产资本比较密集的 K 产业中的 K_1 产品或 J 产业中的 J_1 产品，在这种情况下，其整个制造业的资本劳动力比会高于由（1）式所决定的最优资本劳动力比；若在该国的要素禀赋结构决定下的等成本线是 D，那么企业只有选择产业 J 和 K，并以 J_2 和 K_1 所代表的资本和劳动力的比率来生产 J_2 或 K_1 点上所代表的 J 和 K 产业上的特定产品才会有自生能力，而该国政府为了保护就业，推行违背比较优势的发展战略，鼓励企业去生产劳动力比较密集的 J 产业中的 J_1 产品或 I 产业中的 I_1 产品，在这种情况下，其整个制造业的资本劳动力比会低于由（1）式所决定的最优资本劳动力比。

为了度量一国的发展战略对于比较优势战略的偏离程度，林毅夫首先定义了一个制造业实际技术选择指数 TCI，该指数的具体含义是一国经济中制造业的实际资本和劳动力比率，除以整个经济中的资本和劳动力比率，即：

$$TCI = \frac{(K_m/L_m)}{(K/L)} \quad\quad\quad\quad\quad\quad\quad (2)$$

将（1）式在 $K/L=0$ 处进行一阶泰勒展开，并忽略余项，我们可以得到：

$$\left(\frac{K_m}{L_m}\right)^* \cong \omega\left(\frac{K}{L}\right) \quad\quad\quad\quad\quad\quad\quad (3)$$

（3）式中的 ω 是一个常数，表示（1）式在 $K/L=0$ 处的导函数的取值。$K/L=0$，意味着该国经济中的要素禀赋结构中没有任何资本存量，显然，此时制造业最优的资本劳动力比率必定是 0。这意味着（1）式是从原点出发的一条曲线，而 ω 是该曲线在原点之处的斜率。显然，资本和劳动力比率越高的经济，其制造业最优的资本和劳动力比率也越高。也就是说 $\omega>0$。将（3）式进行变形，林毅夫定义最优技术选择指数 TCI^*，即给定一国经济中要素禀赋结构条件下的最优 TCI：

$$TCI^* = \frac{(K_m/L_m)^*}{(K/L)} = \omega \quad\quad\quad\quad\quad\quad\quad (4)$$

林毅夫采取如下的定义来间接地衡量政府的实际发展战略对于比较优势战略的偏离：

第三部分 中国对非贸易与投资对非洲经济增长和减贫的影响

$$DS = TCI/TCI^* = TCI/\omega \quad \cdots\cdots\cdots\cdots\cdots\cdots\cdots\cdots\cdots\cdots\cdots (5)$$

如果一国政府采取了符合自身比较优势的发展战略,即 $TCI = TCI^*$,则 $DS=1$;如果一国政府采取了背离其自身比较优势的赶超战略,即 $TCI > TCI^*$,则 $DS>1$;如果一国政府为了保护就业而偏离了比较优势,即 $TCI < TCI^*$,则 $DS<1$。

虽然 ω 和 TCI^* 都是不可直接观测到的,从而 DS 也是不可直接观测的,但在上述思想的基础上可以建立在实证研究中分析的计量经济模型。

以上述高度简化的指标来衡量一国政府是否实行了符合其比较优势的发展战略也有其局限性,上述的指标以制造业资本密集度为基础,并不代表发展战略的全部图景。其并没有考虑到一国可能只发展某些产业,或者一国政府只支持某几个大型公司。另外,要素禀赋的测度是不完备的,特别是无法区分熟练劳动力和非熟练劳动力,而且,各国的自然资源禀赋的差异也被忽略了。

基于此,林毅夫提出了计算技术选择指数 TCI 的三种方式:一是将一国整体工业(或制造业)中的资本和劳动力比率比上该国的资本和劳动力比率;二是计算一国各工业行业的资本和劳动力比率,然后按照产出(总产值或增加值)加权,再比上该国的资本和劳动力比率;三是充分考虑厂商规模和个数的分布,以此来控制住政府可能对某些大企业的扶持。当然第三种情况最为合理,但却受制于数据的可得性。

由于只有较少的国家能提供该国制造业资本使用量的相关数据,林毅夫定义了如下的 TCI:[1]

$$TCI = \frac{AVM/LM}{GDP/L} \quad \cdots\cdots\cdots\cdots\cdots\cdots\cdots\cdots\cdots\cdots\cdots (6)$$

其中,AVM 表示一国制造业的增加值,LM 为该国制造业的就业劳动力,GDP 表示该国的国内生产总值,L 表示该国的劳动力总数。

若一国政府通过实行违背其自身比较优势的发展战略来推动其资本密集型产业的发展,在此定义下的该国 TCI 会相较于其他情况而言更

---

[1] Lin, Justin Yifu, and Mingxing Liu, 2004, "Development Strategy, Transition and Challenges of Devolopment in Lagging Regions", China Center for Economic Research Working Paper Series 2004—2, Peking University, Beijing.

高。这是因为，如果一国实行违背其自身比较优势的发展战略，为了解决优先发展的制造业部门中企业的自生能力问题，政府可能会给予这些企业在产品市场的垄断地位以允许它们制定更高的价格来获取多余利润，与此同时，政府还可能通过提供政策性的优惠贷款等方式来降低这些企业的成本。这样，相对于其他情况下的 AVM 而言，这些政策下的 AVM 会偏高。而在其他条件不变的情况下，优先发展资本密度高的制造业，会使得该行业吸收的就业劳动力较少。因此，若一国政府实行违背其自身比较优势的发展战略，（6）式的分子会较大，从而 TCI 指数越大，表明该国政府也越偏离其比较优势发展战略。

本章试图在综合理论分析的基础上，应用新结构经济学的相关理论框架对中非贸易投资进行相关数据分析，通过构建经济增长模型并进行回归，以量化分析中国对非贸易和投资对非洲经济增长的影响及其作用机制，并对中国政府对非贸易和投资的政策提出相关政策建议。在研究中，由于大多数非洲国家的制造业就业劳动力数据缺失严重，在联合国工业发展组织（UNIDO）数据库中找到的非洲国家制造业就业劳动力数据只有 13 个国家[①]共 50 个样本值，而通过世界银行数据库和 CEIC 全球数据库找到的工业就业劳动力数据共有 19 个国家[②]共 87 个样本值，故在本章的研究中使用如下的 TCI：

$$TCI = \frac{AVI/LI}{GDP/L} \quad\quad\quad\quad\quad\quad\quad\quad\quad (7)$$

其中 AVI 表示一国工业的增加值，LI 表示该国工业的就业劳动力。

第二节 中国对非贸易与投资的经济增长效应：实证分析

新结构经济学认为实施比较优势发展战略是发展中国家实现经济增

[①] 这 13 个国家分别是博茨瓦纳、喀麦隆、埃及、厄立特里亚、埃塞俄比亚、肯尼亚、莱索托、马达加斯加、马拉维、毛里求斯、摩洛哥、南非、坦桑尼亚。

[②] 这 19 个国家分别是阿尔及利亚、埃及、埃塞俄比亚、博茨瓦纳、加纳、津巴布韦、喀麦隆、利比里亚、马达加斯加、毛里求斯、摩洛哥、纳米比亚、南非、尼日利亚、塞拉利昂、坦桑尼亚、乌干达、突尼斯、赞比亚。

◆ 第三部分 中国对非贸易与投资对非洲经济增长和减贫的影响

长的最优路径。本节选取非洲19个国家2003—2012年的面板数据，在新结构经济学理论框架下构建了技术选择指数（TCI），并应用其考察了中国对非贸易与投资对非洲经济增长的影响。研究表明，中国对非贸易和投资对非洲经济增长具有促进作用；若非洲国家推行比较优势的发展战略，会拥有较好的经济增长绩效；一定程度上，中国对非贸易与投资会促进非洲国家实施比较优势的发展战略；就非洲19个国家而言，中国对非贸易和投资是TCI作用于其经济增长的机制，但仍有其他机制有待考察。

一 样本说明

表6-1列出了中国与样本中19个非洲国家进出口贸易和外商直接投资比重[①]，而非洲共有60个国家和地区[②]，样本仅占近三分之一，但是这19个国家与中国的贸易投资关系比较密切，具有较强的代表性。其中阿尔及利亚、埃及、摩洛哥、南非、尼日利亚在中国对非洲的贸易和投资中占有较大比重，特别是南非，平均来说，2003年至2011年中国对南非的出口、进口、进出口、外商直接投资分别占到了中国对非出口、进口、进出口、外商直接投资总额的19.10%、20.32%、19.77%和19.53%，一国就几乎占到了中国对非贸易和投资的20%。中国对阿尔及利亚、埃及和尼日利亚的出口、进口、进出口、外商直接投资占到中国对非出口、进口、进出口、外商直接投资总额的比重也较大，平均来说，2003年至2011年三国数据分别为7.14%、1.74%、4.38%、9.54%和10.53%、1.21%、5.75%、2.82%以及12.56%、1.68%、7.13%、16.19%。摩洛哥所占比重一般，但也分别达到了5.28%、1.04%、3.09%、0.32%。其他14个国家在中国对非洲的贸易和投资中所占比重较小，大多低于1%。

从总体上看，样本中的19个国家具有以下特点：第一，样本中的19个非洲国家同中国贸易量和中国对样本中的19个非洲国家的投资额，分别都接近中非贸易总量的一半和中非投资总额的一半，具有重要

---
① 样本采用非平衡面板数据，共19个国家，87个样本观测点，全部在表6-1中列出。
② 资料来源：《2013年度中国对外直接投资统计公报》。

性；第二，样本中各个国家的中非贸易占比、中非投资占比具有层次性特点，占比最大的是南非，占比较大的为阿尔及利亚、埃及、摩洛哥、尼日利亚，占比较小的有博茨瓦纳、毛里求斯、突尼斯、乌干达、纳米比亚等国家。由此看来，这19个国家能较好地代表非洲同中国贸易和投资关系较为紧密、一般紧密和较不紧密的国家，具有较好的代表性，对其进行分析具有一定代表性。

表6-1　中国对非洲19国进出口贸易和外商直接投资比重　　　　（%）

国家	年份	占中国对非出口总额比重	占中国对非进口总额比重	占中国对非进出口总额比重	占中国对非外商直接投资比重
阿尔及利亚	2003	6.34	1.19	4.02	3.30
阿尔及利亚	2004	7.10	1.66	4.21	3.53
阿尔及利亚	2005	7.52	1.71	4.44	21.67
阿尔及利亚	2006	7.31	0.49	3.77	19.03
阿尔及利亚	2007	7.26	3.10	5.21	9.27
阿尔及利亚	2008	7.24	1.51	4.24	0.77
阿尔及利亚	2009	8.75	2.19	5.64	15.90
阿尔及利亚	2010	6.67	1.76	4.08	8.81
阿尔及利亚	2011	6.12	2.09	3.86	3.60
阿尔及利亚	2012	6.34	2.05	3.90	9.77
埃及	2003	9.20	1.82	5.87	2.81
埃及	2004	10.05	1.20	5.35	1.80
埃及	2005	10.36	1.00	5.39	3.40
埃及	2006	11.14	0.75	5.76	1.70
埃及	2007	11.88	0.65	6.35	1.59
埃及	2008	11.43	0.76	5.84	0.27
埃及	2009	10.70	1.74	6.45	9.30
埃及	2010	10.07	1.37	5.48	2.45
埃及	2011	9.96	1.63	5.29	2.09
埃塞俄比亚	2004	1.41	0.09	0.71	0.14
埃塞俄比亚	2005	1.52	0.41	0.93	1.26

◆ 第三部分　中国对非贸易与投资对非洲经济增长和减贫的影响

续表

国家	年份	占中国对非出口总额比重	占中国对非进口总额比重	占中国对非进出口总额比重	占中国对非外商直接投资比重
博茨瓦纳	2003	0.22	0.03	0.13	1.07
博茨瓦纳	2004	0.36	0.02	0.18	0.09
博茨瓦纳	2005	0.31	0.02	0.16	0.94
博茨瓦纳	2006	0.23	0.03	0.13	0.53
博茨瓦纳	2007	0.32	0.07	0.20	0.12
博茨瓦纳	2008	0.33	0.33	0.33	0.26
博茨瓦纳	2009	0.35	0.15	0.25	1.28
博茨瓦纳	2010	0.62	0.08	0.33	2.08
博茨瓦纳	2011	0.84	0.11	0.43	0.69
加纳	2006	3.01	0.28	1.59	0.10
加纳	2010	3.22	0.18	1.62	2.65
津巴布韦	2004	0.82	0.90	0.86	0.22
喀麦隆	2005	0.70	0.32	0.49	0.05
利比里亚	2010	7.31	0.03	3.47	1.42
马达加斯加	2003	1.10	0.08	0.64	0.91
马达加斯加	2005	0.98	0.07	0.50	0.04
毛里求斯	2003	1.05	0.04	0.60	13.73
毛里求斯	2004	1.09	0.04	0.53	0.14
毛里求斯	2005	0.95	0.04	0.47	0.52
毛里求斯	2006	0.74	0.03	0.37	3.19
毛里求斯	2007	0.76	0.01	0.39	0.99
毛里求斯	2008	0.65	0.01	0.31	0.63
毛里求斯	2009	0.61	0.01	0.33	0.98
毛里求斯	2010	0.66	0.02	0.32	1.04
毛里求斯	2011	0.68	0.01	0.30	13.22
毛里求斯	2012	0.73	0.01	0.32	2.30
摩洛哥	2003	6.82	1.92	4.61	0.25
摩洛哥	2004	6.84	1.37	3.93	0.57
摩洛哥	2005	6.45	1.31	3.73	0.22

续表

国家	年份	占中国对非出口总额比重	占中国对非进口总额比重	占中国对非进出口总额比重	占中国对非外商直接投资比重
摩洛哥	2006	5.88	1.25	3.48	0.34
摩洛哥	2007	5.79	1.17	3.51	0.17
摩洛哥	2008	4.58	0.83	2.61	0.13
摩洛哥	2009	4.46	0.86	2.75	1.14
摩洛哥	2010	4.14	0.67	2.31	0.08
摩洛哥	2011	4.16	0.51	2.12	0.29
摩洛哥	2012	3.67	0.50	1.86	0.04
纳米比亚	2008	0.47	0.52	0.49	0.14
纳米比亚	2011	0.39	0.24	0.30	0.16
纳米比亚	2012	0.51	0.21	0.34	1.00
南非	2003	19.91	22.02	20.86	11.84
南非	2004	21.37	18.89	20.05	5.61
南非	2005	20.47	16.31	18.26	12.12
南非	2006	21.60	14.24	17.78	7.84
南非	2007	19.91	18.24	19.09	28.86
南非	2008	16.90	16.47	16.67	87.57
南非	2009	15.43	20.09	17.64	2.89
南非	2010	18.02	22.16	20.20	19.47
南非	2011	18.28	34.43	27.33	-0.45
尼日利亚	2003	17.52	0.86	10.01	32.62
尼日利亚	2004	12.44	2.96	7.41	14.34
尼日利亚	2005	12.34	2.50	7.12	13.61
尼日利亚	2006	10.69	0.97	5.65	13.04
尼日利亚	2007	10.18	1.48	5.90	24.80
尼日利亚	2008	13.28	0.91	6.81	2.96
尼日利亚	2009	11.47	2.08	7.01	11.94
塞拉利昂	2004	0.20	0.01	0.10	1.86
坦桑尼亚	2006	1.43	0.53	0.96	2.41
突尼斯	2006	1.34	0.18	0.74	0.33

◆ 第三部分 中国对非贸易与投资对非洲经济增长和减贫的影响

续表

国家	年份	占中国对非出口总额比重	占中国对非进口总额比重	占中国对非进出口总额比重	占中国对非外商直接投资比重
突尼斯	2007	1.29	0.08	0.70	-0.02
突尼斯	2009	1.49	0.25	0.90	-0.09
突尼斯	2010	1.66	0.19	0.88	-0.01
突尼斯	2011	1.52	0.24	0.80	0.12
乌干达	2003	0.50	0.04	0.30	1.34
乌干达	2005	0.43	0.09	0.25	0.04
乌干达	2009	0.48	0.05	0.28	0.09
赞比亚	2005	0.26	1.19	0.75	2.58

注：中国对非外商直接投资为流量，故有些数据可能为负值。
资料来源：中国海关总署数据库、2003—2013年度中国对外直接投资统计公报。

二 样本数据分析

从表6-1可以看出，虽然有19个国家共87个观测点，但是大部分国家的观测持续时间不长，其中阿尔及利亚、埃及、博茨瓦纳、毛里求斯、摩洛哥、南非、尼日利亚7个国家观测时间较长，故以下对中国与这7个国家的贸易、投资和这7个国家的经济增长进行分析。

（一）中国与非洲七国贸易额的特征分析

从出口来看，由图6-4可以看出，中国对阿尔及利亚、埃及、博茨瓦纳、毛里求斯、摩洛哥、南非、尼日利亚的出口额均呈现出稳定的上升趋势，除阿尔及利亚外，中国对其余六国的出口均受国际金融危机影响，在2009年有所下降，但此后仍继续上升。中国对阿尔及利亚、埃及、博茨瓦纳、毛里求斯、摩洛哥、南非、尼日利亚七国的出口额年均增长率分别为26.65%、29.21%、50.98%、21.51%、18.19%、26.56%、20.53%，增长率较高。

从进口来看，由图6-5和图6-6可以看出，中国对阿尔及利亚、埃及、博茨瓦纳、毛里求斯、摩洛哥、南非、尼日利亚七国的进口额均呈现出稳定的上升趋势。中国对阿尔及利亚、埃及、博茨瓦纳、毛里求斯、摩洛哥、南非、尼日利亚七国的进口额年均增长率分别为41.94%、

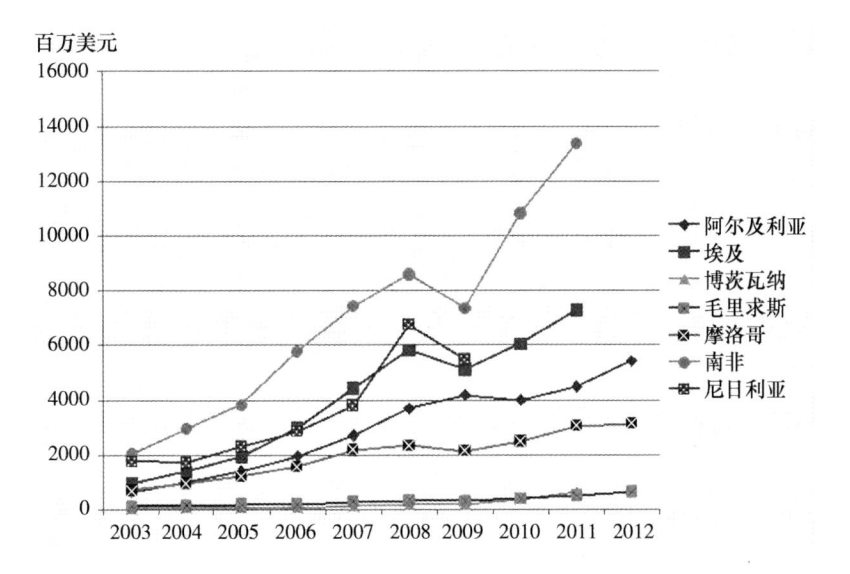

第六章 中国对非贸易和投资的经济增长效应

图6-4 中国对非七国出口额（2003—2012年）

资料来源：中国海关总署数据库。

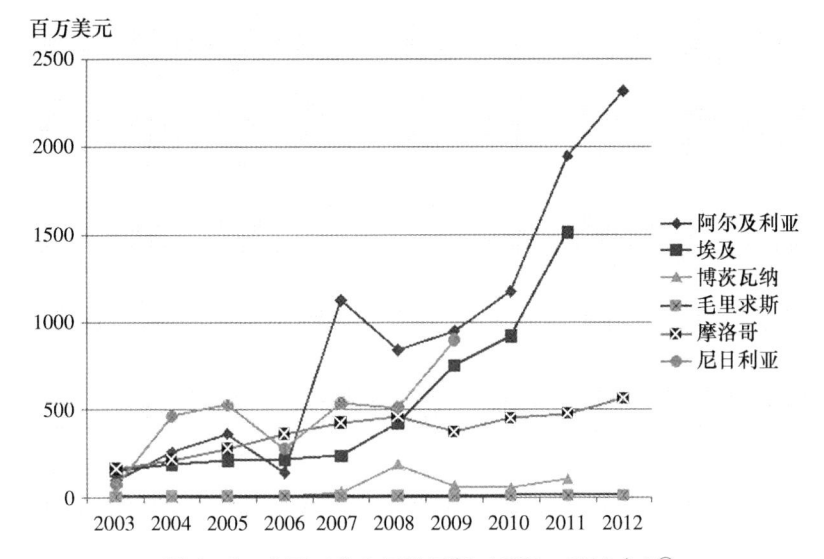

图6-5 中国对非六国进口额（2003—2012年）①

资料来源：中国海关总署数据库。

---

① 由于中国对南非的进口额较大，与其他国家放在一张图中，无法较为清楚地看出中国对其他国家进口额的变化趋势，故分为两张图，南非单独一张图，其他六国一张图。

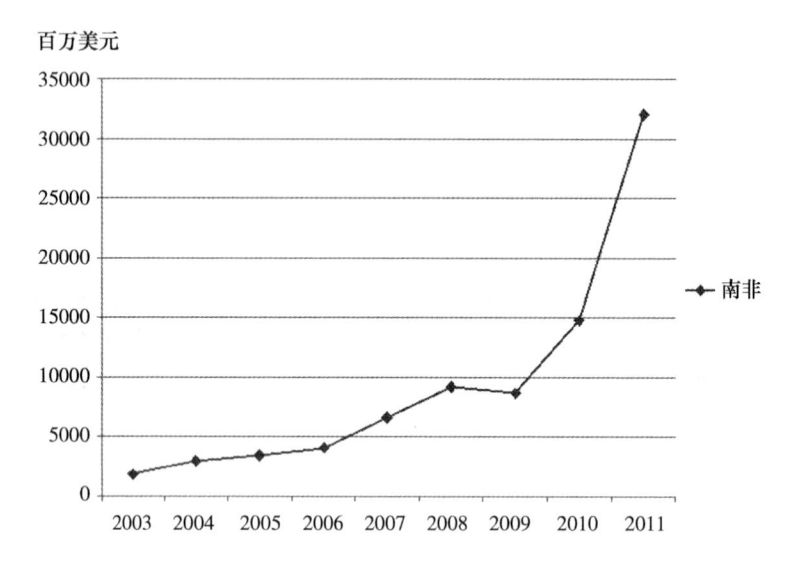

◆ 第三部分 中国对非贸易与投资对非洲经济增长和减贫的影响

图 6-6 中国对南非进口额（2002—2011 年）
资料来源：中国海关总署数据库。

29.11%、53.32%、14.70%、14.91%、37.36%、32.43%，增长率较高。

从进出口总额来看，由图 6-7 和图 6-8 可以看出，中国对阿尔及利亚、埃及、博茨瓦纳、毛里求斯、摩洛哥、南非、尼日利亚七国的进出口总额均呈现出稳定上升的趋势。中国对阿尔及利亚、埃及、博茨瓦纳、毛里求斯、摩洛哥、南非、尼日利亚七国的进出口总额年均增长率分别为 29.69%、26.12%、45.22%、21.35%、17.63%、31.47%、14.68%，增长率较高。

另外通过对比中国对以上七国的进出口数据，我们可以发现，除 2008 年的博茨瓦纳、2004 年的南非和 2008 年以后的南非外，中国对以上七国的其他年份均为出超，且出超额均出现上升趋势。

（二）中国对非洲七国投资额的特征分析

从投资流量来看，由图 6-9 和图 6-10 可以看出，中国对阿尔及利亚、埃及、博茨瓦纳、毛里求斯、摩洛哥、南非、尼日利亚七国的外商直接投资流量均呈现波动上升的趋式，且增幅较大。其中尤以南非波动幅度最大，2007 年和 2008 年均呈现高于 10 倍的增长，2008 年达到

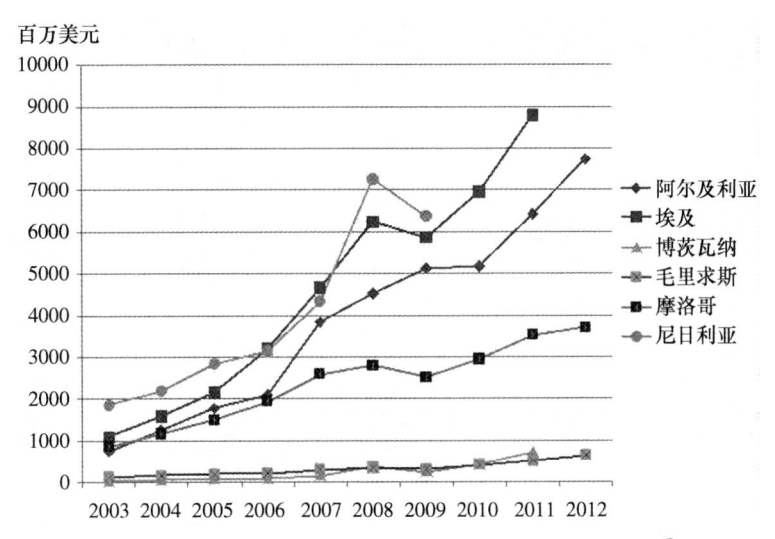

第六章　中国对非贸易和投资的经济增长效应

图 6-7　中国对非洲六国进出口总额（2003—2012 年）①

资料来源：中国海关总署数据库。

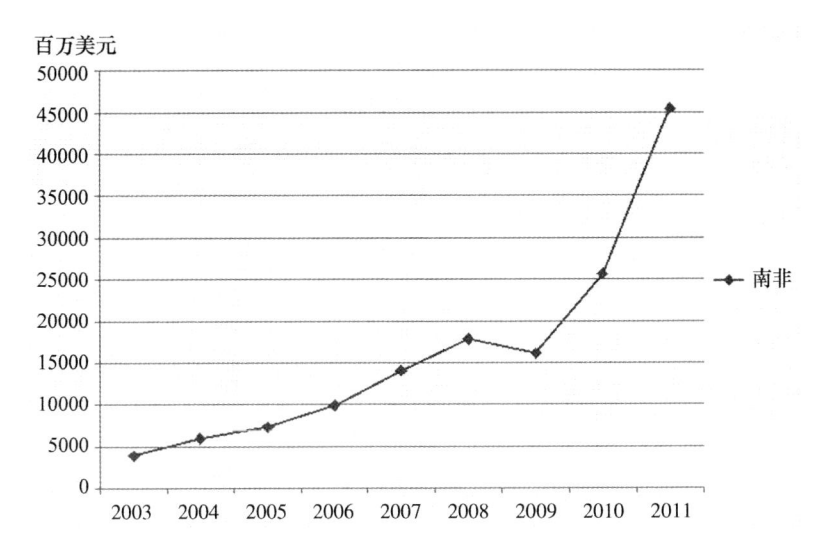

图 6-8　中国对南非进出口总额（2002—2011 年）

资料来源：中国海关总署数据库。

---

① 由于中国对南非的进出口总额较大，与其他国家放在一张图中，无法较为清楚地看出中国对其他国家进出口总额的变化趋势，故分为两张图，南非单独一张图，其他六国一张图。

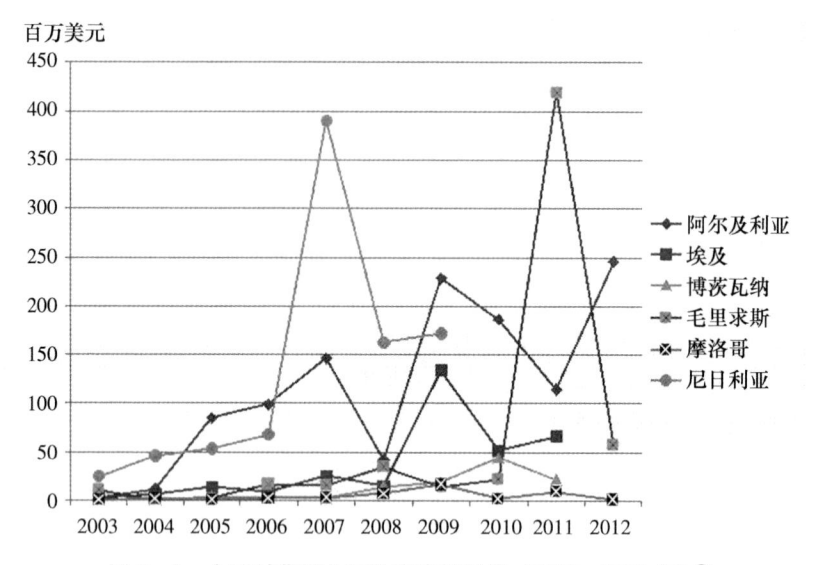

◆ 第三部分 中国对非贸易与投资对非洲经济增长和减贫的影响

图 6-9 中国对非洲六国外商直接投资（2003—2012 年）①

资料来源：《2013 年度中国对外直接投资统计公报》。

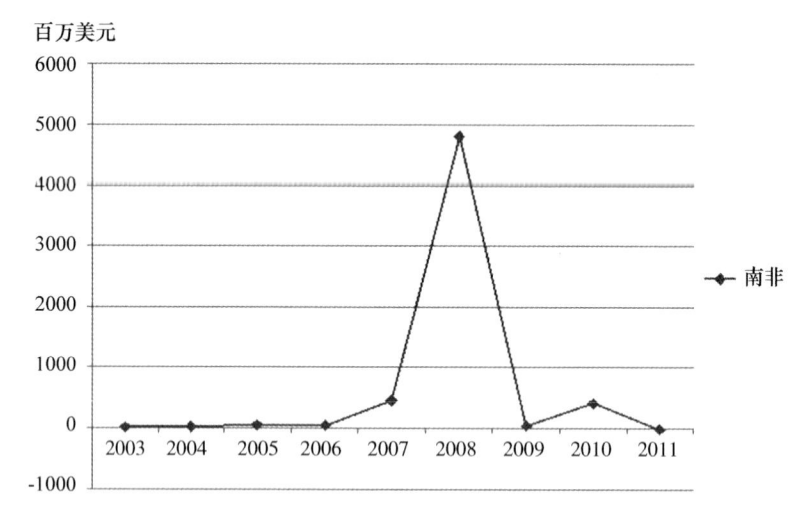

图 6-10 中国对南非外商直接投资（2003—2011 年）

资料来源：《2013 年度中国对外直接投资统计公报》。

---

① 由于中国对南非的直接投资额较大，与其他国家放在一张图中，无法较为清楚地看出中国对其他国家直接投资额的变化趋势，故分为两张图，南非单独一张图，其他六国一张图。

峰值，为4807.9万美元，而受国际金融危机影响，2009年下降高于100倍。

（三）非洲七国经济增长特征分析

首先为GDP总量及其增长率，从图6-11可以看到，阿尔及利亚、埃及、博茨瓦纳、毛里求斯、摩洛哥、南非、尼日利亚七国的GDP总量均呈现出上升趋势，且明显地分为三个集团，第一集团为南非，第二集团为阿尔及利亚、埃及、摩洛哥和尼日利亚，第三集团为毛里求斯和博茨瓦纳。而从表6-2我们可以看出，非洲七国GDP均保持了较高的增长率。

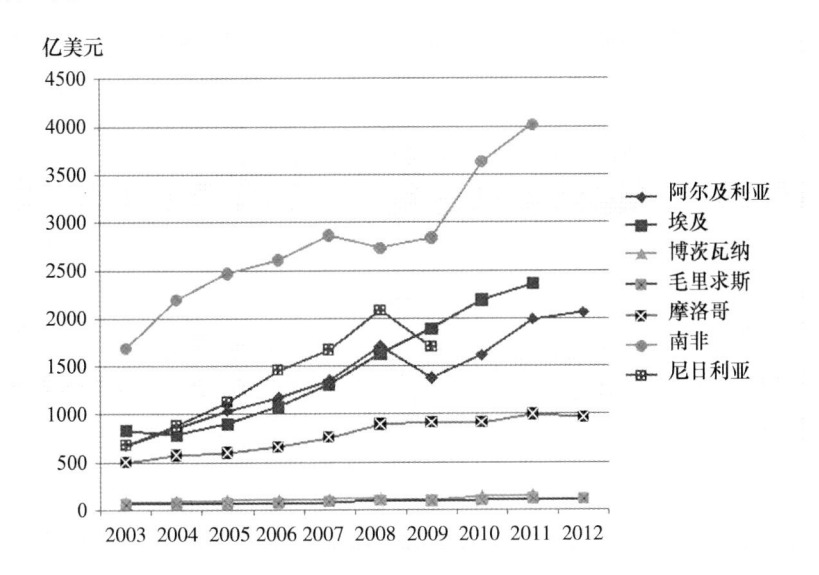

图6-11 非洲七国GDP（2003—2012年）

资料来源：世界银行数据库。

表6-2　　　　非洲七国GDP增长率（2003—2012年）　　　　单位：%

国家 年份	阿尔及利亚	埃及	博茨瓦纳	毛里求斯	摩洛哥	南非	尼日利亚
2003	7.20	3.19	4.63	3.66	6.32	2.95	10.35
2004	4.30	4.09	2.71	5.75	4.80	4.55	33.74
2005	5.90	4.47	4.56	1.24	2.98	5.28	3.44

◆ 第三部分 中国对非贸易与投资对非洲经济增长和减贫的影响

续表

GDP 增长率	阿尔及利亚	埃及	博茨瓦纳	毛里求斯	摩洛哥	南非	尼日利亚
2006	1.70	6.84	7.96	3.95	7.76	5.60	8.21
2007	3.40	7.09	8.68	5.89	2.71	5.55	6.83
2008	2.00	7.16	3.90	5.51	5.59	3.62	6.27
2009	1.70	4.69	-7.84	3.01	4.76	-1.53	6.93
2010	3.60	5.15	8.59	4.11	3.64	3.09	
2011	2.60	1.76	6.10	3.85	5.75	3.46	/
2012	3.30	/	/	3.23	4.20	/	/

资料来源：世界银行数据库。

其次为人均 GDP 及其增长率，从图 6-12 可以看到，阿尔及利亚、埃及、博茨瓦纳、毛里求斯、摩洛哥、南非、尼日利亚七国的人均 GDP 也都呈现出上升趋势，也可以分为三个集团，第一集团为南非、毛里求斯和博茨瓦纳，2011 年都在 8000 美元左右，属于中高收入国家，第二集团为阿尔及利亚，2011 年在 5000 美元左右，属于中等收入

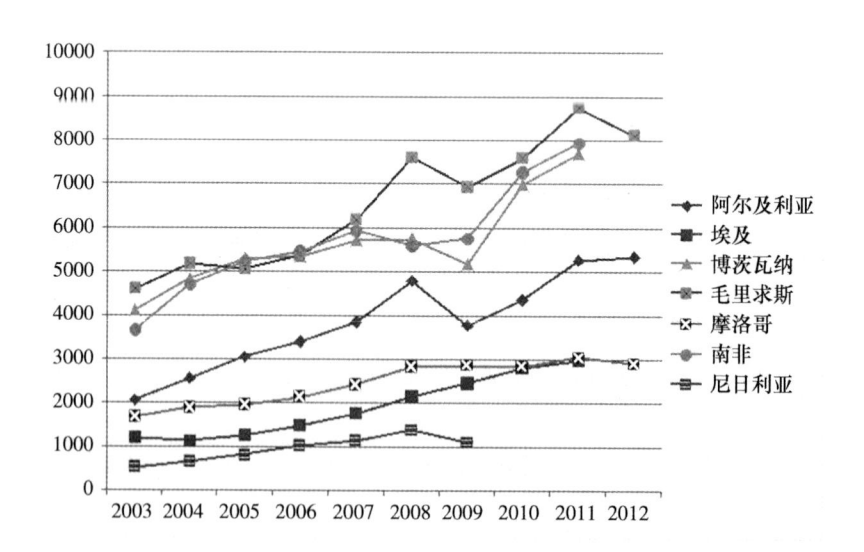

图 6-12 非洲七国人均 GDP（2003—2012 年）（现价美元）
资料来源：世界银行数据库。

国家，第三集团为埃及、摩洛哥和尼日利亚，属于中低收入国家。[①] 而从表 6-3 我们可以看出，非洲七国人均 GDP 均保持了较高的增长率。

表 6-3　　　非洲七国人均 GDP 增长率 (2003—2012 年)　　　单位：%

国家 年份	阿尔及利亚	埃及	博茨瓦纳	毛里求斯	摩洛哥	南非	尼日利亚
2003	5.80	1.51	3.28	2.59	5.24	1.65	7.59
2004	2.87	2.38	1.48	4.84	3.78	3.33	30.34
2005	4.34	2.74	3.38	0.44	1.99	4.09	0.79
2006	0.09	5.07	6.81	3.16	6.75	4.43	5.40
2007	1.66	5.30	7.59	5.24	1.75	4.40	4.02
2008	0.21	5.36	2.91	4.83	4.57	2.48	3.44
2009	-0.14	2.94	-8.69	2.48	3.65	-2.58	4.06
2010	1.70	3.39	7.62	3.63	2.41	1.70	/
2011	0.70	0.07	5.18	3.44	3.59	2.24	/
2012	1.37	/	/	2.80	1.21	/	/

资料来源：世界银行数据库。

(四) 中国对非贸易与投资与非洲经济增长的相关性分析

通过上述对中国对非贸易和投资、非洲经济增长的特征分析，我们发现，三者均呈现出上升趋势，下面我们进一步分析三者之间的相关关系。

从图 6-13 我们可以看出，TCI 与非洲经济增长[②]之间存在负向关系，这验证了林毅夫的观点，即一国若实行违背其自身比较优势的发展战略，那么该国经济绩效会较差。

[①] 世界银行 2011 年 7 月的标准：人均国民总收入在 1005 美元及以下的经济体被定义为低收入经济体。1006 美元到 12275 美元的经济体是中等收入经济体，在中等收入经济体里又分为两个层次，1006 美元到 3975 美元是中低收入经济体；3976 美元到 12275 美元为中高收入经济体。12276 美元以上的是高收入经济体。

[②] GDP 总额和人均 GDP 都可以衡量一国经济增长的情况，但由于要考虑人口因素，更多的文章选取人均 GDP 来衡量一国经济增长情况，故本文选取人均 GDP 衡量非洲国家的经济增长。

◆ 第三部分 中国对非贸易与投资对非洲经济增长和减贫的影响

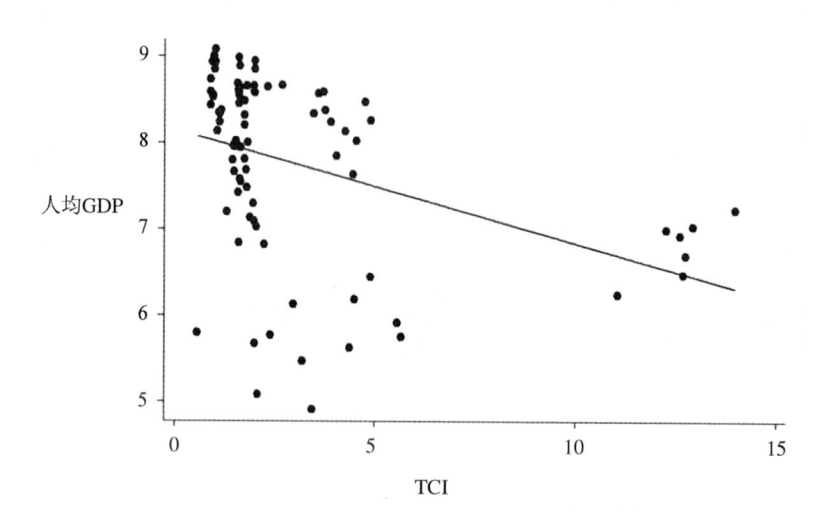

图 6-13 TCI 与非洲经济增长的关系

从图 6-14 我们可以看出，中国对非贸易与非洲经济增长之间存在正向关系，支持了中国对非贸易会促进非洲经济增长的观点。

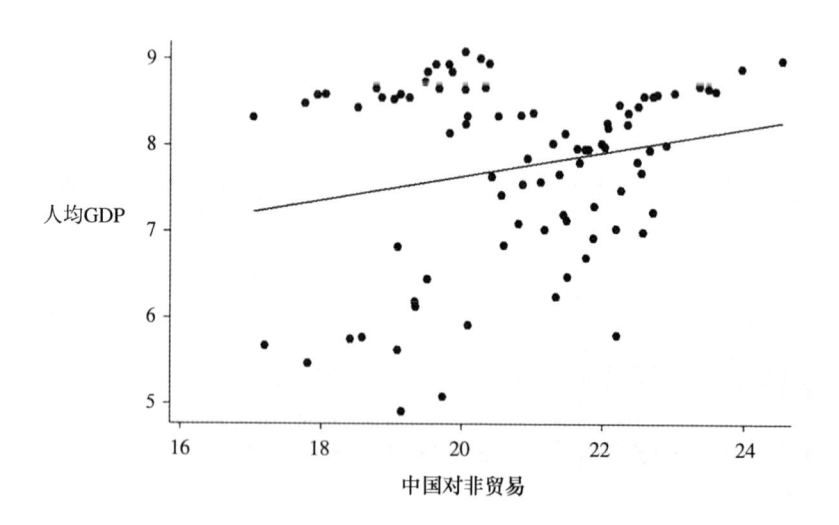

图 6-14 中国对非贸易与非洲经济增长的关系

第六章 中国对非贸易和投资的经济增长效应

从图 6-15 我们可以看出，中国对非投资与非洲经济增长之间存在正向关系，支持了中国对非投资会促进非洲经济增长的观点。

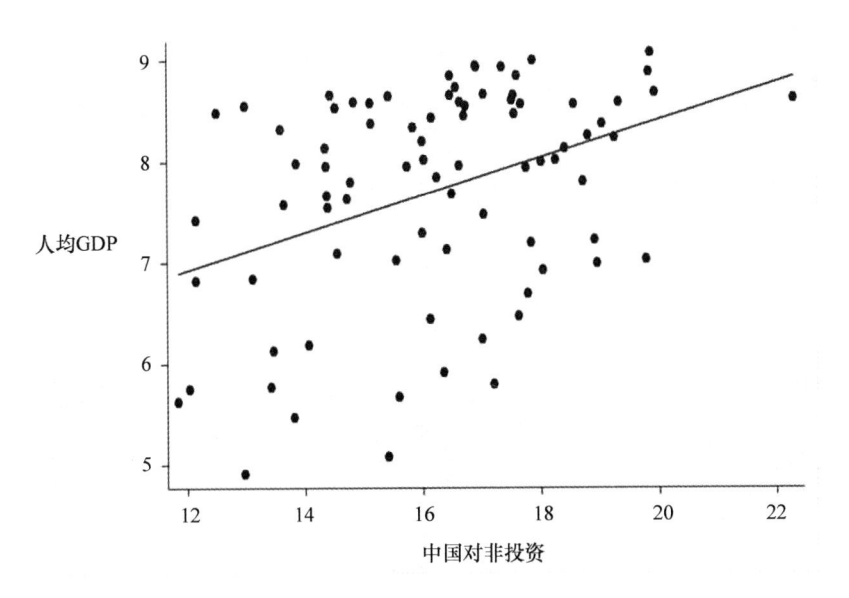

图 6-15 中国对非投资与非洲经济增长的关系

通过上述分析我们发现，中国对非贸易和投资对非洲经济增长具有促进作用，下面给出几个假说：

假说 1：中国对非贸易与投资会对非洲经济增长产生促进作用；

假说 2：若非洲国家推行比较优势的发展战略，其经济增长绩效会较好；

假说 3：中国对非贸易与投资会促进非洲国家实施比较优势的发展战略，从而促进非洲的经济增长。

接下来我们通过构建基于 TCI 指数的计量模型进一步验证这三个假说。

三 基于 TCI 指数的经济增长模型构建

除了 TCI、投资和贸易影响经济增长外，国内储蓄、通货膨胀率、

第三部分 中国对非贸易与投资对非洲经济增长和减贫的影响

基础设施、制度因素和地理因素都会对经济增长产生影响。[①]

在新古典增长理论中,越高的储蓄率意味着在稳态时的平均劳动产出就越高,这必然会影响经济增长的速度。一般情况下,储蓄率越高的国家,其经济增长越快,故我们引入国内总储蓄这个变量来衡量储蓄对非洲国家经济增长的影响。

不论在现实经济中还是理论研究中,通货膨胀率都是影响经济增长的重要因素。在现实经济中,较高的经济增长率往往伴随着一定程度的通货膨胀;而若出现恶性通货膨胀,则该经济体会受到严重影响。在理论研究中,学者们一般将折旧率纳入理论模型,而折旧率在某种程度上就是通货膨胀率的表现。故我们引入通货膨胀率这个变量。

衡量基础设施的指标有很多,如公路里程数、公路网密度等,出于数据获得性的考虑这里选用每100人所拥有的电话数量来衡量基础设施的影响。

腐败指数[②]是衡量制度因素的变量。腐败指数对公共部门的清廉程度进行了评级,值域为[0,10],评分越高表示一国的公共部门清廉程度越高,进而我们认为该国政府制度效率越高。

我们用广义货币占GDP的比重来衡量非洲各国的财政发展因素,为避免内生性,我们将其滞后一期。[③]

故基于TCI指数的计量模型如下.

[①] Borens Ztein, E., Gregorio, J., Lee, J., "How Does Foreign Direct Investment Affect Economic Growth?" *Journal of International Economies*, 1998, 45 (1): 115 – 135; Frankel, Jeffrey A., and David Romer, "Does Trade Cause Growth?" *American Economic Review*, 1999 (89): 379 – 399; Burnside, C., Dollar, D., "Aid, Growth, the Incentive Regime, and Poverty Reduction", *Structure and Policies*, 2000 (3): 210; Collier, P., Dollar, D., "Aid Allocation and Poverty Reduction", *European Economic Review*, 2002, 46 (8): 1475 – 1500; 林毅夫:《发展战略、自身能力和经济收敛》,《经济学》(季刊) 2002 (2): 269 – 300; Lin, Justin Yifu, Liu Mingxing, (2004) "Development Strategy, Transition and Challenges of Development in Lagging Regions", CCER Working Paper Series 2004—2. Peking University, Beijing.

[②] 腐败指数数据来源于透明国际(Transparent International),网址为: http://www.transparency.org。

[③] Burnside, C., Dollar, D., "Aid, Growth, the Incentive Regime, and Poverty Reduction", *Structure and Policies*, 2000 (3).

第六章 中国对非贸易和投资的经济增长效应

$$\begin{aligned} \text{Ln}TCI_{i,t} = &\ C_1 + \beta_1 \text{Ln}FDI_{i,t} + \beta_2 \text{Ln}TRADE_{i,t} + \beta_3 \text{Ln}SAVINGS_{i,t} \\ &+ \beta_4 \text{Ln}INFLATION_{i,t} + \beta_5 \text{Ln}TELE_{i,t} + \beta_6 \text{Ln}CORRU_{i,t} \\ &+ \beta_8 M2ratio_{i,t-1} + \gamma_{i,t} \end{aligned} \quad (8)$$

$$\begin{aligned} \text{Ln}GDPPC_{i,t} = &\ C_2 + \alpha_1 \text{Ln}TCI_{i,t} + \alpha_2 \text{Ln}FDI_{i,t} + \alpha_3 \text{Ln}TRADE_{i,t} \\ &+ \alpha_4 \text{Ln}SAVINGS_{i,t} + \alpha_5 \text{Ln}INFLATION_{i,t} + \alpha_6 \text{Ln}TELE_{i,t} \\ &+ \alpha_7 \text{Ln}CORRU_{i,t} + \alpha_8 M2ratio_{i,t-1} + \varepsilon_{i,t} \end{aligned} \quad (9)$$

下标 i 和 t 分别表示受援国和时间。变量的具体定义见表 6-4。

表 6-4　　　　　　　变量定义及数据来源

变量	定义	均值	标准差	样本	来源	预期符号
Ln*GDPPC*	人均 GDP 的对数值	7.0890	1.1592	190	世界银行数据库（WDI）	
TCI	技术选择指数	0.7977	0.7168	87	世界银行数据库及 CEIC 数据库	－
Ln*FDI*	中国对非各国外商直接投资的对数值	16.0918	2.1683	172	《2013 年度中国对外直接投资统计公报》	＋
Ln*TRADE*	中国对非各国贸易的对数值	20.4625	1.5324	190	中国海关总署数据库	＋
Ln*SAVINGS*	国内总储蓄的对数值	22.1799	1.7110	161	世界银行数据库（WDI）	＋
Ln（1 + *INFLA-TION*）	按 GDP 平减指数衡量的年通货膨胀率的对数值	1.9778	0.8422	181	世界银行数据库（WDI）	不确定

续表

变量	定义	均值	标准差	样本	来源	预期符号
LnTELE	每100人所拥有的电话线路数量的对数值	0.7637	1.6321	186	世界银行数据库（WDI）	+
LnCORRU	腐败指数的对数值	1.1351	0.3503	182	透明国际（Transparent International）	+
M2ratio（Lagged）	广义货币占GDP比重的滞后一期	46.97306	28.18609	160	世界银行数据库（WDI）	+

注：INFLATION 符号不确定的原因是因为现实中经济增长必然伴随着一定程度的通货膨胀，但恶性通货膨胀却会对经济增长产生不利影响。

四 经济增长模型的估计和回归结果分析

我们首先对（8）式进行回归，验证假说3，然后对（9）式进行回归，验证假说1和假说2，最后在（9）式中加入 $TCI*LnFDI$ 和 $TCI*LnTRADE$ 这两个交互项，进一步验证假说3。

表6-5　　　　　　基于TCI指数的经济增长模型1

VARIABLES	(1.1) TCI Fixed Country	(1.2) TCI Fixed Country	(1.3) TCI Fixed Country	(1.4) TCI Random Effect
LnFDI	-0.134**	-0.113***		
	(0.0506)	(0.0382)		
LnTRADE	0.0821		-0.123	-0.117
	(0.125)		(0.0945)	(0.0974)
LnSAVINGS	0.335	0.387**	0.343*	0.451**
	(0.200)	(0.183)	(0.203)	(0.199)
LnTELE	-0.0971	-0.0877	-0.0787	-0.407
	(0.293)	(0.291)	(0.295)	(0.279)

续表

VARIABLES	(1.1) TCI Fixed Country	(1.2) TCI Fixed Country	(1.3) TCI Fixed Country	(1.4) TCI Random Effect
Ln*CORRU*	2.166***	2.142***	1.881***	1.554**
	(0.624)	(0.619)	(0.616)	(0.619)
Ln (1 + *INFLATION*)	0.644	0.695	0.979	1.144
	(0.862)	(0.854)	(0.867)	(0.892)
M2ratio (Lagged)	0.000148	0.000337	−0.000257	0.000388
	(0.00920)	(0.00915)	(0.00928)	(0.00945)
Constant	−6.578*	−6.418*	−4.474	−5.829
	(3.760)	(3.732)	(3.631)	(3.563)
Within R-squared	0.3349	0.3295	0.2421	0.2145
Between R-squared	0.2247	0.2102	0.1522	0.0177
Overall R-squared	0.2262	0.2186	0.1804	0.0259
P-value of Hausman Test	0.0032	0.0010	0.1336	0.1336

注：1. 括号中数字为标准差。

2. *、**、*** 分别代表10%、5%和1%的显著性水平。

根据表6-5中的结果，我们可以看出，固定效应的F检验P值均为0.0000，故认为国家固定效应优于混合回归，除了模型1.3和模型1.4外，豪斯曼检验的P值均小于1%，故我们可在1%的显著性水平上认为应该使用国家固定效应模型。制度因素 Ln*CORRU* 的系数一直很显著，国内储蓄 Ln*SAVINGS* 的系数也比较显著，符号都为正，说明一国公共部门（政府）越清廉，效率越高，一国国内储蓄越高，该国越能较好地实施比较优势战略。中国对非投资和贸易的符号都为负，但只有中国对非投资比较显著，我们给出的解释是投资所带来的技术外溢等外部性作用大于贸易的外部性。我们可以认为上述回归模型在一定程度上验证了假说3，即认为中国对非贸易与投资会促进非洲国家实施比较优势的发展战略。

表 6-6　　　　　　　　　基于 TCI 指数的经济增长模型 2

VARIABLES	(2.1) LnGDPPC Fixed Country	(2.2) LnGDPPC Fixed Country	(2.3) LnGDPPC Fixed Country
TCI		-0.0685**	-0.156***
		(0.0332)	(0.0522)
LnFDI	0.0209*	0.00790	0.00631
	(0.0116)	(0.0130)	(0.0126)
LnTRADE	0.213***	0.203***	0.209***
	(0.0286)	(0.0304)	(0.0296)
LnSAVINGS	0.195***	0.320***	0.293***
	(0.0335)	(0.0497)	(0.0498)
LnTELE	-0.0204	0.110	0.138*
	(0.0404)	(0.0710)	(0.0700)
LnCORRU	0.289*	0.513***	0.411**
	(0.154)	(0.167)	(0.169)
Ln (1 + INFLATION)	0.159	0.0819	0.0433
	(0.210)	(0.209)	(0.204)
M2ratio (Lagged)	-0.00316	-0.00543**	-0.00589***
	(0.00217)	(0.00222)	(0.00216)
TCI2			0.00751**
			(0.00354)
Constant	-1.928***	-4.180***	-3.431***
	(0.583)	(0.935)	(0.972)
Within R-squared	0.8194	0.8847	0.8941
Between R-squared	0.1977	0.5569	0.5655
Overall R-squared	0.1717	0.3462	0.3483
P-value of Hausman Test	0.0000	0.0101	0.0310

注：1. 括号中数字为标准差。

2. *、**、*** 分别代表 10%、5% 和 1% 的显著性水平。

根据表6-6中的结果，我们可以看出，所有变量的符号均符合预期，模型整体拟合度较高，且固定效应的F检验P值均为0.0000，故认为国家固定效应优于混合回归，另外豪斯曼检验的P值均小于5%，故我们可在5%的显著性水平上认为应该使用国家固定效应模型。从模型2.1中我们可以看到，LnFDI和Ln$TRADE$的系数α_2、α_3是显著的，说明中国对非贸易与投资对非洲经济增长具有促进作用。但是加入TCI之后的模型2.2和模型2.3，LnFDI的系数α_2变得不显著，主要原因可能是因为中国对非各国的外商直接投资占非洲各国接收外商直接投资的比重较小。[1] 故我们可认为中国对非贸易和投资一定程度上能促进非洲的经济增长，符合假说1的预期。TCI的系数为负，且非常显著，符合假说2的预期，即比较优势的发展战略能促进经济增长。制度因素和国内储蓄的系数也比较显著，符号都为正，说明高效廉洁的政府和较高的国内储蓄都能促进非洲国家经济增长。衡量非洲各国的财政发展因素的广义货币占GDP比重系数很显著，但符号为负，原因可能是非洲国家的财政政策效果不好。[2] 模型2.3中的基础设施因素比较显著，且符号为正，说明基础设施也是影响非洲各国经济增长的因素之一。值得注意是我们加入了TCI的平方项之后，模型整体上更加显著，且TCI的一次项和平方项的系数均为显著的，符号均为正，说明TCI对经济增长的影响并不是线性的，我们对此给出以下三种解释：第一，TCI关于Ln$GDPPC$的函数曲线为开口向上的二次曲线，对称轴的值为10.386，在样本中除尼日利亚外，其余样本观察值均在对称轴左边，即TCI与经济增长呈非线性负向关系，符合假说2的预期；第二，林毅夫等认为一个国家在其最优的经济增长路径上的技术选择指数（TCI）应该是呈现出先上升后下降的趋势（即倒U形），[3] 即TCI平方项的系数应为负，TCI

---

[1] 样本中19个国家，中国投资所占比重均较低，普遍低于5%。

[2] 事实上，非洲各国的财政政策效果都不好，各国政府普遍存在货币超发造成通货膨胀率较高的情况。样本中除喀麦隆、毛里求斯、摩洛哥、突尼斯外，其余15个国家的年均通货膨胀率在10%，加纳甚至出现了年均23.46%的恶性通货膨胀。

[3] 具体而言，TCI在经济增长的初期会随着人均资本的积累而不断上升，随着经济结构的变迁，资本和劳动力都将从第一产业向制造业及服务业转移，但主要转向服务业，只有小部分生产要素流向制造业。

◆ 第三部分　中国对非贸易与投资对非洲经济增长和减贫的影响

关于 Ln$GDPPC$ 的函数曲线为开口向下的二次曲线，文中造成 TCI 平方项系数为正的原因是样本中存在尼日利亚的异常值（如图6-16所示），尼日利亚 2002 年至 2009 年的 TCI 二次项偏离 TCI 二次项的均值达 2 个到 4 个标准差，这可能是造成 TCI 平方项为正的原因；[1] 第三，在新结构经济学中 TCI 和经济增长的倒 U 形关系是有前提的，即时间跨度充分长，而这里只考察了 2003 年到 2012 年 10 年的数据，只有 87 个样本观测点，样本量较小也可能是造成 TCI 平方项异号的原因。

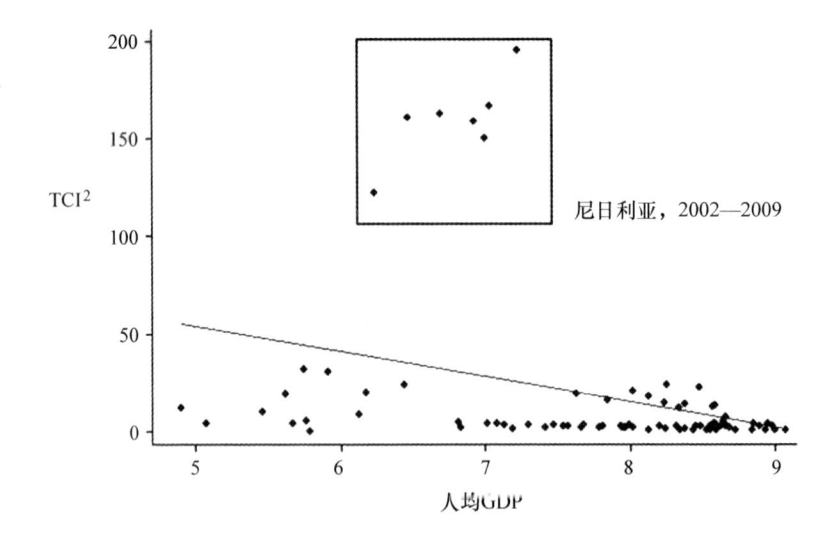

图6-16　TCI^2 和人均 GDP 中的异常值

表6-7　基于 TCI 指数的经济增长模型 3

VARIABLES	(3.1)	(3.2)	(3.3)
	Ln$GDPPC$	Ln$GDPPC$	Ln$GDPPC$
	Fixed Country	Fixed Country	Fixed Country

---

[1] Burnside, C., Dollar, D., "Aid, Growth, the Incentive Regime, and Poverty Reduction", *Structure and Policies*, 2000 (3). 笔者将尼日利亚的 7 个观测值从样本中删除之后，TCI 二次项符号仍然没有由正变负。我们认为 TCI 二次项的符号为正也有可能是严重的多重共线性造成的，事实上，加入 TCI 二次项之后，TCI 的 VIF（方差扩大因子）由 3.07 上升到 50.75，TCI 二次项的 VIF 也有 35.36，可见多重共线性很严重。

续表

TCI	-0.176***	-0.312*	-0.158
	(0.0611)	(0.158)	(0.197)
LnFDI	-0.00549	0.0108	-0.00657
	(0.0142)	(0.0130)	(0.0187)
LnTRADE	0.204***	0.176***	0.206***
	(0.0295)	(0.0344)	(0.0413)
LnSAVINGS	0.310***	0.305***	0.311***
	(0.0485)	(0.0500)	(0.0498)
LnTELE	0.117*	0.129*	0.115
	(0.0689)	(0.0711)	(0.0714)
LnCORRU	0.390**	0.349*	0.399**
	(0.173)	(0.195)	(0.198)
Ln(1+INFLATION)	0.0762	0.0519	0.0787
	(0.203)	(0.207)	(0.207)
M2ratio(Lagged)	-0.00605***	-0.00606***	-0.00603***
	(0.00218)	(0.00223)	(0.00222)
TCI*LnFDI	0.00713**		0.00756
	(0.00346)		(0.00585)
TCI*LnTRADE		0.0121	-0.00117
		(0.00772)	(0.0128)
Constant	-3.603***	-3.159***	-3.667***
	(0.950)	(1.128)	(1.188)
Within R-squared	0.8936	0.8900	0.8936
Between R-squared	0.5103	0.5208	0.5112
Overall R-squared	0.2849	0.2954	0.2863
P-value of Hausman Test	0.0206	0.0237	0.0562

注：1. 括号中数字为标准差。

2. *、**、*** 分别代表10%、5%和1%的显著性水平。

根据表6-7中的结果，我们可以看出，大部分变量的符号均符合

◆ 第三部分　中国对非贸易与投资对非洲经济增长和减贫的影响

预期，模型整体拟合度较高，且固定效应的 F 检验 P 值均为 0.0000，故认为国家固定效应优于混合回归，另外豪斯曼检验的 P 值均小于 5%，故我们可在 5% 的显著性水平上认为应该使用国家固定效应模型。加入交互项变量后，回归结果有了较大变化，TCI 不再显著，其交互项的符号也不唯一。我们不能由此说明中国对非贸易和投资没有促进非洲国家实施比较优势的发展战略，我们对此有两种解释：第一，这可能是因为 TCI 作用于经济增长的机制除了中国对非贸易和投资外，还有其他作用机制；第二，这有可能是多重共线性导致的，Borensztein、De Gregori 和 Lee 用 FDI 对 GDP 的比例和中等教育时间衡量的人力资本因素做交互项，也出现了相同的情况，他们对此的解释是多重共线性或者 FDI 和人力资本之间不是线性交互关系，且他们认为不应在模型中加入非线性交互项[①]（在文中为 *TCI*、Ln*FDI*、Ln*TRADE* 的高阶以及 *TCI* ∗ Ln*FDI* 和 *TCI* ∗ Ln*TRADE* 交互项的高阶），因为这不仅会减少自由度，还会造成严重的多重共线性。[②]

根据前文的回归结果我们可以得出以下结论：

（1）中国对非贸易和投资对非洲经济增长具有促进作用，但主要表现在贸易促进经济增长，投资促进经济增长的效果不显著。

（2）TCI 对非洲国家经济增长具有负向的显著关系，即若非洲国家推行比较优势的发展战略，其经济增长绩效会较好。

（3）一定程度上，中国对非贸易与投资会促进非洲国家实施比较优势的发展战略，但主要表现在投资促进比较优势发展战略，贸易促进比较优势发展战略的效果不明显。

（4）就非洲 19 国而言，中国对非贸易和投资是 TCI 作用于经济增长的机制，但仍有其他机制有待考察。

（5）除 TCI、中国对非贸易和投资外，国内储蓄、基础设施、制度

---

① Borensztein, E., Gregorio, J., Lee, J., "How Does Foreign Direct Investment Affect Economic Growth?" *Journal of International Economies*, 1998, 45 (1): 115 – 135.

② 事实上，若用方差扩大因子（Variance Inflation Factor，VIF）来衡量多重共线性的话，未加入交互项之前，各个变量（除 Ln*TRADE* 外）的 VIF 都不超过 5，而加入交互项之后，*TCI*、Ln*FDI*、Ln*TRADE* 的 VIF 分别由 2.95、2.65、5.01 变为 1455.01、6.55、12.44，而 *TCI* ∗ Ln*FDI*、*TCI* ∗ Ln*TRADE* 更是高达 736.81、3299.16。

因素、财政政策都会促进非洲各国比较优势的发挥和经济增长。

第三节 政策建议

通过前文的分析,我们可以看到,中国对非洲贸易和投资能够促进非洲国家实施符合其本国比较优势的发展战略,并以此为机制促进非洲国家的经济增长;而非洲各国的国内储蓄、基础设施、制度因素、财政政策也会促进非洲各国发挥比较优势和实现经济增长。我们根据这两点结论提出相关政策建议。为了促进非洲各国实施比较优势发展战略、实现经济增长,中国可以进一步加大对非贸易和投资,而非洲各国则应从改善出口商品结构、促进产业升级、投资基础设施、促进"一体化"入手。

一 非洲应集中优势资金,加强基础设施建设

非洲大陆每年基础设施缺口是350亿美元至400亿美元,[1] 基础设施薄弱是制约非洲经济增长的关键问题,改善基础设施薄弱局面,对于非洲经济发展具有重要意义,直接影响非洲各国的政治、贸易、交通和水资源等诸多重要方面,更是推进非洲区域一体化的重要因素。具体而言,非洲各国有以下四种方式集中优势资金进行基础设施建设:第一,建立国有企业,直接使用国内财政收入对国有企业注资,进行基础设施建设投资;第二,鼓励国内有能力有资金的公司进行基础设施建设投资,政府给予相应的税费减免等优惠政策;第三,吸引外国企业到当地进行基础设施建设投资,政府给予相应的税费减免、利益保障等优惠措施;第四,争取世界银行、欧洲投资银行等国际金融机构的资金援助,并考虑将这些资金优先用于基础设施建设。

以上四种方式,并不是独立的,几种方式之间可以进行相互的组合,例如国有公司和本土公司的合作,国有公司和外国企业的合作,本土公司和外国企业的合作,甚至可以是三方的合作,这种合作的方式甚

---

[1] 拉海·法拉:《中国与非洲经贸关系发展研究》,博士学位论文,辽宁大学,2014年,第180页。

◆ 第三部分 中国对非贸易与投资对非洲经济增长和减贫的影响

至会优于上述四种独立的方式，因为通过合作可以进行优势互补，例如本土公司更熟悉当地的经济环境、国有公司在当地更具有影响力和号召力、外国企业拥有先进的管理经验和生产技术。

此外，由于非洲大陆自身的问题较多，受不确定因素影响较大，在基础设施建设过程中，非洲各国政府应注意对风险的控制，例如非洲政府和国际组织的担保、与外国企业充分沟通交流并制定彼此受益的相关法律政策等，确保投资企业（不论本国还是外国）的成本回收和盈利能力等是控制风险的重要措施。

二 非洲应优化对华商品出口结构，提高出口商品竞争力

2000年中非合作论坛建立以后中非贸易迅速发展。2000年中非贸易额首次超过100亿美元，2003年以来中非贸易额平均每年以将近40%的速度增长，2008年首次超过1000亿美元，到2009年中国已经成为非洲最大的贸易伙伴。[①] 从90年代开始，中国对非出口产品向技术密集型和附加值高的产品转变。这种形势在21世纪得到进一步改善，机电产品和高新技术产品占中国对非出口的30%以上，[②] 纺织服装、茶叶、鞋类等初级产品的出口比重显著降低。但是同期非洲对华出口产品结构变化不大，主要以初级产品和资源型产品为主，[③] 这是由非洲国家的资源禀赋及其发展水平决定的。随着非洲经济不断改善，非洲国家应通过创新和研发优化对中国出口商品的结构，提高其现有的出口竞争力，同时发展新兴行业的出口能力，提高出口产品的附加值，增加技术产品的出口额。在这个过程中，非洲国家应充分利用中国对非洲出口所带来的正面外部性，加强自身学习。而中国在对非投资过程中，也可以为非洲国家提供一定资金和人员的援助，帮助其进行产业转型和出口结构优化。除此之外，中国政府在实施支持外国投资者的技术转移到中国

---

① 资料来源：《中国统计年鉴》（2014）。
② "电机、电气设备及其零件""核反应堆、锅炉、机器、机械器具及其零件""车辆及其零件、附件""钢铁制品"这四类为中国对非主要出口商品，其2001年出口额占中国对非出口商品总额的29.23%，此后从未低于33%。资料来源：International Trade Centre。
③ 21世纪以来，"矿物燃料、矿物油及其蒸馏产品"出口额一直占非洲对中国出口商品额的50%以上，2006—2008年更是达到了70%以上。资料来源：International Trade Centre。

本土企业的政策上,有非常成功的经验,改革开放后,这一政策迅速帮助中国本土企业提升了生产力,在这方面非洲国家可以向中国学习。

三 非洲可建立"经济特区",促进本国工业发展和产业升级

中国在改革开放初期的 1979 年到 1988 年,先后建立了五大经济特区,开放了 14 个沿海城市,成功吸引了大量外资和国外先进技术,不仅解决了大量就业,还完成了第一轮的资本积累和产业升级。非洲国家也可以选择建立自己特殊的经济区域,如出口加工区、经济特区、工业区或自由贸易区等。这些地区在自由贸易、吸引外资、引进国外先进技术、重大基础设施建设投资等方面享有优惠政策,为工业发展和产业升级提供有利的外部环境。

从 2007 年开始,佛得角、利比里亚、尼日利亚和坦桑尼亚相继在本国建立试点,[①] 建立了自己的"经济特区",这表明了非洲政府已经开始相信中国在经济特区建设上的经验将会为非洲带来更多的就业机会和先进的知识技术,进而提高本国的工业水平、出口水平,最终实现经济增长。

在建立各自的"经济特区"的过程中,各个国家的具体政策肯定会因各自国情而不尽相同,但都应该提供给外国投资者相对自由的环境和优惠政策,包括税收优惠、劳动保障、关税豁免、廉价的土地、完善的基础设施等。但需要注意的是,除了这些"经济特区"的必备因素外,非洲国家还应为外国投资者创造安全避风港,同时需要确保本地企业、民众从中获益。

四 非洲各国应加强沟通与交流,推动非洲一体化进程

自 1963 年 5 月 25 日非盟前身——非洲统一组织成立以来,非洲各国一直在追求非洲的一体化,数十年来虽然取得了各种进展,但离真正的非洲一体化还相距甚远。这在非洲内部贸易方面表现得尤其严重,由于各国高筑各种贸易壁垒,非洲内部贸易量异乎寻常地低下,2000 年

[①] 拉海·法拉:《中国与非洲经贸关系发展研究》,博士学位论文,辽宁大学,2014 年,第 178 页。

◆ 第三部分　中国对非贸易与投资对非洲经济增长和减贫的影响

至 2010 年，非洲内部贸易年平均进口额为 290 亿美元，年均增长 14.4%；非洲内部贸易年平均出口额 300 亿美元，年均增长 14.6%。尽管非洲内部贸易额一直保持增长，但水平依然很低，非洲内部贸易量仅占非洲贸易总量的 12%。非洲内部贸易出口额和进口额分别占非洲出口总额和进口总额的 10.4% 和 14.2%。[1] 连其他新兴市场地区的一半水平都达不到。[2]

此外，非洲区域经济组织彼此重叠，成员国相互交叉的现象十分突出，也是阻碍非洲一体化进程的重要因素。除非盟外，非洲大陆还存在多个同质性较高的地区性组织，有东非共同体、东非政府间发展组织、南部非洲发展共同体、东南部非洲共同市场、西非国家经济共同体、西非经济货币联盟等 14 个重要的区域性组织。在 14 个主要的区域经济合作组织中，撒哈拉以南非洲就有 12 个；非洲有 27 个国家同时是两个区域经济组织的成员，18 个国家为 3 个组织的成员，刚果（金）甚至同时加入了 4 个区域合作组织。[3] 东南部非洲共同市场和南共体重叠的会员多达 8 个，分别占各自会员数的 40% 和 50%。同一地区同时存在多个性质雷同的经济一体化组织，不但使本地区有限资源无法得到最优化配置，而且造成了同类组织之间的相互挤压，最终延缓了地区经济一体化的进程。此外，一个国家加入多个区域经济组织，又往往无力同时履行各个组织的成员职责，也会降低这些组织的效率。

坚定的非洲一体化议程将极大地促进非洲内部资源优化配置，对其基础设施建设、贸易水平的进一步改善、未来经济持续增长都将起到重要作用。具体有如下建议：第一，制定切实可行的一体化路线图和严格的时间表，保证非洲一体化进程的有序进行。第二，加强各个组织、各个国家之间的对话，促进相似组织间的合作和重组，推动大区域组织对小区域组织的合并；第三，统一规划区域内的基础设施建设，集中优势资源，造福多方百姓；第四，可以引入他方力量，如联合国，在非洲各国间进行协调，减少贸易壁垒和贸易摩擦等。

---

[1] 资料来源：International Trade Centre。
[2] 《投资非洲：机遇与希望，中非合作论坛》，2012 年 4 月 18 日，http://www.focac.org/chn/zjfz/t924026.htm。
[3] 舒运国：《非洲经济一体化五十年》，《西亚非洲》2013 年第 1 期，第 85—101 页。

五　推动中非合作论坛的实施，优化中非战略合作伙伴关系

2000年首届中非合作论坛在北京召开，随后每三年召开一次，分别是2003年在亚的斯亚贝巴、2006年在北京、2009年在开罗、2012年在北京及2015年在约翰内斯堡。在16年的时间里，持续的友好往来使中国与非洲对彼此都有了更多的理解，这为双方进一步推动友好合作关系向更加广阔方向的发展奠定了基石。在中非合作论坛的框架下，推动中非贸易投资的开展，具体提出以下建议：第一，中国政府应采取积极措施为更多样化的非洲产品进入中国市场提供便利，考虑给予非洲最不发达国家对华部分出口商品关税减免待遇，帮助非洲各国优化贸易结构、减少贸易分歧和摩擦；第二，中国应进一步鼓励和支持中国企业到非洲大陆进行投资，除了提供优惠贷款和优惠出口买方信贷外，应与非洲各国探讨促进投资合作的新途径和新方法。而非洲各国应制定和完善本国相关的法律和政策，提供相应的便利和服务，确保中国投资项目的安全和利益；第三，加强中非在基础设施建设领域的合作，中国政府应积极支持中国企业参与到非洲国家的基础设施建设中，进一步扩大对非洲承包工程业务的规模，帮助非洲国家提高自主发展能力，加强技术和管理方面的合作；第四，中国政府和企业在互惠互利、共同发展的原则上，可以采取形式多样的合作方式与非洲国家共同开发和合理利用各种自然资源，并帮助非洲国家将这些资源优势转化为竞争优势，促进非洲国家的可持续发展。

六　中国应加大对非投资力度，但应规避区位因素的不利影响

非洲大陆拥有丰富的自然资源和人力资源，21世纪被誉为非洲的世纪，非洲将成为世界经济增长的主要动力，加大对非洲的投资对中非将是一个双赢的结果。但就目前情况而言，虽然中国对非投资增速较快，但占中国对外投资总额比例仍然较小。截至2014年底，中国对非投资占非洲吸引外资总存量的比重为4.51%。截至2013年底，中国对非直接投资企业为2955家，共覆盖52个非洲国家和地区，投资覆盖率为86.7%，主要分布在南非、赞比亚、尼日利亚、阿尔及利亚、安哥拉、苏丹、刚果（金）、津巴布韦、毛里求斯、埃塞俄比亚、坦桑尼

◆ 第三部分 中国对非贸易与投资对非洲经济增长和减贫的影响

亚、加纳、埃及、肯尼亚等国。①

造成该情况的重要原因之一就是非洲区位因素会较大地影响中国企业对非投资,这主要表现在非洲落后的基础设施条件和动荡的政局上。在很大程度上,区位因素决定了中国企业对非投资的可行性。非洲落后的区位因素阻碍了中国企业对非投资,一些企业限于区位因素被迫撤资。在进一步加大对非洲投资的过程中,中国企业应学会规避区位因素带来的不利影响,与此同时,中国政府也应该从制度建设、官方合作、信息支持和政府干预等方面入手,维护本国企业在非洲的合法权益不受侵害。具体方案如下:第一,通过各种渠道加强与非洲国家之间的沟通和交流,并将与中国投资项目所在政府的沟通常态化,特别是政局不稳的国家和地区,适当地减少到政治不稳定地区的投资。当中国投资项目出现问题时,可以通过和非盟等组织进行协调,确保中国投资的安全性,或减少中国投资的损失;第二,在中非合作论坛等对话机制下,通过和中国投资项目所在国政府签订相关协议,确保在中国投资项目处于危险情况时当地政府对其予以优先保护,由于当地动荡局势给中国投资项目造成损失的,可以通过货物补充和新投资项目优惠措施等方式对中国投资者进行补偿;第三,中国政府和企业可以适当地增加对非洲当地基础设施项目投资的倾斜,这不仅可以促进非洲当地经济增长,也有利于中国投资在当地更有效地运转。

---

① 资料来源:《2013年度中国对外直接投资统计公报》。

第七章 中非经贸合作区的建设及其经济效应

——以赞中经贸合作区为例

开发区是中国经济改革开放最重要的成果之一，在过去将近三十年的开发区发展中，中国开发区顺应了经济全球化而引发的国际产业转移的潮流，对中国30年的高速经济增长、就业、带动周边区域发展起着明显的作用。开发区的兴起成为中国经济独特的一种现象。作为中国30年高速发展的成功经验之一，开发区正成为"中国模式"的一部分，被越来越多的友好国家所重视。很多发展中国家都希望能复制中国经验，复制开发区的成功模式，促进本国的经济发展。

2005年底，为贯彻实施国家"走出去"的发展战略，鼓励和支持有竞争优势的各类企业参与国际经济技术合作，商务部提出了建立境外经贸合作区的对外投资合作举措，规划建立若干个有影响、效益好的境外经济贸易合作区、合作园区。一方面，加大"走出去"的开放力度，有效应对日益扩大的贸易摩擦；另一方面，缓解外汇储备过多的局面，控制外贸顺差的过快增长，推进自主品牌战略。2006年6月，商务部发布《境外中国经济贸易合作区的基本要求和申办程序》，正式启动了扶助对象的申报和评标工作，每一个确定下来的对外经济贸易合作区，国家将给予2亿—3亿元的财政补贴，提供最多可达20亿元的中长期人民币贷款。同年6月18日，商务部表示，中国将建成50个境外经贸合作区，旨在减少经贸摩擦，实施外贸转型，并将推动建设境外经济贸易合作区作为商务部的一项重点工程。

中国企业在境外投资建设经贸合作区是中国与世界其他国家开展经济合作的形式之一。对东道国来说，境外经贸合作区能够有效促进东道国经济发展，而以产业集群为导向发展的园区对东道国工业化及经济增

◆ 第三部分 中国对非贸易与投资对非洲经济增长和减贫的影响

长的促进更为明显。对中国企业来说，境外经贸合作区也是一种全新的对外直接投资方式。根据商务部 2014 年 12 月份公布的数据，中国境外经贸合作区建设已取得了阶段性成果：一是基础设施建设得以推进，合作区实际平整土地 87.69 平方公里；二是投资稳步增长，合作区建区企业累计完成投资 100 亿美元，协议入区企业 2790 家，累计协议投资 123 亿美元，实际投资 58 亿美元；三是经济和社会效益初步显现，合作区入区企业累计实现产值 155.66 亿美元，向当地政府缴纳税费 11.92 亿美元，累计为当地提供 117340 个就业机会。

随着全球格局的变迁和"一带一路"倡议的逐步推进，作为实施"走出去"战略的一条重要途径，境外经贸合作区作为中国企业对外投资合作产业集聚的平台，其重要性日益凸显。近来，在政府及国家领导人的报告中，也反复提到了境外经贸合作区成为落实"一带一路"倡议的重要形式，强调以重点经贸产业园区为合作平台，抓好境外合作园区建设，共同打造若干国际经济合作走廊，推动形成区域经济合作共赢发展的新格局。在 2014 年末的全国商务工作会议上，商务部部长高虎城提出，商务部将继续推进"境外经贸合作区创新工程"，使境外经贸合作区成为一带一路建设的重要承接点，通过境外经贸合作区的建设增强中国企业国际化和全球化的竞争实力，更好地分享国际市场资源和发掘国际市场。

第一节　中国境外经贸合作区的现状

一　境外经贸合作区的区位分布

中国获批的境外经贸合作区大都在与中国地理交界或有友好经济往来和深厚友谊的周边国家，主要分布在非洲、东南亚、南美及东欧等地区的发展中国家。到 2015 年 6 月，商务部已经分两批批准了 19 个经济贸易合作区，其中第一批于 2006 年 11 月底审批结束，共批准了 8 家；第二批于 2007 年底审批结束，共批准了 11 家。从地域分布来看，当前的 19 个境外经济贸易合作区中，非洲设有 7 个，其中尼日利亚有 2 个；东南亚 6 个，其中越南有 2 个；东欧 3 个，均位于俄罗斯境内；南美 2 个，分别位于委内瑞拉和墨西哥；东亚 1 个，设在韩国。表 7-1 即为商务部启动两次合作区招标后，确定的 19 个境外经贸合作区的地域分

第七章 中非经贸合作区的建设及其经济效应

布情况。

表7-1　　　　　　　中国境外经贸合作区区位分布

	序号	境外合作区名称	区位分布
第一批	1	赞比亚中国经贸合作区	非洲赞比亚铜带省中部和首都卢萨卡市东北部
	2	泰中罗勇工业园	东南亚泰国罗勇府（东部海岸安美德工业城）
	3	巴基斯坦海尔—鲁巴经济区	南亚巴基斯坦拉合尔市
	4	柬埔寨西哈努克港经济特区	东南亚柬埔寨西哈努克省波雷诺区
	5	尼日利亚广东经贸合作区	非洲尼日利亚奥贡州伊格贝萨地区
	6	毛里求斯晋非经贸合作区	非洲毛里求斯西北部的 Baie du Tombeau 地区
第二批	7	俄罗斯圣彼得堡波罗的海经济贸易合作区	俄罗斯圣彼得堡波罗的海
	8	俄罗斯乌苏里斯克经贸合作区	俄罗斯滨海边疆区乌苏里斯克市
	9	委内瑞拉库阿科技工贸区	南美委内瑞拉库阿市
	10	尼日利亚莱基自由贸易区—中尼经贸合作区	非洲尼日利亚拉各斯州莱基半岛地区
	11	越南中国（深圳—海防）经贸合作区	东南亚越南海防市安阳县
	12	越南龙江工业园	东南亚越南南部前江省新福县新立第一社
	13	墨西哥中国（宁波）吉利工业经济贸易合作区	南美墨西哥中部的阿瓜斯卡连特斯州
	14	埃塞俄比亚东方工业园	非洲埃塞俄比亚奥罗米亚州杜卡姆市
	15	埃及苏伊士经贸合作区	非洲埃及苏伊士湾西北经济区
	16	阿尔及利亚中国江铃经贸合作区	非洲阿尔及利亚
	17	韩国韩中工业园	东亚韩国全罗南道务安郡
	18	中国印尼经贸合作区	东南亚印尼首都雅加达东部37公里处贝卡西县境内的绿壤国际工业中心园区内
	19	中俄托木斯克木材工贸合作区	俄罗斯托木斯克州阿西诺地区和捷古里杰特地区及克麦罗沃州马林斯克地区

资料来源：商务部境外经贸合作区专题网站资料收集整理。

◆ 第三部分 中国对非贸易与投资对非洲经济增长和减贫的影响

由表7-1可知，中国境外经贸合作区的分布呈现出一定的特点。第一，非洲和东南亚是境外经贸合作区分布的主要地区，充分体现了中国"走出去"的战略方针。一方面中国的优势企业需要参与到更多的国际合作之中，分享国际资源，开发国际市场；另一方面中国也希望通过建设经贸合作区，推动更多的企业到东道国投资建厂，增加东道国的就业和税收，扩大出口创汇，提升技术水平，促进非洲及东南亚等欠发达地区产业结构的优化和经济的共同发展。第二，境外经贸合作区分布的地区大都存在有利于中国企业实现更好发展的资源。如巴基斯坦、柬埔寨、泰国这类国家，地理上与中国接壤或接近，有着较低的劳动力成本与亟待开发的市场；而例如赞比亚、尼日利亚等一些非洲国家，它们拥有丰富的自然资源且与中国政府保持着友好合作关系和政治经济的往来。第三，境外经贸合作区的合作范围和合作深度不断提高。第一批的合作区局限于非洲、东南亚和俄罗斯，主要是资源大国及和中国毗邻的国家，而第二批经贸合作区的范围大大扩大，除了进一步加强同非洲和东南亚的联系外，还增加了韩国和南美。从前后两次获批的境外经贸合作区的分布不难看出中国政府对于境外经贸合作区的肯定，韩国韩中工业园的建立更是体现了中国由资源及市场导向逐渐延伸至技术导向的境外合作模式。

二 境外经贸合作区的规模

到2015年6月，这19个境外经贸合作区都还在建设当中，由于园区的导向和区位分布不同，这些合作区的规模存在一定的差异。首先，从投资规模来看，虽然投资规模大小不一，但计划投资（或实际投资）都超过了1亿美元，墨西哥中国（宁波）吉利工业经济贸易合作区的计划投资规模更是达到了25亿美元。其次，从规划的占地面积来看，面积最小的是中国印尼经贸合作区，仅为2平方公里，而尼日利亚莱基自由贸易区—中尼经贸合作区的总体规划面积为30平方公里，是中国印尼经贸合作区的15倍，差异较大。再次，从入驻企业数量来看，各合作园区自建成以来，逐步吸引了一定数量的企业入驻。截止到2014

年5月底,泰中罗勇工业园的入园企业最多,共计56家。泰中罗勇工业园是商务部批准的首个中国企业在境外设立的综合性工业园,计划引进中国企业50—100家,年产值200亿—300亿元人民币,截止到2014年5月企业数目已经达到要求,各项基础设施建设也都日趋完善,是中国企业成功进入泰国的范例,拟发展成为中国传统优势产业在泰国的一个产业集群中心与制造出口基地。

表7-2　　　　　　　　　中国境外经贸合作区的规模

	序号	境外合作区名称	计划投资规模	实际投资规模（亿美元）	占地面积（平方公里）	企业数目
第一批	1	赞比亚中国经贸合作区	谦比希园区：4.1亿美元；卢萨卡园区：一期计划投资9919.53万美元	1.69	17.28	29
	2	泰中罗勇工业园	2亿美元	1.96	12	56
	3	巴基斯坦海尔—鲁巴经济区	1.29亿美元		2.33	
	4	柬埔寨西哈努克港经济特区		1.51	11.13	51
	5	尼日利亚广东经贸合作区	25亿人民币		20	
	6	毛里求斯晋非经贸合作区	7.66亿美元		2.11	4
	7	俄罗斯圣彼得堡波罗的海经济贸易合作区	13.46亿美元		2.08	
	8	俄罗斯乌苏里斯克经贸合作区	20亿元人民币	1.66	2.28	27

· 193 ·

◆ 第三部分 中国对非贸易与投资对非洲经济增长和减贫的影响

续表

	序号	境外合作区名称	计划投资规模	实际投资规模（亿美元）	占地面积（平方公里）	企业数目
第二批	9	委内瑞拉库阿科技工贸区	1亿美元		5	
	10	尼日利亚莱基自由贸易区—中尼经贸合作区	一期计划投资7.9亿美元	1.26	30	36
	11	越南中国（深圳—海防）经贸合作区	2亿美元		8	
	12	越南龙江工业园		1.05	6	17
	13	墨西哥中国（宁波）吉利工业经济贸易合作区	25亿美元		5	
	14	埃塞俄比亚东方工业园	计划投资4亿美元	0.5752	5	20
	15	埃及苏伊士经贸合作区	4.6亿美元	0.9066	9.12	32
	16	阿尔及利亚中国江铃经贸合作区	38亿人民币		5	
	17	韩国韩中工业园	3.6亿美元		3.96	
	18	中国印尼经贸合作区	6.5亿元人民币		2	23
	19	中俄托木斯克木材工贸合作区	一期投资5.3亿美元	1.77	6.95	14

资料来源：商务部境外经贸合作区专题网站资料收集整理。

三 境外经贸合作区的产业定位及牵头企业

19个境外经贸合作区的产业定位多以衣鞋制造、家电制造、机械五金等在国内拥有比较优势且发展相对成熟的产业为主，入驻园区的企业多以制造类为主，还包括能源、资源、农业、轻工、冶炼等传统行业。表7-3列出了中国19个境外经贸合作区的产业定位及相应的牵头企业情况。

第七章 中非经贸合作区的建设及其经济效应

表7-3　　中国境外经贸合作区的产业定位及牵头企业

	序号	合作区名称	牵头企业	产业定位	合作区类型
第一批	1	赞比亚中国经贸合作区	中国有色矿业集团有限公司	谦比希园区以铜钴开采为基础，以铜钴冶炼为核心，形成以有色金属矿冶产业群为主的主导产业；卢萨卡园区以现代物流业、商贸服务业、加工制造业、房地产业、配套服务业和新技术产业为主导产业	资源
	2	泰中罗勇工业园	华方医药科技有限公司	重点推动汽车配件、机械、五金、家电和电子等具有优势的产业	市场
	3	巴基斯坦海尔—鲁巴经济区	海尔集团	涵盖大、小家电及其配套产业和物流运输业为一体的家电企业集群区域，以及发展汽车、纺织、建材、化工等	市场
	4	柬埔寨西哈努克港经济特区	江苏太湖柬埔寨国际经济合作区投资有限公司	以轻纺服装、五金机械、轻工家电为主，兼顾物流等配套产业发展	市场
	5	尼日利亚广东经贸合作区	广东新广国际集团中非投资有限公司	以家具、五金、建材、陶瓷为主，基础设施建设同时发展	市场
	6	毛里求斯晋非经贸合作区	山西晋非投资有限公司	产品加工及物流仓储、商务商贸、教育培训、房地产、旅游餐饮、绿色能源等板块	市场
	7	俄罗斯圣彼得堡波罗的海经济贸易合作区	上海实业集团	以房地产开发为主业，将该区建成集商贸、办公、娱乐休闲、餐饮于一体的合作区	
	8	俄罗斯乌苏里斯克经贸合作区	康吉国际投资有限公司	以服装、鞋类、皮革为主，带有剪裁、家电和木业等	出口

·195·

◆ 第三部分 中国对非贸易与投资对非洲经济增长和减贫的影响

续表

	序号	合作区名称	牵头企业	产业定位	合作区类型
第二批	9	委内瑞拉库阿科技工贸区	山东浪潮集团（山东）	以家电、农机、电子工业为主导产业	
	10	尼日利亚莱基自由贸易区——中尼经贸合作区	中非莱基投资有限公司	以装备制造、通信产品为主的高端制造业，以交通运输车辆和工程机械为主的产品装配业，以商贸物流为主的现代物流业，以旅游、宾馆酒店、商业等为主的城市服务业与房地产业	综合发展
	11	越南中国（深圳—海防）经贸合作区	深越联合投资有限公司	以纺织轻工、机械电子、医药生物等为主导产业	
	12	越南龙江工业园	前江投资管理有限责任公司	电子、机械、轻工、建材、生物制药业、农林产品加工、橡胶、纸业、新材料、人造纤维等	出口
	13	墨西哥中国（宁波）吉利工业经济贸易合作区	浙江吉利美日汽车有限公司（浙江）	以吉利公司为主导，以汽车生产和配套零件生产为主要产业，以商业贸易为辅助	
	14	埃塞俄比亚东方工业园	江苏永元投资有限公司	主攻冶金、建材、机电等	出口
	15	埃及苏伊士经贸合作区	中非泰达投资股份有限公司	以轻纺服装、生产用车及配件、电器设备及低压电器和通用工程产品为重点发展产业	
	16	阿尔及利亚中国江铃经贸合作区	中鼎国际、江铃集团（江西）	汽车制造业以及建筑材料等相关产业	
	17	韩国韩中工业园	重庆东泰华安国际投资有限公司	融汽车、船舶零件、生物科技和物流为一体的特色高科技园区	技术
	18	中国印尼经贸合作区	广西农垦集团（广西）	产业定位主要为汽车装配、机械制造、家用电器、精细化工及新材料等产业类型	市场
	19	中俄托木斯克木材工贸合作区	中航林业有限公司	以林地抚育采伐业和木材深加工业为支柱产业	资源

资料来源：商务部境外经贸合作区专题网站资料收集整理。

从表7-3可以看出，19个境外经贸合作区的牵头企业多是国际化程度比较高、经济实力雄厚的企业，如巴基斯坦海尔—鲁巴经济区的牵头企业为海尔集团。实际上海尔集团早在2001年就在巴基斯坦建立了全球第二个海外工业园，至2006年已经在巴基斯坦建成了大小家电、黑白家电的供应链平台及产业配套体系，销售、售后服务网络遍及巴基斯坦全国，为2006年11月巴基斯坦海尔—鲁巴经济区的成立奠定了良好的基础和强大的顾客群。除此之外，吉利汽车、中鼎国际、江铃集团和上海实业等国内的龙头企业都纷纷跻身于境外经贸合作区的建设事业当中，为合作区建设的顺利推进提供了技术、供应链以及资金的支持。

从境外经贸合作区的产业类型来看，不同区位的合作区产业定位存在较大差异。通过对中国在建的境外经贸合作区的分析可以发现，中国境外经贸合作区的产业定位与该区牵头企业的优势产业、当地的比较优势及优惠政策有着密不可分的关系。中国在非洲的7个境外经贸合作区以各种金属冶炼、陶瓷烧制以及制造业为主要发展产业，这与非洲丰富的矿产资源、木材、橡胶等自然资源和低关税、少限制的优越的贸易条件紧密相关。中国在东南亚的合作区则多是以服装纺织、机械电子、建筑材料业为主导产业，均为劳动密集型产业，可以充分利用当地劳动力价格低廉来降低成本，实现产业集聚，达到规模经济，从而谋求企业发展。韩国韩中工业园的牵头企业是由重庆市地产集团、东兆长泰投资集团有限公司合资成立的重庆东泰华安国际投资有限公司，结合了韩国全罗南道务安郡地处中韩日三国交流中心地带的区位优势，是目前中韩经贸史上最大的合作项目，也是中国外向型企业以较低成本直接进入世界一流市场，完成技术需求型产业升级和进一步参与国际市场竞争的桥梁。

四　境外经贸合作区的功能分类

中国境外经贸合作区的蓬勃兴起，是由中国产业发展阶段和企业的国际化程度共同决定的。随着中国各产业的发展，众多企业存在"走出去"的必要和意愿，从而产生了市场导向型、资源导向型和技术导向型等类型的投资需求。以劳动力资源为例，30多年的出口导向模式

◆ 第三部分 中国对非贸易与投资对非洲经济增长和减贫的影响

改变了中国劳动力市场的需求，沿海地区制造业进入劳动力短缺和工资快速上涨的阶段，尤其是金融危机的发生使得情况更加恶化，很多企业非正常地歇业、停产甚至倒闭，加快产业结构调整和对外产能转移成为必然。另外，虽然中国存在大量需要"走出去"的企业，但并非每个企业的国际化程度均能够支持其"走出去"。中国企业近年来国际化进程大大加快，但是总体上尚处于起步阶段，国际竞争力有限，对国外市场的了解程度低、搜集信息的成本高、与当地政府及监管部门谈判的能力弱等均成为限制其"走出去"的因素。此种情形下单个的中小企业"走出去"，难以满足企业国际化持续经营的要求。

境外经贸合作区建设初期将重心置于国内市场饱和，生产技术相对成熟的优势行业，如食品加工、农产品加工、日化加工，以及出口量大，易受贸易摩擦影响的行业，如纺织、服装、鞋帽、家具及中小家电等，采取"政府为主导，企业为主体，市场化经营为原则"的运作模式，政府引导、企业牵头、抱团出海，可以有效降低企业"走出去"的成本与风险，促进国内出口及产业梯度转移，大大提升其实现持续稳定海外经营的能力。

截至目前，中国在境外建设的经济贸易合作区虽然没有固定的发展模式，但是从各个园区的发展情况和主导产业来看，已经初具规模的经贸合作区从功能上或是建设目标上可以分为五类。

第一，市场寻求型。该类合作区企业多是在中国国内的生产技术上拥有特有的优势且在国内的市场上产品已经进入了成熟期和饱和期。而合作区的东道国自身市场需求大，且在东道国可以以低成本获得相关生产要素，有利于中国企业的专业化生产和经营，提高劳动生产率，发挥企业品牌效应，提升企业的国际竞争力。这类合作区牵头企业往往已在境外生产自己的产品，具有境外生产基地，依托境外的生产基地延伸开发建设合作区。主要是以中小型家用电器制造业和农副产品及食品加工业为主，例如泰中罗勇工业园、柬埔寨西哈努克港经济特区、巴基斯坦海尔—鲁巴经济区和中国印尼经贸合作区。海尔集团在巴基斯坦，主要以其自身电器生产基地为基础，围绕主导产品建设了海尔工业园区，吸引同类企业入驻。

第二，出口导向型。该类园区以出口加工贸易为主导产业（多是纺织服装、鞋帽箱包和家具等行业），出口量大，易受贸易摩擦影响，而园区所在东道国在国际贸易中关税偏低，也较少受到反倾销反补贴的限制。中国企业在这类经贸合作区投资时不仅可以规避贸易壁垒也可充分利用该园区廉价的劳动力资源，例如埃塞俄比亚东方工业园、俄罗斯乌苏里斯克经贸合作区和越南龙江工业园。

第三，资源开发型。该类型的经贸合作区以东道国特有优质的自然资源和能源，吸引中国因资源短缺而发展受阻的企业进行投资。中国企业在投资进入该类合作区时需要综合考察东道国的资源禀赋、牵头企业和当地政府间关系的密切程度以及劳动力成本。例如中国有色矿业集团在赞比亚建设的合作区，依托其在当地开采的铜矿，把铜矿周边的土地也作为它的资源，围绕这些资源建设园区。如中俄托木斯克木材工贸合作区也是以当地森林资源为开发对象。

第四，技术研发型。这类合作区建区的目的是向东道国学习先进的技术和管理经验。中国企业在投资该类型园区时通过聘用当地高素质的劳动人才和科技人才通过外部效应积累、吸收、改进当地先进的技术和管理，从而优化投资企业的产业结构，提升其整体实力。典型的例子即韩国韩中工业园。

第五，综合发展型。这类合作区综合东道国和中国企业自身的特色，为其他企业搭建海外投资平台，建设集制造、商贸、办公为一体且具有较强的周边辐射带动力的产业聚集区，例如尼日利亚莱基自由贸易区、埃及苏伊士经贸合作区。相比其他模式，这类合作区对于园区开发更专业，从园区最初的产业规划、园区规划，到开发建设、招商、后期的运营管理，公司具有完整的园区管理理念和专业的工具、方法，往往更能有效地实现中国企业"走出去"，降低风险，形成集群效应，同时，也发挥带动东道国就业、提升其经济发展、带动区域综合发展等多方面功能，达到互利共赢的目标。

第二节　赞中经贸合作区的建设及其经济效应

从本质上讲，境外经贸合作区是投资国与东道国国家之间在有关限定区域内开展的一种紧密的双边经济贸易联系。其中，东道国政府负责

◆ 第三部分 中国对非贸易与投资对非洲经济增长和减贫的影响

在协议限定的地域范围内提供良好的投资环境并对投资者给予相关激励，投资国牵头企业负责将园区建设为基础设施较为完善、产业链较为完整、辐射和带动能力强的加工区、工业园区或科技产业园等。赞比亚中国经济贸易合作区是中国政府在境外设立的第一个经贸合作区，也是赞比亚政府设立的第一个多功能经济开发区。由功能定位分别为"有色金属工业为主，延伸有色金属加工产业链"和"自由贸易区"的谦比希园区和卢萨卡园区构成。自2007年正式成立以来，赞中经贸合作区在基础设施、功能设施等园区建设及招商引资等方面取得了显著成效。赞中经贸合作区的设立不仅为中国企业"走出去"开拓海外市场提供了便利，更有助于推进赞比亚工业基础体系的早日建成；为赞比亚带来了发展所需资金及与其需求相匹配的先进管理经验；提升了赞比亚当地劳工的生产技能；为赞比亚创造了更多就业机会和增加了税收；改善了赞比亚对外贸易结构进而促进其实现国际收支平衡。

一 赞中经贸合作区的设立和开发建设

（一）赞中经贸合作区的设立

赞比亚中国经济贸易合作区的设立最早可追溯到1996年赞比亚政府将该国已停产10年的谦比希铜矿在全世界进行投资招标。中国有色集团参与投标并于1998年6月28日与赞比亚签署合资组建中色非洲矿业有限公司及合作开发谦比希铜矿的协议，自此中色非洲矿业有限公司正式成立。同年，中国有色集团又出资2000万美元购得期限为99年的谦比希铜矿所属41平方公里的地表使用权和85平方公里的地下勘探开采权。2000年7月28日，中国境外第一座有色金属矿山谦比希铜矿复产建设正式开始。随着谦比希铜矿生产与运营工作进一步开展，2003年中国有色集团以谦比希铜矿为核心着手筹建中国有色工业园。在此期间，适逢2006年11月中非合作论坛北京峰会召开，中国时任国家主席胡锦涛提出要在非洲建立2—5个经济贸易合作区；在此背景下，2007年2月，中国有色工业园成功中标商务部首批境外经贸合作区并正式更名为"赞比亚中国经济贸易合作区"。

此后，中国有色集团积极落实中国政府关于加强对非工作的重要指示，大力促进赞中经贸合作区的开发建设并取得显著成果，赞中经贸合

第七章 中非经贸合作区的建设及其经济效应

作区成为继"坦赞铁路"之后，中赞两国友谊的新标志，成为21世纪中赞两国经济合作的新范例，成为中国国家"境外经济贸易合作区"的示范区，也成为辐射坦赞铁路和非洲中部的战略基地。

表7-4　　　　　　　　　赞中经贸合作的简要发展历程

发展阶段	标志性事件
酝酿期 （1998—2003年）	1998年，中国有色集团购得赞比亚谦比希铜矿85%的股权，初涉国际矿业开发领域； 2000年，谦比希铜矿复产建设正式开工； 2003年，谦比希铜矿投产，成为中非合作标志性项目；
萌芽期 （2003—2007年）	2005年，赞中签订《关于建立赞比亚中国有色工业园项目意向书》； 2006年，中国有色集团中标境外中国经贸合作区项目，建立赞中经贸合作区；
初创期 （2007年至今）	2007年，赞中经贸合作区谦比希园区揭牌，开发建设正式启动，赞比亚宣布赞中经贸合作区为该国多功能经济区； 2008年，赞中签署《赞比亚中国经济贸易合作区投资促进与保护协议》； 2009年，赞中经贸合作区卢萨卡园区揭牌； 2012年，赞中经贸合作区入区企业中色非洲矿业有限公司、谦比希湿法冶炼有限公司等组成中国有色矿业有限公司在香港成功上市； 2013年，赞比亚总统萨塔出席中国有色集团举办的赞比亚—中国经贸论坛。

赞比亚中国经济贸易合作区的规划建设是在借鉴中国开发区与其他国家工业园区发展经验的基础上，结合赞比亚国情和市场实际，立足技术先进性和实用性相结合、出口导向和进口鼓励相结合、环保生产和资源综合集约利用相结合的原则，在中赞两国政府的大力倡导下，按照"总体规划，分期开发，建成一片，循环收益"策略建立起的经济贸易合作区。合作区包含谦比希园区和卢萨卡园区两个多功能经济区，总规划面积17.19平方公里。

其中，谦比希园区于2007年正式成立，位于赞比亚铜带省中部，距赞比亚首都卢萨卡360公里，距赞比亚第二大城市恩多拉70公里，距赞比亚第三大城市基特韦28公里，一期规划面积11.49平方公里。

◆ 第三部分 中国对非贸易与投资对非洲经济增长和减贫的影响

充分考虑到谦比希园区毗邻丰富的铜资源产区的区位优势，中国有色集团将其定位为"以有色金属工业为主，延伸有色金属加工产业链，适当发展配套产业和服务业，建设具有辐射和示范效应的有色金属工业为主的综合性园区"。准确的定位有利于打造赞比亚铜资源采选冶完整产业链，提升赞比亚铜工业现代化水平，带动赞比亚当地经济发展。

卢萨卡园区于2009年正式成立，位于赞比亚首都卢萨卡东北部，距离城市中心25公里，毗邻卢萨卡国际机场（卡翁达国际机场），总规划面积5.7平方公里。立足于赞比亚地处南部非洲"心脏地带"的战略区位以及紧邻卢萨卡国际机场的区位优势，卢萨卡园区重点发展商贸、物流、加工、房地产等产业，并致力于在2030年之前发展成为基础设施完善，生态环境优美，以自由贸易区为主要功能的现代空港产业园区。

（二）赞中经贸合作区的建设进展

在赞中两国政府的积极支持和中国有色集团的全力建设下，赞中经贸合作区近年来发展迅速。在园区建设方面，截至2008年，中国有色集团对赞中经贸合作区基础设施和功能设施投资额为8090万美元，此后一直保持增长态势，到2015年7月，赞中经贸合作区发展有限公司

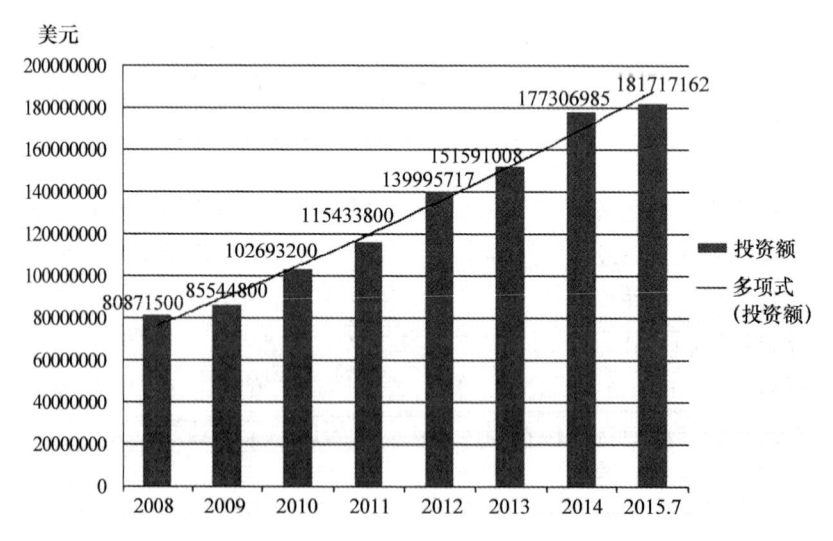

图7-1 赞中经贸合作区发展有限公司累计基础设施及功能设施投资额（截至2015年7月）

第七章 中非经贸合作区的建设及其经济效应

累计对园区基础设施及功能设施投资达到1.8亿美元，其中，新建园区卢萨卡园区占2000万美元，赞中经贸合作区成为中国在境外设立并取得实质性进展的为数不多的境外合作区之一。

基础设施建设方面，赞中经贸合作区发展有限公司在道路建设、供水、供电等方面均取得实质性进展。截止到2015年7月，赞中经贸合作区发展有限公司已经在谦比希园区、卢萨卡园区和GARNETON生活区修建了超过20公里的道路；为谦比希园区配备330KV变电站、66KV和10KV输电线路，为卢萨卡园区配备10KV变压器；在谦比希园区已完成给水、雨水排水、污水排水等设施建设，在卢萨卡园区修建了地下水井并配备240吨的钢结构水塔。

功能设施建设方面，截止到2015年7月，赞中经贸合作区已建成超过6000平方米的办公设施、40000平方米的标准厂房、11000平方米的住宿设施和酒店服务区；于2009年11月正式由中色非洲矿业有限公司移交至赞中经贸合作区的中赞友谊医院不仅在消除人民对疾病的恐惧、稳定员工情绪进而为中国在赞比亚各企业的发展保驾护航方面发挥了积极作用，而且，医院在秉承"中赞合作，共同发展"的原则下，以良好的医疗条件、优质的服务和高超的医疗水平吸引了周边的赞比亚居民前来就诊，成为中赞两国人民友谊的真实写证。

表7-5　　　　　赞中经贸合作区基础设施及功能设施建设成果

基础设施			
谦比希园区			
编号	项目	概述	
1	道路	已修建超过14公里的道路	
2	电力供应	配有330KV变电站、66KV和10KV输电线路	
3	水供应	已完成给水、雨水排水、污水排水等设施建设	
4	通信设施	因特网	
卢萨卡园区			
1	道路	已修建超过10公里的道路	
2	电力供应	配有10KV的变压器	
3	水供应	修建了地下水井，配有240吨的钢结构水塔	

◆ 第三部分 中国对非贸易与投资对非洲经济增长和减贫的影响

续表

4	其他	安全围网

功能设施

谦比希园区

编号	项目	概述

办公设施

1	综合服务楼	建筑面积5000平方米的综合服务楼是经贸合作区的办公区,有优质的会议室、展览厅、网络及银行服务

生产设施

2	标准厂房	规格为1550平方米和1080平方米的标准厂房,目前建成13栋,4栋即将建成

服务设施

3	综合服务区	设有加油站、餐厅、超市和汽修厂

卢萨卡园区

编号	项目	概述

生产设施

1	标准厂房	规格为1550平方米和1080平方米的标准厂房,目前建成11栋

服务设施

2	多功能气膜馆	面积为30米*50米的多功能气膜馆,可以承办会议、体育比赛等活动

住宿设施

1	住宅(类型一)	4栋住宅楼(共32个房间),房间面积30平方米,配有卫生间和淋浴室
2	住宅(类型二)	2栋住宅楼(共26个房间),房间面积30平方米,配有卫生间和淋浴室
3	别墅样板间	建筑面积为280平方米的二层别墅由轻钢结构搭建而成,它采用了最新的建筑材料及技术,整个搭建过程仅需45天

GARNETON生活区

编号	项目	概述

住宿设施

续表

1	住宅（类型一）	3栋住宅楼（共36个房间），房间面积30平方米
2	住宅（类型二）	1栋住宅楼（共8个房间），房间面积40平方米
3	住宅（类型三）	1栋住宅楼（共4个房间），房间面积60平方米
4	住宅（类型四）	2栋住宅楼（共8个房间），房间面积100平方米
娱乐设施		
1	篮球场＆网球场	地面由人造塑胶铺成，提供舒适和安全的运动环境
2	酒店服务区	包括酒店、餐厅、游泳池和体育馆等设施
中赞友谊医院		
中赞友谊医院为市民提供综合性医疗服务，目前有医务人员111名，分布在医院及下属的4个诊所，担负着37000人的医疗保障救治工作。医院配有核磁共振、腹腔镜等先进医疗设备和经验丰富的医疗团队		

二　赞中经贸合作区的做法和经验

（一）双边政府支持及优惠政策的施行

合作区建立的主要目的是使赞比亚丰富的铜钴矿产资源得到更有效的开发利用，并延展基础资源的加工深度，进入国际市场，促进赞比亚的经济发展。合作区享有的双边政府支持及优惠政策是近年来赞中经贸合作区取得良好发展的关键因素。

从东道国角度，为支持赞比亚中国经贸合作区的建设，2008年9月，中国有色集团与赞比亚政府签署了《赞比亚中国经济贸易合作区投资促进与保护协议》（IPPA），协议包含了开发企业承担的开发建设任务、合作区建设目标、当地商业发展、员工计划和技能培训等责任以及赞比亚政府提供给开发企业以及入区企业的税收优惠政策和工作许可办理等政府便利措施。

从投资国角度，作为中国实施"走出去"战略的一种全新对外投资方式，赞中经贸合作区一直以来得到中国政府的大力支持。资金方面，每一个审核通过的对外经贸合作区都将得到2亿—3亿元人民币的财政支持，中长期人民币贷款最多可达20亿元。政策方面，为贯彻落实国务院关于推进境外经贸合作区建设的有关精神和《国务院办公厅关于金融支持经济结构调整和转型升级的指导意见》（国办发〔2013〕67号），中国

第三部分 中国对非贸易与投资对非洲经济增长和减贫的影响

商务部和国家开发银行共同建立合作区项目协调和信息共享等联合工作机制，为符合条件的合作区实施企业、入区企业提供投融资等方面的政策支持，包括"国家开发银行根据国家对外发展战略的需要，支持国内产业集群'走出去'，为合作区建设提供投融资等服务"；国家开发银行依据商务部、财政部《境外经济贸易合作区确认考核和年度考核管理办法》（商合发〔2013〕210号）的要求，针对合作区的特点和需求为合作区提供一系列融资服务，包括国家开发银行及其下属的中非发展基金通过投贷结合的方式为非洲地区合作区提供投融资服务并为入园企业提供非洲中小企业专项贷款服务等。为进一步做好境外经贸合作区建设工作，推动合作区发挥其境外产业集聚和平台效应，中国商务部还制定了《境外经贸合作区服务指南范本》，内容涉及提供包括政策咨询、法律服务、产品推介在内的信息咨询服务；包括企业注册、财税事务、海关申报、人力资源、金融服务、物流服务在内的运营管理服务；包括租赁服务、厂房建造、生产配套、生活配套、维修服务、医疗服务在内的物业管理服务以及突发事件应急服务等；不仅如此，中国政府还承担一切费用出版了针对不同国家和地区的投资促进报告，免费提供给所有企业和社会人员，以增强企业对投资国的了解。

表7-6 赞中合作区属于赞比亚优先行业[①]的入区企业可享有的税收优惠政策

	税种	适用范围
1.	公司所得税	
	入区企业自经营之日起五年内免征企业所得税；第六到第八年，企业所得税按应纳税额的50%征收；第九年和第十年，企业所得税按应纳税额的75%征收；自企业正式运营之日起，五年内免缴红利部分的所得税。	开发者及投资者适用

[①] 在多功能经济区和/或在《发展署法》规定的某个优先行业或产品投资不低于50万美元的投资者，除了享受一般激励政策，有权享受上述激励政策。其中，《发展署法》规定的优先行业或产品包括：（1）花艺栽培（鲜花和干花）；（2）园艺行业（新鲜和干燥蔬菜）；（3）食品加工（面粉及其他食品加工）；（4）饮料及提神品（茶和茶产品、咖啡和咖啡产品）；（5）下列纺织行业产品的生产和加工：棉花、棉纱、织物、服装；（6）下列工程产品的制造：铜产品、铁矿石和钢、钴、其他工程产品；（7）将磷酸盐和相关产品转化成化肥；（8）将石类物质加工成水泥；（9）原木加工成木制品；（10）皮革行业下列产品的生产和加工：牛皮、碎屑皮革、皮革制品；（11）建设微型水电站；（12）教育和技能培训。

续表

	税种	适用范围
2.	关税	
	对于入区企业的资本性货物、机器设备，5 年内免征进口关税。	开发者及投资者适用
3.	增值税	
	对多功能经济区的开发者或投资者进口的资本性货物、机器设备免征增值税。	开发者或投资者用于基础设施建设的物资适用

（二）采取与当地企业合资的方式进行投资建设

为得到当地政府支持并规避风险，赞中经贸合作区选择与当地企业合资的方式进行投资建设。其中，赞比亚中国经贸合作区谦比希铜矿区由中国有色集团与中色非洲矿业有限公司共同出资成立的赞比亚中国经济贸易合作区发展有限公司负责投资、运营和管理。中国有色集团承担全部投融资义务，占合作区发展有限公司股份的85%，中色非洲矿业有限公司将谦比希铜矿区41平方公里的地表土地使用权提供给合作区无偿使用，占合作区发展有限公司股份的15%。

（三）赞中经贸合作区准确的产业定位

境外经贸合作区成功运营的关键是拥有体现自身特色的比较优势并以此为发展基础，其中的比较优势包括地理、资源、产业等方面。如中国最初设立的经济技术开发区都位于沿海城市，就充分突出了海外航运便利的地理优势。

准确的产业定位也是赞中经贸合作区能切实发挥实质性作用的关键所在。基于谦比希铜矿发展铜钴采选冶加工制造服务等产业链，从而形成有色金属的冶炼以及配套辅助衍生的产业集群，资源优势和开发企业的投资项目是谦比希分区具备的最大优势。而将赞中经贸合作区卢萨卡分区定位为重点发展商贸、物流、加工、房地产等产业则是充分考虑到卢萨卡地处南部非洲"心脏地带"的战略区位以及紧邻卢萨卡国际机场的区位优势。由此可见，赞中经贸合作区的产业定位既符合所在国的资源、经济和产业发展条件，也符合当地产业发展政策。同时，对于作为合作区内核心企业的投资主体，赞中经贸合作区在产业定位上也与中

◆ 第三部分　中国对非贸易与投资对非洲经济增长和减贫的影响

国有色集团自身业务紧密结合。

立足赞比亚市场现状和前景，结合赞比亚及经贸合作区资源优势，根据经贸合作区谦比希园区和卢萨卡园区的产业和发展定位，可以预见以下项目（表7-7）具有广阔的发展空间和较高的投资价值。

表7-7　　　　　赞中经贸合作区具有发展前景的产业

谦比希园区	
电线、电缆生产项目	建材生产项目
重型设备机修厂项目	仓储运输项目
矿山设备组装项目	勘探设备项目
商业、生活配套项目	汽车旅馆项目
卢萨卡园区	
国际展览中心项目	国际物流中心项目
商务度假酒店项目	粮油批发市场项目
食品加工项目	购物中心项目
家电组装项目	建材产业城
房地产项目	药品生产加工项目

（四）大力招商引资，对入园企业提供"一站式"专业化服务

由于大多数国家与赞比亚距离遥远且在文化上存在很大差异，信息的不对称使很多国外投资者出于对各类投资风险的担忧而对进驻赞比亚存在疑虑。针对这种情况，赞中经贸合作区一方面通过参加中国政府部门组织的招商推介会、委托中国投资促进协会、中国开发区协会等专业咨询及招商机构有针对性地对合作区进行推介等多种方式增强潜在投资者对赞中经贸合作区的认知，消除潜在投资者的投资顾虑；另一方面充分利用大众传媒的巨大社会影响力，积极依托发布会、研讨会、广告媒体及宣传报道等方式对合作区进行宣传，如及时对外公布经贸区在园区建设、吸引外资、促进当地经济发展以及在增加就业等方面取得的进展，以增强投资者的投资信心，达到招商引资的目的。

不仅如此，赞中经贸合作区还为拟入驻的企业提供"一站式"专业化服务，包括政策法律咨询、投资和工作许可、企业注册和有关登

记、报关报税、商检、仓储运输、商务会展、与当地政府和机构协调中介服务以及安全保卫等一系列全方位服务。具体来说，赞中经贸合作区服务内容包括：为拟入驻企业提供赞比亚的法律法规、产业规划和市场信息的咨询服务；受托或协助拟入驻企业办理企业注册阶段的各种手续，如公司登记、银行开户、税务登记；受托或协助拟入驻企业办理企业建设阶段的各种手续，如环境影响评估、规划设计审批、进出口设备清关；受托或协助拟入驻企业办理生产经营过程中需要的各种执照和许可证等申请事宜；为入区企业提供与赞比亚政府部门和相关机构沟通和协调的服务；组织入区企业参加赞比亚境内外相关展销会、展览会；协助投资者融资贷款，等等。"一站式"专业化服务的提供降低了因入驻企业对当地政策环境不熟悉而产生的大量交易成本，使赞中经贸合作区对外吸引力大大提升。

（五）落实生产节能措施，保护当地生态环境

构建资源节约型、环境友好型企业是中国有色集团在赞比亚能够实现长期可持续发展的内在要求。为此，赞比亚中国经济贸易合作区发展有限公司主要采取了以下几方面措施：其一，依据《赞比亚环境保护和污染控制法》的相关规定设置环境管理专门机构——安全环保部，负责管理环境工作。其二，在各个环节通过技术创新提高资源利用率，最大限度挖掘矿产中的资源。例如铜冶炼公司将铜的回收率从96%提高到98%；中色湿法冶炼厂将铜矿山尾矿作为生产原料之一；经贸合作区建设时部分建筑材料采用矿山废石渣以此减少废物排放量，形成循环产业链条。其三，栽培树木，绿化环境。为尽早恢复土地平整时去除的植被，经贸合作区自建占地10公顷的苗木基地，既满足合作区绿化需要，又符合当地环评环保的要求。其四，加大对当地环保项目的物质和资金支持力度。例如，合作区区内企业中色非矿在2010年向位于卢萨卡的"绿色环境监督组织"捐款100万克瓦查，助其举办环境变化主题相关的大会。

（六）积极履行社会责任，坚持"回报社会，推动发展"

在促进赞比亚经济和企业自身可持续发展的同时，中国有色集团积极参与当地公益事业。这表现在：其一，通过捐资或捐助医疗设备等方式改善赞比亚落后的医疗条件。2007年，中国有色集团捐赠价值4万

◆ 第三部分 中国对非贸易与投资对非洲经济增长和减贫的影响

多美元的计算机等办公设备用于非洲第一夫人防治艾滋病组织开展防治艾滋病活动；2011年，中国有色集团出资110万元人民币资助"非洲光明行"活动。其二，通过资助教育与科研机构等方式支持赞比亚当地教育发展。2011年，中色非洲矿业有限公司向铜带省大学捐助3万美元作为奖学金；投资近10万美元帮助谦比希高中扩建教室。其三，关切妇女权益，支持妇女发展。2013年4月，经贸合作区向"赞比亚第一夫人幸福之家基金会"捐款27万克瓦查用于资助当地妇女、儿童等弱势群体。中色非洲矿业有限公司与当地谦比希村妇女针对养鸡活动建立长期合作关系，为当地妇女创造收入来源。其四，捐资改善当地基础设施。中国有色集团投资2780万美元与赞比亚国家电力公司共同建设谦比希东330KV/66KV变电站，使周边居民的照明条件得到极大改善；中色非洲矿业有限公司投资50万美元修建谦比希村和基特韦市5公里长的道路。

三 赞中经贸合作区的建设成效

（一）招商引资

在赞中两国政府相继出台的一系列鼓励企业入驻合作区的政策支持下，在合作区自身日益完善的园区建设等硬件设施和为入驻企业提供的"一条龙"审批服务等软件设施的吸引下，越来越多的企业选择到赞中经贸合作区投资办厂。截至2015年7月，共有52家企业（包含租用厂房等设施的项目）入驻赞中经贸合作区，比2008年增加了42家，涉及的行业包括湿法冶炼、铜冶炼、建筑、物流、采选矿、农业、制酒业、制药业等。其中，持有多功能经济区许可[①]的企业由2008年仅7家增加到2015年7月的16家，表明合作区在招商引资方面实现了数量和质

---

① 多功能经济开发区的优先行业是指：（1）信息和通信技术：计算机软件开发、信息和通信技术设备装备和制造；（2）医疗卫生：药品生产、医疗设备修理和维护、为医疗机构提供清洗服务、救护车服务、医学化验服务、诊断服务、其他医疗服务；（3）教育和技能培训；（4）制造业：设备和设备零件；钢铁产品；电气电子产品及其零部件；化工和石油化工；药品和相关产品；木材和木制品；棕榈油产品及其衍生品；纸浆、纸和纸板；纺织和纺织产品；运输设施；零配件；基于黏土、沙子和其他非金属矿物质的产品；塑料产品；专业医疗、科学和测量设备或配件；橡胶产品；皮革和皮革产品；包装和印刷材料；化肥；水泥。（5）旅游；（6）下列产品的加工：农产品、林木产品、有色金属及其制品、宝石。

量的同步提升。

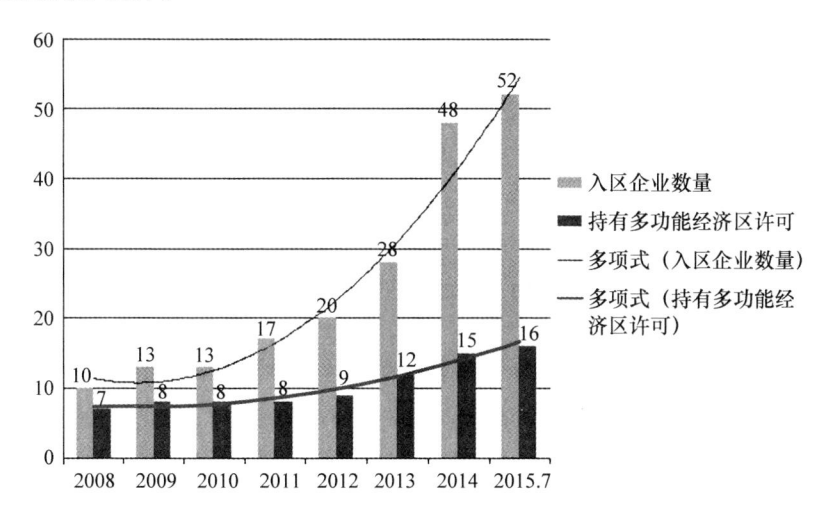

图 7-2 赞中经贸合作区入区企业数量（2008—2015.7）（单位：家）

按照赞比亚政府颁布的"赞中经贸合作区入驻门槛不低于 50 万美元"的《发展署法》相关规定，近年来，中国有色集团通过多种渠道大力吸引国内外企业到合作区投资发展，合作区吸引投资规模逐年扩大，到 2015 年 7 月，合作区累计完成投资额超过 15 亿美元，累计销售收入超过 90 亿美元，企业的生产经营活动不仅以纳税的方式为东道国赞比亚政府增加了财政收入，也对当地经济与社会发展产生了重要影响。而且，合作区开发建设企业与入区企业在从事生产经营过程中还严格遵守赞比亚劳动用工法律法规、坚持属地化经营战略、积极推进员工本土化。2008 年，合作区共雇佣赞中双方雇员 2930 人，其中赞比亚当地员工为 2647 人；此后，合作区不断为当地居民创造新的就业机会，即使在全球金融危机的影响下赞中经贸合作区也没有出现大幅裁员；截止到 2015 年 7 月，合作区累计为赞比亚当地居民提供 8380 个就业岗位，实现自 2008 年以来 11.67% 的年均增长率，员工本地化率达到 86.7%。由于企业在运营过程中非常尊重当地员工的传统文化并积极倡导多文化融合，开放、多元、互助、平等的企业文化氛围已初步形成。

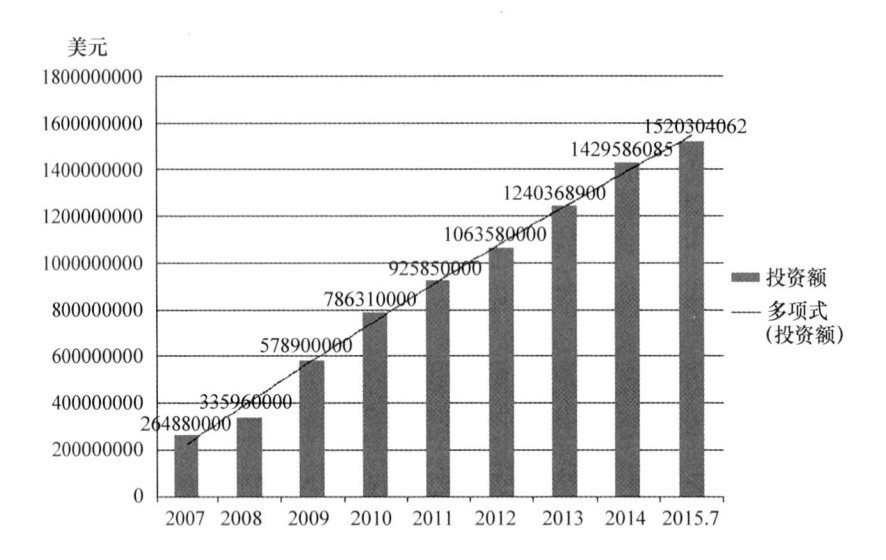

◆ 第三部分 中国对非贸易与投资对非洲经济增长和减贫的影响

图7-3 赞中经贸合作区累计投资额（截至2015年7月）

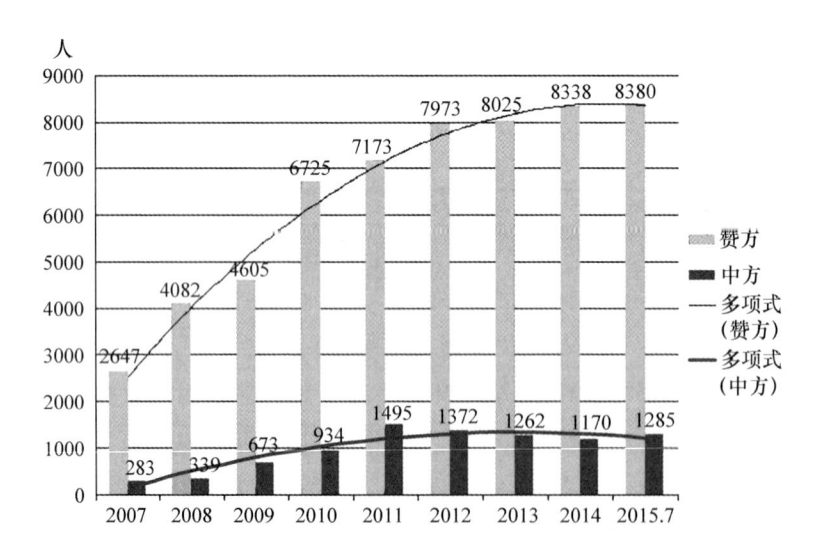

图7-4 赞中经贸合作区累计雇佣员工数（截至2015年7月）

（二）经济社会效应

经贸合作区借鉴中国改革开放初期的发展经验，改变以往单一采用援助的经济合作方式，将援助、贸易、投资三者有机结合起来，通过引导中国企业到赞比亚投资设厂,使中国的资金、技术、经验在赞比亚落地生根并发挥实质性作用,这将从根本上帮助赞比亚将自身的资源优势转化为比较优势进而向竞争优势转变,进而早日实现经济自主可持续发展。赞中经贸合作区的成立对赞比亚经济的发展意义重大。

1. 有助于推进赞比亚工业基础体系的早日建成

虽然进入21世纪以来赞比亚实现了经济的高速增长,但认真分析经济增长背后的推动因素不难发现,当前这种建立在单一经济结构基础之上,以大量出口初级矿产资源为依托的经济增长模式不具有可持续性,贫穷和失业仍是赞比亚亟待解决的问题,为此,赞比亚政府大力推进工业化发展。为带动当地经济和产业发展,赞中经贸合作区谦比希园区立足赞比亚自身资源优势,结合赞比亚自身发展需求,从最初立足于开发矿山,到后来不断加大投资力度,先后建立湿法冶炼厂和火法冶炼厂并引进国际先进铜冶炼生产技术延伸矿产资源产业链,赞比亚谦比希园区"以采矿、选矿和冶炼为龙头,带动并形成加工、贸易、服务的完整产业链"。中国有色集团还成功收购了赞比亚卢安夏铜矿,并完成了"碎矿、磨浮、精矿过滤、尾矿、除尘、工业水及回水、电控及自动化7大系统共30个恢复和技改项目",使"卢安夏公司的选矿技术水平跃升了三十年"。不仅如此,赞中经贸合作区还通过加大本地采购比例、扶持当地供应商的方式搭建提升当地冶金、机械、机电、建材等相关产业水平的平台。赞中经贸合作区的以上举措均有利于赞比亚工业基础体系的构建,进而从源头上帮助赞比亚经济实现自主发展,这与南南合作"互利共赢"的利益观高度吻合。

2. 为赞比亚带来发展所需资金

赞比亚工业化的一大障碍是产业资本积累不足,很多项目因资本不足而不能正常施工。相比之下,改革开放以来,中国通过引进外资、大力发展劳动密集型加工业积累了大量资本,据国际货币基金组织统计,中国固定资本投资于2011年达到4.35万亿美元,高于同年美国3.17万亿美元;中国国民储蓄总额到2012年达到4.6万亿美元,远高于同期美国国民储蓄总额2.8万亿美元;中国外汇储备余额截止到2014年底达到3.84亿美元,居世界首位,坚实的产业基础和雄厚的资金储备

◆ 第三部分　中国对非贸易与投资对非洲经济增长和减贫的影响

与赞比亚苦寻合作资本高度契合。近年来"中非发展基金""非洲中小企业发展专项贷款"的设立使越来越多的中国企业将投资目标转向非洲国家，转向赞比亚，随着更多的中国企业以集群式方式入驻赞中经贸合作区，赞比亚发展经济所需的资金也大量涌入；不仅如此，由中国国家开发银行于2014年8月和2015年6月先后对赞中经贸合作区提供的总数额为5800万美元的贷款也有助于促使合作区进一步加快基础设施建设，吸引国内及赞比亚当地优秀企业入园兴业，最终带动当地经济发展，促进中赞两国友好。

3. 为赞比亚带来与其需求相匹配的先进管理经验

虽然赞比亚自然资源比较丰富，但其将资源优势转变为经济优势的能力不强，以致赞比亚在参与世界经济活动中一直处于不利地位。在此背景下，通过引入外资而引进国外先进生产技术和管理经验进而促进本国经济发展成为赞比亚经济发展的诉求之一。看到曾经同为经济落后国家的中国自改革开放以来经济取得举世瞩目的成就，赞比亚政府迫切需要来自中国的发展经验，这也是赞中经贸合作区设立的初衷之一。赞中经贸合作区借鉴中国开发区的成功经验，集群式地引入中国企业进行投资，形成产业链条，带动赞比亚地区资源的深加工，随之而来的更多适合赞比亚使用的生产技术和先进管理经验将有助于从根本上帮助赞比亚实现经济自主发展，为赞比亚实现经济"腾飞"做铺垫，而这正是对新时期"南南合作"内涵的有力诠释。

4. 提升赞比亚当地劳工的生产技能

赞比亚经济长期停滞不前的一个重要原因就是缺少人力资源开发，其落后的教育与贫困经济形成恶性循环。相比之下，赞中经贸合作区企业在运营过程中非常注重本土化经营及提升当地员工的技能水平。如中国有色集团通过短期培训、手把手传授、高级进修、学历教育和选派员工赴中国学习等多种方式积极为当地员工提供各类教育与培训机会以提升赞比亚当地员工的专业技能。不仅如此，中国有色集团还注重从当地员工中选拔、培养、任用管理人员和高级专业技术人员，以此拓展员工的职业发展通道。上述举措不仅有利于提高赞比亚当地人经济活动参与度的质与量，也有利于推进当地人力资源的全面开发，而这必将给赞比亚经济复兴带来创新性的活力。

5. 为赞比亚创造更多就业和增加税收

建立在开发初级矿产资源基础之上的单一落后的产业结构使失业问题成为赞比亚政府不能忽视的问题。且随着当地人口的持续增长，这一问题将更加突出。近年来，赞中经贸合作区企业对本土化经营给予高度重视，截至2015年7月，员工本土化率已高于85%，吸纳当地8000多人就业。随着赞中经贸合作的不断深化，会有更多中国企业以集群式方式入驻赞比亚，这些企业不仅包括资源开发型企业，也包括部分劳动密集型制造企业，中国企业的陆续进入将会给赞比亚创造大量的就业机会，而且，考虑到产业发展的关联性，将会有更多的当地人口通过随之发展起来的上下游相关产业得到就业机会。除了为赞比亚创造更多就业岗位，赞中经贸合作区企业在从事生产经营活动的同时，也会向当地政府缴税，这有助于赞比亚政府财政收入的增加和产业资本的积累。

6. 改善赞比亚对外贸易结构，促进国际收支平衡

金融危机之前，伴随着近年来发展中国家工业化进程加快所引发的对原材料需求的不断增加，国际市场上原材料价格大幅上升，这为资源丰富的赞比亚带来了实现经济高速增长的机会。但这种严重依赖资源出口的经济增长方式无法成为赞比亚经济发展的内动力，且对国际市场原材料价格波动高度敏感也使赞比亚经济抵御外在风险的能力较弱。随着赞中经贸合作区的不断发展，体现当地比较优势的铜采选冶及精深加工体系将逐步建成，届时，深加工高附加值矿产品将取代初级矿产资源，并在赞比亚出口贸易中比重不断提升，这不仅有助于提升赞比亚的国际市场地位，而且，伴随着对外贸易结构的改善，赞比亚当前巨额贸易赤字（2014年，3.87亿美元）[1]也将得到相应改善。

---

[1] 联合国贸发会议数据库，http://unctadstat.unctad.org/wds/TableViewer/tableView.aspx。

第八章 中国对非投资的减贫效应
——基于动态面板的经验研究

贫困是一直是非洲国家面临的重要经济问题。联合国千年发展目标的最重要目标是在 2015 年将世界贫困人口在 1990 年的基数上减少一半。但是非洲大陆生活在贫困线以下的人口在 1990 年为 2.9 亿人，至 2010 年则高达 4.14 亿人，占世界贫困人口的比重也由 1990 年的 13.6% 上升为 2010 年的 34.1%。[①] 联合国统计的最不发达国家 48 个，其中有 34 个来自非洲大陆。[②] 减少贫困人口已成为非洲各国实现经济社会可持续发展所需要解决的最为迫切的现实问题，同时非洲地区减贫的成效高低也成为能否实现联合国千年发展目标的关键，并得到国际社会的普遍关注。

贫困与资本之间具有十分紧密的关系。美国经济学家纳克斯提出贫穷的原因和结果都是贫穷，资本形成是其核心问题。而外商直接投资是弥补资金紧缺，促进资本形成的重要来源。进入 21 世纪以来，非洲大陆许多国家实行鼓励外资进入的政策，吸引的 FDI 规模增长迅速。2000 年非洲大陆吸引的 FDI 流量为 96.71 亿美元，2013 年则高达 572.39 亿美元，[③] 具体如图 8-1 所示。但从世界范围来看，非洲吸引外资的规模仍然较小，如表 8-1 所示，其流量占世界吸引外资的比重低于 5%，存量占比低于 3%，远低于亚洲和南美洲等地区发展中国家吸引外资的规模。近年来，中国对非洲地区的直接投资规模也呈快速增长的态势，

[①] 资料来源：联合国非洲经济委员会、联合国开发计划署、非盟和非洲开发银行共同发布的《2014 年联合国千年发展目标报告》。

[②] 资料来源：联合国《2014 年最不发达国家报告》。

[③] 资料来源：联合国贸发会议公布的《2014 年世界投资报告》。

第八章 中国对非投资的减贫效应

并成为非洲主要的外资来源国。如表8-2所示，2013年中国对非投资33.7亿美元，占非洲当年吸引外资的5.89%；截至2013年底，中国对非投资存量累计达261.86亿美元，占非洲累计吸引外资总额的3.81%。①

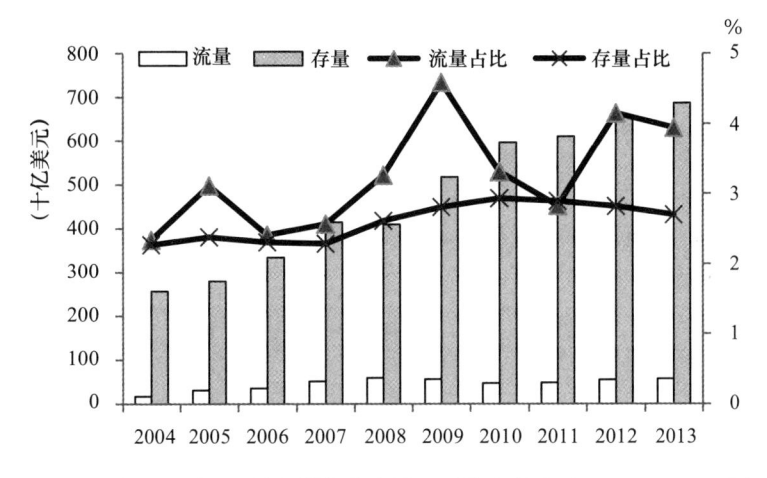

图8-1 非洲吸引FDI的规模与占世界吸引外资的比重（2004—2013年）
资料来源：联合国贸发会议数据库。

表8-1 发展中各地区吸引FDI的规模占世界吸引外资的比重（2004—2013年） 单位：%

时间	非洲 流量	非洲 存量	亚洲 流量	亚洲 存量	大洋洲 流量	大洋洲 存量	南美洲 流量	南美洲 存量	发展中国家 流量	发展中国家 存量
2004	2.34	2.27	23.12	12.75	0.05	0.03	13.08	6.47	38.58	21.52
2005	3.11	2.38	23.26	14.57	0.03	0.04	7.85	7.11	34.26	24.10
2006	2.41	2.31	20.04	15.10	0.10	0.05	6.67	6.69	29.22	24.14
2007	2.57	2.29	18.27	16.70	0.06	0.04	8.63	6.67	29.53	25.70
2008	3.26	2.61	21.77	17.55	0.13	0.07	11.61	7.99	36.77	28.21
2009	4.59	2.81	26.49	17.88	0.16	0.07	12.35	8.36	43.59	29.11
2010	3.31	2.93	28.76	19.51	0.19	0.08	13.32	9.86	45.58	32.39

---

① 资料来源：联合国贸发会议公布的《2014年世界投资报告》和《2013年度中国对外直接投资统计公报》。

◆ 第三部分 中国对非贸易与投资对非洲经济增长和减贫的影响

续表

时间	非洲 流量	非洲 存量	亚洲 流量	亚洲 存量	大洋洲 流量	大洋洲 存量	南美洲 流量	南美洲 存量	发展中国家 流量	发展中国家 存量
2011	2.82	2.89	25.33	20.02	0.13	0.09	14.35	9.87	42.64	32.88
2012	4.15	2.82	31.20	20.94	0.25	0.10	19.23	10.23	54.83	34.09
2013	3.94	2.70	29.36	20.43	0.19	0.10	20.12	10.09	53.61	33.31
平均数	3.25	2.60	24.76	17.55	0.13	0.07	12.72	8.33	40.86	28.55

资料来源：联合国贸发会议数据库。

表8-2 中国对非直接投资的规模与占非洲吸引外资的比重（2004—2013年）

单位：百万美元、%

时间	流量	存量	流量占比	存量占比
2004	317.43	899.55	1.84	0.35
2005	391.68	1595.25	1.26	0.57
2006	519.86	2556.82	1.46	0.76
2007	1574.31	4461.83	3.07	1.08
2008	5490.55	7803.83	9.26	1.91
2009	1438.87	9332.27	2.57	1.80
2010	2111.99	13042.12	4.49	2.19
2011	3173.14	16244.32	6.61	2.66
2012	2516.66	21729.71	4.56	3.31
2013	3370.64	26185.77	5.89	3.81

资料来源：《2013年度中国对外直接投资统计公报》，中国统计出版社2014年版，第42—48页。

中国直接投资对非洲东道国的经济影响问题，国际上既有正面的评价也有负面的批评。当前联合国"2030发展目标"已经提出，消除贫困是"2030发展议程"的一个重要目标。与此同时，在中国经济发展新常态下，"一带一路"倡议的提出和实施是中国新一轮对外开放的重要举措。非洲是中国最重要的经贸合作伙伴之一，中国对非直接投资又是中非经贸合作的核心之一。2014年5月，李克强总理访问非洲四国期间明确提出，"到2020年中国对非直接投资存量向1000亿美元迈进",这一数字是 2013 年中国对非直接投资存量的近 4 倍。21 世纪以来,中国对非直接投资的减贫效果如何,中国对非投资是否对非洲的减贫发挥了正向的作用?随着中国对非投资的增加,中国对非投资能否为未来非洲的减贫工作,以及非洲"后 2015"发展阶段实现消除贫困的目标做出重要贡献?对该问题的研究涉及中国对非投资的效应问题,也关系到中国发展经验对非洲的适用性和意义问题。

本章的结构安排如下:第一节为文献综述;第二节模型和数据;第三节为经验研究结果与政策建议。

第一节 文献综述

随着资本跨国流动规模的迅猛增长和联合国千年发展目标的确立,外商直接投资与东道国减贫的关系已成为经济学家们关注的热点问题。现有的文献主要集中探讨以下两方面内容。一是外商直接投资对东道国的直接减贫效应。Jalilian 和 Weiss 指出外商直接投资通过增加东道国贫困人口的就业机会、增加工资收入、提高技能等存在减贫效应。[1] 刘渝琳、林永强结合中国 1990—2010 年的数据,利用平滑转移向量误差修正模型,得出 FDI 对中国贫困减少有显著影响,且具有很强的非线性特征和"区域依赖性"。[2] Gohou 和 Soumaré 通过实证分析提出外商直接投资对非洲地区的贫困减少具有显著的正效应。[3] Mold 在研究外资流入对东道国的就业贡献和技术转移效应时建立 FDI 对贫困减少的良性(benign)效应模型和恶性(malign)效应模型,却发现单纯地把 FDI 作为贫困减少的工具可能会令东道国失望。[4] Guner 和 Fanta 进一步指出东道国的收入分配状况影响着外商直接投资的减贫效应,与收入极度不平等

---

[1] Jalilian, H., & Weiss. J., "Foreign Direct Investment and Poverty in the Asian Region", *Asian Economic Bulletin*, Vol. 19, 2002.

[2] 刘渝琳、林永强:《FDI 与中国贫困变动非线性关系研究》,《经济科学》2011 年第 6 期。

[3] Gohou, G., & Soumaré, I., "Does Foreign Direct Investment Reduce Poverty in Africa and are There Regional Differences?" *World Development*, Vol. 40, No. 1, 2012, pp. 75 – 95.

[4] Mold, A., "FDI and Poverty Reduction: A Critical Reappraisal of the Arguments", *Région et Développemen*, Vol. 20, 2004, pp. 61 – 83.

◆ 第三部分 中国对非贸易与投资对非洲经济增长和减贫的影响

的东道国相比,外商直接投资减贫的效果在收入相对均衡的东道国要显著得多。[1] 二是外商直接投资通过经济增长引致的间接减贫效应。Klein、Aaron、Hadjimichael[2],Alfaro[3],Alfaro、Chanda、Kalemli、Sayek[4]、Chowdhury、Mavrotas[5]、Zhang[6]、Alfaro 等[7]提出 FDI 对东道国具有经济增长效应,增加就业机会,这有助于降低东道国的收入性贫困。Nunnenkamp、Schweickert 和 Wiebelt 通过建立 CGE 模型指出外商直接投资促进了玻利维亚的经济增长并减少了贫困。[8] 张全红、张建华基于协整理论和自向量回归模型,采用 1985—2005 年家户调查数据实证研究了外国直接投资与中国城镇贫困之间的关系,提出外商直接投资的经济增长效应显著地提高了中国贫困人口在总人口中的收入份额,从而存在正向的减贫效应。[9]

综观已有的文献,可以发现学术界对于外商直接投资与东道国减贫的关系受限于外商直接投资、福利和经济增长指标的精确衡量,并没有得出一致的结论。外商直接投资流量、人均 GDP 和贫困发生率是学术界普遍使用的指标。其中,人均 GDP 适用于所有国家,但一般适用于衡量

---

[1] Guner, S., & Fanta, F., Foreign Direct Investment and Poverty Reduction, Annual National Conference, 2011.

[2] Klein, M., & Aaron, C. & Hadjimichael, B., Foreign Direct Investment and Poverty Reduction, World Bank, Policy Research Working Paper, No. 2613, 2001.

[3] Alfaro, L., Foreign Direct Investment and Growth: Does the Sector Matter? Working Paper, Harvard Business School, 2003.

[4] Alfaro, L., Chanda, A., Kalemli, O. S., & Sayek, S., "FDI and Economic Growth: The role of Local Financial Markets", *Journal of International Economics*, Vol. 64, No. 1, 2004, pp. 89 – 112.

[5] Chowdhury, A., & Mavrotas, G., "FDI and Growth: What Causes What?" *The World Economy*, Vol. 29, No. 1, 2006, pp. 9 – 19.

[6] Zhang, K. H., "Does International Investment Help Poverty Reduction in China", *Chinese Economy*, Vol. 39, 2006, pp. 79 – 90.

[7] Alfaro, L., Chanda, A., Kalemli-Ozcan, S., & Sayek, S., "Does Foreign Direct Investment Promote Growth? Exploring the Role of Financial Markets on Linkages", *Journal of Development Economics*, Vol. 91, No. 2, 2010, pp. 242 – 256.

[8] Nunnenkamp, P., Schweickert, R., & Wiebelt, M., "Distributional Effects of FDI: How the Interaction of FDI and Economic Policy Affects Poor Households in Bolivia", *Development Policy Review*, Vol. 25, 2007, pp. 429 – 450.

[9] 张全红、张建华:《外国直接投资对我国城镇贫困的影响——基于 1985—2005 年家户调查数据的协整分析》,《国际贸易问题》2007 年第 9 期。

经济增长；贫困发生率是衡量贫困的优良指标，但有些国家并不能获得，并且并不是所有的国家都使用相同的衡量方法。本章从以下三个方面对上述文献做出了有益的补充：第一，不同于已有的研究运用线性回归或协整的分析方法，考虑到"贫困陷阱"的存在，本章使用动态面板的 GMM 方法，验证中国外商直接投资与非洲东道国贫困减少的动态关系。第二，关于外商直接投资和福利的衡量，本章尝试使用中国对非洲东道国外商直接投资的人均存量和实际人均 GDP 来衡量，力图从外商直接投资和减贫的非线性关系入手，以期得到相对稳健的实证结果。第三，本章尝试使用比较分析方法，进一步研究中国外商直接投资与非洲吸引的外商直接投资对非洲东道国贫困减少的影响是否存在差异。

第二节 模型与数据

本章基于 Klein 等[1]，Gohou 等[2]等已有研究的分析框架，重点研究中国对非直接投资与非洲东道国贫困减少的动态关系，建立模型如下：

$$RGDPP_{it} = \alpha + \beta_1 RGDPP_{i,t-1} + \beta_2 FDIPOP_{it} + \mu_i + \varepsilon_{it} \tag{1}$$

$$RGDPP_{it} = \alpha + \beta_1 RGDPP_{i,t-1} + \beta_2 FDIPOP_{it} + \beta_3 FDIPOP_{it}^2 + \gamma \chi_{it} + \mu_i + \varepsilon_{it} \tag{2}$$

$$E(\mu_i) = E(\varepsilon_{it}) = E(\mu_i \varepsilon_{it}); \ E(\varepsilon_{it} \varepsilon_{i,t-1}) = 0 \tag{3}$$

模型（1）和模型（2）分别考虑外商直接投资与非洲东道国贫困减少之间的线性和非线性关系，其中：$RGDPP$ 表示实际人均 GDP；关键解释变量 $FDIPOP$ 包括 $CFDIPOP$（中国对非洲东道国外商直接投资的人均存量）、$OFDIPOP$（非洲东道国吸收来自中国以外的外商直接投资人均存量）、$IFDIPOP$（非洲东道国吸收外商直接投资的人均存量）；χ_{it} 代表控制变量，包括对外开放水平（$OPEN$：非洲东道国进出口总额占 GDP 的比重）、产业结构（$AGGDP$：非洲东道国农业增加值占国内生产总值的比重）、人力资本（EDU：非洲东道国初等教育总的入学

---

[1] Klein, M., & Aaron, C. & Hadjimichael, B., Foreign Direct Investment and Poverty Reduction, World Bank, Policy Research Working Paper, No. 2613, 2001.

[2] Alfaro, L., Foreign Direct Investment and Growth: Does the Sector Matter? Working Paper, Harvard Business School, 2003.

率)、资本积累（*GFC*：非洲东道国人均固定资本总量）、政府行为（*GOVSPEND*：非洲东道国政府最终消费支出占国内生产总值的比重）、基础设施（*TL*：非洲东道国每100人拥有的电话线），具体如表8-3所示；μ_i 表示未观测到不随时间变化的各个东道国截面个体差异；ε_{it} 表示随机误差项，且误差项符合基本条件（3）。鉴于模型所具有的特点，解释变量的内生性会导致普通最小二乘估计结果是有偏差的且具有不一致性，则需要使用广义矩估计（GMM）进行估计。Arellano[①] 和 Blundell 等[②]提出了系统广义矩估计法（SYS GMM），即在差分 GMM 方法中增加被解释变量滞后项作为水平方程的工具变量，并且经蒙特卡罗模型检验显示系统 GMM 在有限样本中的估计更有效，其估计偏差要小于差分 GMM，因此本章使用系统 GMM 的方法进行估计。

表8-3　　　　　　　　模型中的变量与解释

变量	变量描述
RGDPP	非洲东道国实际人均国内生产总值的对数
CFDIPOP	中国对非洲东道国外商直接投资的人均存量
OFDIPOP	非洲东道国吸收来自中国以外的外商直接投资人均存量
IFDIPOP	非洲东道国吸收外商直接投资的人均存量
OPEN	非洲东道国进出口总额占国内生产总值的比重
AGGDP	非洲东道国农业增加值占国内生产总值的比重
EDU	非洲东道国初等教育总的入学率的对数
GOVSPEND	非洲东道国政府最终消费支出占国内生产总值的比重
TL	非洲东道国每100人拥有的电话线
GFC	非洲东道国人均固定资本总量

鉴于数据的可获得性和可比较性，本章使用非洲大陆21个国家（如表8-4所示）2003—2011年的相关数据（原始数据取自世界银行

[①] Arellano, M., Bover, O., "Another Look at the Instrumental Variables and GMM: Estimation and Testing", *Stata Journal*, 1995, 3 (1): 1-31.

[②] Blundell, R., Bond, S., "Initial Conditions and Moment Restrictions in Dynamic Panel Data Models", *Journal of Econometrics*, 1998, 87 (1): 115-143.

数据库和《中国商务年鉴》），并且本章所选取的国家中除阿尔及利亚、埃及和毛里求斯以外，其他18个国家的贫困发生率都很高，具体如表8-5所示。表8-6给出了各变量的描述性统计结果，从中可以看出实际人均GDP、中国对非洲东道国外商直接投资的人均存量、非洲东道国吸收来自中国以外的外商直接投资人均存量、非洲东道国吸收外商直接投资的人均存量、资本积累（GFC）、基础设施（TL）在各非洲东道国之间具有显著的差异。

表8-4　　　　　　　　　　模型的样本国家

21个非洲国家			
阿尔及利亚	埃及	毛里塔尼亚	博茨瓦纳　赞比亚
安哥拉	刚果金	刚果布	几内亚
贝宁	乍得	肯尼亚	卢旺达
加纳	毛里求斯	南非	尼日尔
喀麦隆	纳米比亚	尼日利亚	马达加斯加

表8-5　　　样本国家每月收入低于38美元的贫困发生率　　　单位：%

国家	1993	1996	1999	2002	2005	2008	2010	2011
阿尔及利亚	7.02	7.38	7.86	4.97	3.32	2.54	1.27	1.2
埃及	3.84	2.46	2.18	2	2.26	1.68	1.66	1.66
安哥拉	62.62	51.85	54.29	50.71	43.41	43.37	43.31	42.97
贝宁	56.51	56.73	51.43	47.63	49.02	49.83	48.92	51.65
博茨瓦纳	30.87	38.84	27.5	24.36	19.85	14.34	11.06	10.02
喀麦隆	45.87	23.13	31.95	25.03	26.42	27.12	25.71	24.94
乍得	72.59	72.48	70.81	61.94	37.6	40.01	35.28	36.52
刚果（金）	78.45	49.07	87.71	90.49	87.72	86.17	85.09	84
刚果（布）	53.3	42.18	59.74	56.03	54.1	48.6	34.98	32.28
加纳	48.19	56.24	37.86	35.2	28.59	24.78	22.17	18.02
几内亚	73.59	93.04	59.91	56.18	47.26	38.52	41.59	41.28
肯尼亚	33.96	40.31	34.74	40.88	43.37	40.22	38.79	38.03
马达加斯加	67.07	85.04	82.37	82.48	82.43	82.54	87.67	87.83

第三部分 中国对非贸易与投资对非洲经济增长和减贫的影响

续表

国家	1993	1996	1999	2002	2005	2008	2010	2011
毛里塔尼亚	42.79	42.34	20.72	25.39	24.42	23.43	24.13	23.54
毛里求斯	1.08	9.8	0.44	0.3	0.23	0.28	0.35	0.39
纳米比亚	49.14	46.96	42.61	38.87	30.83	24.86	23.54	21.98
尼日尔	75.75	68.01	65.59	58.65	51.25	42.06	40.34	40.81
尼日利亚	63.15	57.55	69.98	64.05	62.11	62.24	62.03	60.08
卢旺达	75.57	63.26	79.05	76.24	73.5	67.87	63.02	63.02
南非	24.3	18.86	25.65	26.85	20.77	13.67	10.69	9.42
赞比亚	65.27	58.13	59.39	62.87	65.86	66.28	74.32	73.19

资料来源：World Bank Poverty and inequality dataset。

表8-6　　　　　　　　　各变量的描述性统计

变量	观测值	均值	标准差	最小值	最大值
RGDPP	189	6.88816	1.09317	4.80992	8.83211
CFDIPOP	189	16.73416	44.78315	0.00470	471.1633
OFDIPOP	189	618.2681	816.4581	5.39183	4286.386
IFDIPOP	189	635.0023	835.753	6.40809	4320.087
OPEN	189	0.75599	0.28309	0.32000	1.56862
AGGDP	189	0.20762	0.13506	0.02032	0.56718
EDU	189	4.60806	0.19544	3.79140	5.01031
GOVSPEND	189	0.27547	0.25043	0.00340	1.17594
TL	189	4.10979	6.90334	0.00612	31.50345
GFC	189	442.9092	535.044	13.3153	2476.211

第三节　经验研究结果与政策建议

根据以上模型和2003—2011年非洲大陆21个国家的样本数据，本节基于动态面板GMM的方法和比较分析方法，实证检验中国外商直接投资对非洲东道国减贫的影响。

一 经验研究结果

本章使用 Stata13.0 分三步进行实证研究：首先，先估计中国对非直接投资与非洲东道国贫困减少之间的线性和非线性关系；其次，根据逐步引入控制变量的方法与进行普通的 OLS 回归，检验模型估计结果的稳健性，估计结果如表 8-7 所示。最后，分别估计非洲东道国吸收来自中国以外的外商直接投资人均存量、非洲东道国吸收外商直接投资的人均存量与其贫困减少的线性和非线性关系，进一步研究中国外商直接投资与非洲吸引的外商直接投资对非洲东道国贫困减少的影响是否存在差异，估计结果如表 8-8 所示。

第一，模型 GMM1 至 GMM14 Sargan 值检验的 P 值都很高，则不能拒绝过度识别的约束，并且 AR（1）和 AR（2）检验结果的 P 值表明残差的一阶自相关显著，二阶自相关不存在。从而可以得出 GMM 使用的工具变量有效处理了解释变量内生性问题。

第二，被解释变量（实际人均 GDP）存在滞后效应，在所有模型中两步估计的系数都为正并都在 1% 统计水平上显著，即前期实际人均 GDP 降低会导致当期实际人均收入的下降，也就是说存在"贫困陷阱"（贫穷的人越来越贫穷）的现象，这在一定程度上解释了非洲贫困人口为何居高不下。

第三，本章的关键解释变量 *CFDIPOP* 与东道国实际人均 GDP 的线性关系为负相关，二次关系为正相关，并在逐步引入控制变量的稳定性检验与普通 OLS 回归中二者的关系具有稳定性，且都通过了 5% 的显著性水平，即中国外商直接投资越多，非洲东道国实际人均收入反而下降，然而这种关系在非线性条件下则表现为 U 形关系，即中国外商直接投资与非洲东道国的贫困减少存在倒 U 形关系，这表明在达到一定临界值之前，中国对非洲东道国外商直接投资越多对其减贫反而起到负面作用，当达到临界值后，中国继续增加对非的外商直接投资，会引起东道国实际人均收入的上升，进而存在减贫效应。并且，如表 8-8 所示，在分别引入非洲东道国吸收来自中国以外的外商直接投资人均存量（*OFDIPOP*）、非洲东道国吸收外商直接投资的人均存量（*IFDIPOP*）作为模型的替代关键解释变量进行估计时，发现外商直接投资与非洲

◆ 第三部分 中国对非贸易与投资对非洲经济增长和减贫的影响

表 8-7　动态面板（GMM）的估计结果（2003—2011）

解释变量	OLS	GMM1	GMM2	GMM3	GMM4	GMM5	GMM6	GMM7	GMM8
					RGDPP				
$RGDPP_{-1}$		1.01141 *** (0.00114)	1.00800 *** (0.00116)	0.99297 *** (0.00061)	0.96532 *** (0.00363)	0.96992 *** (0.00315)	0.96933 *** (0.00312)	0.95199 *** (0.00401)	0.93500 *** (0.01435)
CFDIPOP	-0.00964 *** (0.00281)	-0.00012 *** (8.01e-06)	-0.00022 *** (0.00001)	-0.00020 *** (5.82e-06)	-0.00014 *** (8.73e-06)	-0.00019 *** (0.00002)	-0.00015 *** (0.00003)	-0.00020 *** (0.00003)	-0.00031 *** (0.00007)
$CFDIPOP^2$	0.00001 ** (4.94e-06)		4.29e-07 *** (2.34e-08)	3.95e-07 *** (8.26e-09)	3.21e-07 *** (1.01e-08)	3.92e-07 *** (4.28e-08)	3.10e-07 *** (5.98e-08)	3.67e-07 *** (5.84e-08)	5.12e-07 *** (1.06e-07)
OPEN	0.41034 (0.32611)			0.10187 *** (0.00109)	0.10849 *** (0.00207)	0.10244 *** (0.00360)	0.10016 *** (0.00356)	0.07938 *** (0.00696)	0.07781 *** (0.00792)
AGGDP	-2.25160 ** (1.05241)				-0.18093 *** (0.05634)	-0.20811 *** (0.04151)	-0.18170 *** (0.05216)	-0.24941 *** (0.05867)	-0.33519 *** (0.10394)
EDU	0.05073 (0.44898)		-0.02409 *** (0.00865)	0.00130 *** (0.00532)		-0.00186 (0.05212)	-0.03876 (0.05387)	0.02596 (0.05506)	-0.02849 (0.07171)
GOVSPEND	0.21538 (0.42476)				0.22538 *** (0.03353)	0.21016 (0.22168)	0.00260 (0.03237)	0.03026 (0.03283)	0.04677 (0.03945)
TL	0.03315 ** (0.01253)						0.38089 *** (0.22947)	0.00176 *** (0.00027)	0.00212 *** (0.00039)
GFC	0.00125 *** (0.00025)							0.22165 (0.24219)	0.00002 * (0.00001)
α	6.18904 ** (2.20826)	-0.04892 *** (0.00918)							0.59435 (0.38192)
Arellano-Bond test for AR (1)		0.0550	0.0519	0.0780	0.0442	0.0450	0.0472	0.0362	0.0278
Arellano-Bond test for AR (2)		0.1825	0.2022	0.1763	0.3868	0.4640	0.4330	0.5739	0.7741
Sargan test (P)		0.9548	0.9998	0.9999	1.0000	0.9996	1.0000	1.0000	1.0000
N	189	189	189	189	189	189	189	189	189

注：***、**、* 分别代表 1%、5%、10% 水平统计显著。

第八章　中国对非投资的减贫效应

表8-8　中国外商直接投资与非洲吸引的外商直接对非洲东道国贫困减少的影响差异（2003—2011）

解释变量	GMM1	GMM2	GMM8	GMM9	GMM10	GMM11	GMM12	GMM13	GMM14
$RGDPP_{-1}$	1.01141*** (0.00114)	1.00800*** (0.00116)	0.93500*** (0.01435)	1.02255*** (0.001686)	1.03371*** (0.00018)	0.99119*** (0.00485)	1.02225*** (0.00176)	1.03617*** (0.00018)	0.99386*** (0.00498)
CFDIPOP	−0.00012*** (8.01e−06)	−0.00022*** (0.00001)	−0.00031*** (0.00007)						
$CFDIPOP^2$		4.29e−07*** (2.34e−08)	5.12e−07*** (1.06e−07)						
OFDIPOP				−0.00002*** (3.88e−07)	−0.00005*** (3.65e−07)	−0.00005*** (2.48e−06)			
$OFDIPOP^2$					8.60e−09*** (8.21e−11)	4.73e−09*** (4.07e−10)			
IFDIPOP							−0.00002*** (3.50e−07)	−0.00006*** (3.50e−07)	−0.00006*** (2.64e−06)
$IFDIPOP^2$								9.52e−09*** (8.45e−11)	6.63e−09*** (4.41e−10)
OPEN			0.07781*** (0.00792)			0.10909*** (0.00533)			0.10731*** (0.00537)
AGDP			−0.33519*** (0.10394)			−0.32961*** (0.02421)			−0.32675*** (0.02456)
EDU			−0.02849 (0.07171)			−0.08034** (0.03911)			−0.08616** (0.03950)
GOVSPEND			0.04677 (0.03945)			0.13101*** (0.01976)			0.12971*** (0.02022)
TL			0.00212*** (0.00039)			0.00089*** (0.00004)			0.00065*** (0.00004)
GFC			0.00002* (0.00001)			−5.02e−06* (2.96e−06)			7.52e−07 (3.11e−06)
α	0.04892*** (0.00918)	−0.02409*** (0.00865)	0.59435 (0.38192)	−0.11247*** (0.01342)	−0.17757*** (0.00172)	0.43439** (0.18122)	−0.11135*** (0.00141)	−0.19208*** (0.00141)	0.44574** (0.18104)

· 227 ·

◆ 第三部分 中国对非贸易与投资对非洲经济增长和减贫的影响

续表

解释变量	RGDPP									
	GMM1	GMM2	GMM8	GMM9	GMM10	GMM11	GMM12	GMM13	GMM14
Arellano-Bond test for AR (1)	0.0550	0.0519	0.0278	0.0581	0.0742	0.0290	0.0585	0.0779	0.0312
Arellano-Bond test for AR (2)	0.1825	0.2022	0.7741	0.1447	0.1383	0.5288	0.1492	0.1397	0.5358
Sargan test (P)	0.9548	0.9998	1.0000	0.9508	0.9998	1.0000	0.9515	0.9998	1.0000
N	189	189	189	189	189	189	189	189	189

注：***、**、* 分别代表1%、5%、10%水平统计显著。

· 228 ·

东道国实际人均 GDP 的关系，同样表现为线性关系为负相关，二次关系为正相关，且具有稳定性。由此可以看出，外商直接投资与非洲东道国贫困减少存在倒 U 形关系，其减贫效应具有条件性，即外商直接投资规模达到一定临界值之后，继续扩大投资规模具有减贫效应。值得注意的是外商直接投资（包括 *CFDIPOP*、*OFDIPOP*、*IFDIPOP*）对非洲东道国减贫的线性和非线性关系的系数都很小，中国外商直接投资的线性系数要稍大于除中国以外的外商直接投资与总的外商直接投资。这是源于与其他地区相比，非洲吸引外资的流量规模和存量规模（如表 8 - 1 所示，其流量占世界吸引外资的比重低于 5%，存量占比低于 3%）仍然较小，进而影响其减贫效果。而中国对非洲各国的直接投资规模虽呈快速增长的态势，但中国对非洲地区的直接投资规模占中国对外直接投资总额的比重仍旧较小，中国对外直接投资主要分布在亚洲和拉丁美洲，如图 8 - 2 所示，2013 年中国 70.1% 的对外直接投资流入亚洲地区，13.3% 流入拉丁美洲地区，而流入非洲的规模是中国对六大洲进行直接投资中最小的，仅为 3.2%。并且，中国对非洲地区外商直接投资的存量规模与非洲大陆吸引的外资直接投资总存量规模相比也很小，截至 2013 年中国的占比不足 5%，仅为 3.81%。[1] 这在很大程度上制约了中国外商直接投资对非洲各东道国减贫效应的发挥。

第四，在逐步引入六个控制变量的模型 GMM3 至 GMM8 与比较模型 GMM11 和 GMM14 中，对外开放水平、产业结构和基础设施与非洲东道国实际人均 GDP 具有显著的相关关系。其中，对外开放和基础设施对实际人均 GDP 具有正向的促进作用，这说明对外开放水平的提升、基础设施的改善对非洲东道国贫困的减缓具有极其重要的作用，这根源于非洲大陆各国国内市场相对狭小、基础设施严重滞后，需要加强与区域和世界市场的联系来扩大经济增长所需的市场容量，增强基础设施的投资和建设，以支持减少贫困所需要的经济可持续发展；产业结构与实际人均 GDP 是负相关关系，并且在所有模型中都通过了 5% 的显著性水平，这表明非洲东道国当前的产业结构不利于其贫困率的降低，尤其是

---

[1] 资料来源：联合国贸发会议公布的《2014 年世界投资报告》和《2013 年度中国对外直接投资统计公报》。

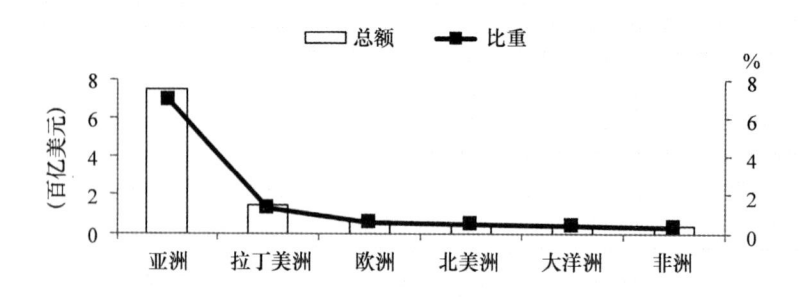

◆ 第三部分 中国对非贸易与投资对非洲经济增长和减贫的影响

图 8-2 中国对外直接投资的地区分布（流量）（2013 年）

资料来源：《2013 年度中国对外直接投资统计公报》，中国统计出版社 2014 年版，第 15 页。

农业的发展并没有惠及广大的贫困人口，这是非洲各国农业投入不足，生产率低下，加上自然灾害频发等客观原因所致。人力资本与非洲东道国实际人均 GDP 的关系不确定，人力资本的系数在模型 GMM5、GMM6、GMM8 中小于零，在模型 GMM7 与普通 OLS 回归中大于零，但均为不显著，而在比较模型 GMM11 和 GMM14 中则显著负相关。要改变贫穷的状况，促进人力资本的发展至关重要，近年来非洲各国业已加强了教育的投入，但鉴于统计数据上的限制，模型仅使用初等教育入学率来衡量各国人力资本，可能导致估计的结果与预期存在差异。政府行为的系数为正，但在模型 GMM6、GMM7、GMM8 统计上均不显著，而在比较模型 GMM11、GMM14 则为正相关，且通过了 5% 的显著性水平，则政府财政支出政策对于东道国贫困的降低是重要的制度保证。资本积累与非洲东道国实际人均 GDP 的相关性在模型 GMM8 中为显著正相关，在比较模型 GMM11 和 GMM14 中分别为显著的负相关与不显著的正相关，这表明资本积累是促进益贫式增长的重要推动力，但当前非洲各东道国资本积累不足，在不同程度上限制了资本积累的减贫效果。

二　结论及政策建议

近年来，中国对非洲大陆投资的增长成为国际社会关注的焦点，中国对非洲东道国经济增长和贫困减少的影响如何也成为学术界争论的重点。本章基于动态面板 GMM 的方法与比较分析方法，运用 2003—2011

年非洲大陆 21 个国家的样本数据实证检验了中国外商直接投资对非洲东道国贫困率降低的影响。结果显示，中国外商直接投资与非洲东道国实际人均 GDP 的线性关系为负相关，二次关系为正相关，并在逐步引入控制变量的稳定性检验中与普通 OLS 回归中二者的关系具有稳定性，这表明中国外商直接投资越多，非洲东道国实际人均收入反而下降，然而这种关系在非线性条件下则表现为 U 形关系，即中国外商直接投资与非洲东道国的贫困减少存在倒 U 形关系，这表明在达到一定临界值之前，中国对非洲东道国外商直接投资越多对其减贫反而起到负面作用，当达到临界值后，中国继续增加对非的外商直接投资，会引起东道国实际人均收入的上升，进而存在减贫效应。并且，在进一步的比较分析中，本书发现非洲东道国吸收的外商直接投资与中国外商直接投资对非洲东道国贫困率降低的影响同样存在倒 U 形关系。此外，对外开放水平的提升、基础设施的改善、资本积累的提高、政府的减贫努力对非洲东道国贫困的减缓具有正向的促进作用。然而，非洲东道国当前的产业结构，尤其是农业并没有发挥减贫的作用。

因此，近年来非洲吸引的外资虽然增长加快，但是非洲吸引外资的流量和存量占当年世界吸引外资的存量和流量的比重均较小。中国对非直接投资虽然快于其他国家对非直接投资的增长速度，但是其流量和存量都较少，占中国对外直接投资的比重也较小，还不足以对非洲减贫产生直接显著的效果。为实现"2030 发展目标"中非洲消除贫困的目标，各国应加强对非直接投资，并以此促进非洲的减贫事业。对于中国来说，应继续深化中非全方位的合作，进一步扩大中国对非洲大陆的投资，有效发挥中国外商直接投资对非洲东道国的减贫效应。与此同时，非洲东道国在进行减贫努力的过程中，要吸引外商直接投资，加强同区域与世界市场的联系，加大基础设施的投资和建设，促进国内资本的积累，建立良好的财政支出保障体系，加快农业和教育的投入，以最终实现消除贫困的目标。

后 记

本书是我组织厦门大学中国国际发展研究中心的研究团队承担英国国际发展部"中国国际发展研究网络"研究［DFID Research Project titled "China International Development Research Network"（CIDRN）］2014 年的项目："中国发展与减贫经验对低收入国家（非洲）发展及世界减贫的理论价值与实践意义——新发展经济学视角的分析"（The Theoretical and Practical Implications of China's Experience in Development and Poverty Reduction on Low-income Countries—From the Perspective of New Development Economics）的研究成果。我负责课题设计、课题整体进度和质量控制，在书稿写作中，我负责书稿的基本框架的拟订、逻辑体系和篇章的安排，并承担全部稿件的修改、统稿工作。具体研究和写作工作则主要由我的诸位博士研究生（熊青龙、朱丹丹、韦晓慧、郑燕霞、张晓倩）和硕士研究生（宋梁禾、刘斯润）分工完成。其中熊青龙、朱丹丹、宋梁禾、韦晓慧均将课题与其博士、硕士论文结合在一起进行研究，因此课题部分成果来自他们的博士或硕士论文的相关章节。而郑燕霞、刘斯润、张晓倩负责的部分已经在公开出版的著作和期刊中发表。当然，在书稿编辑过程中，对所有内容又进行了改动和调整。

本书具体内容的写作分工及成果来源如下：

分工	责任人	来源
第一章	宋梁禾 黄梅波 刘斯润	第一节、第三节来源于宋梁禾厦门大学硕士学位论文（2015）：《中国对非贸易与投资对非洲经济增长的影响——基于"新结构经济学"视角的分析》第一章；第二节来源于黄梅波、刘斯润《非洲经济发展模式及其转型：结构经济学视角的分析》，《国际经济合作》2014 年第 3 期。有删改。

续表

分工	责任人	来源
第二章	熊青龙	来源于熊青龙厦门大学博士学位论文（2015）：《官方发展援助的减贫效果研究》第四章。有删改。
第三章	朱丹丹	来源于朱丹丹厦门大学博士学位论文（2015）：《国际援助的贸易和经济增长效应研究：以发达国家和中国两种援助模式为例》第二章、第七章。有删改。
第四章	熊青龙	来源于熊青龙厦门大学博士学位论文（2015）：《官方发展援助的减贫效果研究》第四章。有删改。
第五章	韦晓慧 宋梁禾	第一节来源于宋梁禾厦门大学硕士学位论文（2015）：《中国对非贸易与投资对非洲经济增长的影响——基于"新结构经济学"视角的分析》第三章；第二节来源于韦晓慧博士学位论文：《国际产业转移与非洲制造业发展》第四章第二节"中国对非投资的特征事实"。有删改。
第六章	宋梁禾	来源于宋梁禾厦门大学硕士学位论文（2015）：《中国对非贸易与投资对非洲经济增长的影响——基于"新结构经济学"视角的分析》第二、四、五章。有删改。
第七章	黄梅波 张晓倩 韦晓慧	第二节来源于《南南合作与中国的对外援助：案例研究》（中国社会科学出版社2016年版）中"赞比亚中国经济贸易合作区的建设与南南合作"（黄梅波、张晓倩）。有删改。
第八章	郑燕霞	来源于郑燕霞《中国对非直接投资的减贫效应——基于动态面板的经验研究》，《世界经济研究》2015年第11期。

非洲大陆近年来是世界上经济增长最快的地区之一，中国对非援助、贸易、投资近年也在快速增长。本书试图通过对中国对非援助及中国对非投资对非洲经济增长、减贫的作用的计量分析和案例分析，探讨中国对非援助和投资能否更好地促进非洲各国实行符合其比较优势的发展战略，从而实现经济长期可持续的增长和贫困的根除。在此基础上，研究中国发展与减贫经验在其他发展中国家特别是非洲国家结构调整、经济发展与减贫的重要作用，对新发展经济学理论的发展提供例证。当

◆ 后 记

然，我们的研究还不够深入，对中国援助及投资对非洲发展的影响以及中国减贫与发展经验如何在对非援助和投资中发挥作用等问题研究得还很不充分。尽管我们付出了大量的努力，但是课题研究以及书稿中研究框架的设计、研究内容的确定以及研究方法的使用等方面肯定还存在着许多缺点和问题，我衷心希望各位学界同仁和读者对书中的不足和错误之处提出宝贵意见。

本课题在研究过程中及书稿的写作过程中，参考了大量国内外相关著作和论文，直接引用原文的我们在脚注中——列示，在此，对这些著述的作者表示感谢。

本书的完成得到英国国际发展部"中国国际发展研究网络"研究项目［DFID Research Project titled "China International Development Research Network"（CIDRN）］的资助，特此对英国国际发展部对中国国际发展研究的支持表示感谢。

黄梅波于厦门大学

2016 年 11 月 28 日